东北师范大学“十五·211工程”项目
“地域文明重点问题”结项成果

道 学 的 病 理

韩东育 著

商務印書館
创于1897 The Commercial Press
2019年·北京

图书在版编目(CIP)数据

道学的病理/韩东育著. —北京:商务印书馆,2007
(2019.6 重印)
ISBN 978-7-100-05242-9

Ⅰ.①道… Ⅱ.①韩… Ⅲ.①理学—研究
Ⅳ.①B244.05

中国版本图书馆 CIP 数据核字(2006)第 115669 号

DÀOXUÉ DE BÌNGLǏ
道学的病理
韩东育 著

商务印书馆出版
(北京王府井大街36号 邮政编码100710)
商务印书馆发行
北京冠中印刷厂印刷
ISBN 978-7-100-05242-9

2007 年 2 月第 1 版 开本 880×1230 1/32
2019 年 6 月北京第 2 次印刷 印张 10⅜
定价:29.00 元

谨以小作怀念我的父亲

——韩凤林(1939—2005)

目　录

比较篇

写 在 前 面

“亚洲价值”和“中国意义”的凸显，有时会让人喜忧参半。为之陶醉者有之，白眼睥睨者亦有之。对于学界来说，这两种极端式“情绪”显然都不够“理性”。可当极端式“情绪”被学者们冷却为极端式“理性”时，某种“有理有据”的说教，反而会变成影响深刻的误导。在中西文明的交流碰撞过程中，“全盘西化”是一种误导，“固守国粹”也是一种误导；“中体西用”是一种误导，“西体中用”也不可谓无疵。遗憾的是，这种习惯于两元对立的思想方法，在今天的中国学界不但再度复苏，而且理直气壮。其话语形式是“欧洲中心论”批判；而它的发生背景，则是中国经济的快速增长和外汇储备量在半年前已达到世界第一。毋庸置疑，面对富强的祖国，几乎没有一个炎黄子孙不引以为荣，不为中国人能迈向憧憬了几千年的理想世界而欢呼雀跃！然而，当我们试图给国家的发展送上某些主体式升华的解释时，却常常会遇到一些很现实的问题，这些问题可大体表述为：今天的中国，在世界范围内究竟处于怎样的发展水平？中国的进步，是不是儒家文化、特别是以儒家道统（正统）承绍者自居的宋明理学所带来的东亚奇迹？中国是否已经发展到“西洋文化已无可学者”的程度？由所谓“道德沦丧”而导致的“道德真空”，是否就意味着中国人的堕落？而它们的延伸问题是：百多年来中国志士憧憬西学的思想和行动，是否已意义不再？“后现代”

是否就意味着对“前近代”的回归?

中国,是一个庞大的概念。惟此,任何人想简单以“中国”为单位来审视其发展变化,都是要冒大险的。因为这个国家实在太大,对“日进斗金”的沿海地区和“出入无完裙”的西北内陆所下的任何单边结论,都无法准确地传达该国家的综合信息,更不要说中外记者们所写的猎奇文章了。事实上,中国的整体发展水平距离世界发达国家已达到的综合指标,还有漫长的路要走;而如何把习惯于几千年“均贫”价值观念的庞大空间,依照积极的“均富”原则而不是消极的“扶贫”手段转变成可人人更生的强大国家,显然不是凭朝发夕至的急迫心态就能实现得了的。

“欧洲中心论”批判,可以被视为非西方世界自我意识苏醒的文化表现,它反映了东方国家试图反思和平视西方价值的夙愿和情结。然而,余英时曾感慨地发现过这样一个事实:英国人华特生(Peter Watson)在构想他的《现代心灵》一书时,并未限于西方的学术与思想,而希望包括西方以外各主要文化在20世纪的新成就。他曾广泛求教于研究印度、中国、日本、南非与中非、阿拉伯世界等文化、历史的专家。而且为了避免种族偏见,在他所征询的专家中有很大一部分是来自本土的学者。使他震惊的是,他们竟众口一词,毫无例外,都说这些非西方文化在20世纪并没有创造出特别引人注目的东西足以与西方媲美,无论是哲学、文学,还是科学与艺术,都是如此。究其原因,是因为整个20世纪东方的主要努力都在于怎样适应现代世界,怎样对付西方的行动和思想形态(《文史传统与文化重建》,三联书店2004年版)。马克垚先生在最近撰写的论文中,亦系统叙述了国际史学界曾做过的如何构建“真正世界史”框架的努力以及这些努力的逐一落空(《困境与反思》,

《历史研究》2006 年第 3 期)。近年兴起的黑格尔主义批判,显然与黑格尔是最典型的"欧洲中心论"者有关。可仅凭黑格尔的几段东方批判言辞,便以为东方人特别是东亚诸国会因此用去一个多世纪时间全部朝西方看齐,恐怕就过高地估计了一介书生所应有的实际力量。连马克思也不得不承认的事实是,欧洲近代化变革,曾给人类带来了超过前资本主义全部社会形态所能创造的财富的总和;而对于"欧洲中心论"在思想和行动上的真正确认者,说到底还是东方人自己。这样才好理解,日本人为什么要"脱亚入欧",而中国人又为什么一定要"向西方寻求真理"。

当代中国势头强劲的经济腾飞,似乎使"欧洲中心论"的批判成为可能。然而一个常识是,"破"的行为,必须以"立"为前提才能得以成立;而纯然无杂驳的"立",首先便不应允许被"破"对象的介入。可当我们发现自己对"欧洲中心论"的批判标准,在相当程度上仍立足于欧洲尺度时,便无法不承认欧风美雨与中国文化的百年结合已经内化成中国的新传统这一事实。马克垚先生发现,不尽符合事实的"欧洲中心论"之所以能构建"成功",很大程度上缘于欧洲历史学者用近代主义的"进步"眼光对自身历史进行了倒叙和夸张式的"补述",所以这一问题并不难于解决。直正难于解决的,乃是工业化、现代化的理论。这一理论构成了近代世界历史的主要内容。它包括科学技术革命、工业革命、农业革命;政治社会方面则有个人主义、自由竞争、市场经济、合理的企业组织、民主政治、法治社会等等。重要的是,由于这些代表了"由农业社会向工业社会、传统向现代过渡的标志,因而也构成了一个进步的系列"(同前揭论文)。这些难以撼动、而且已经渗入中国人日常生活达百余年的基本事实,一方面使"欧洲中心论"的批判意义没有批评者所强调的那般大，同时，也催促我们去整理这非中非西、却亦中亦西的"第三种传统"，去研究能够娩出这一"新传统"的"旧传统"中有哪些属于必须反思的文化成分，又有哪些已转化为或有可能转化为促进中国繁荣的积极要素。

"传统"的公共约定特质，使中国的"第三种传统"可以被表述为百余年来形成于中国社会的、以熔铸中西文明优长为特征的观念模式、行为模式和制度模式。它既包含中国的发展论原理，又兼容西方的近代化价值；既能克服自文化中的惰性因素，亦堪抵制异文化中的负面影响。它不需追问纯然的自我，因为自我与外来已无法拆分；它无需苛察体用的畛域，因为体和用原本一体。任何未经改造的单方文化，都无法成为"第三种传统"的有机构成；而"第三种传统"一经形成，便无法再以任一单方文化简单命之。也许正因为如此，某些不思改进的文化传统，在"第三种传统"面前，便每每会变成被汰选的对象。当代新儒家（Modern Neo-confucianism）想通过"内圣开出新外王"等途径来重振中国文化传统的努力，经常表现出对儒家传统精神的提倡和对现实世界"道德沦丧"的批判等趋向。其学说的动人处，在于它认为儒学不但不是现代化的阻力，还是能量巨大并有待开发的助力：君不见，"亚洲四小龙"孰非"儒家资本主义"的成功范例？无论这种思想构图是否具有可操作性，对其试图将中西两方作熔秦铸汉式处理的工作寄予同情的理解，还是有必要的。只是，由于"周孔"与"程朱"的区别并不比原儒与佛、道的差别更小，因此，"当代新儒家"除了多一个Modern外，与长于宏大叙事的宋明理学，已无原则上的差别。哈佛大学教授包弼德的说法值得关注：不是儒学在支持经济，而是儒学受益于经济的增长。

构建中国当代新史学理论，似乎也需要对中西或欧亚的既有观念体系作综合式提升而不是有意进行对立和拆分。近现代以来的中国革命，对于中国的现代化进程，意义十分巨大。这场曾改变过世界格局的前赴后继的政治革命和社会革命，缘起于“向西方寻求真理”的几波浪潮，这使我们必须承认中国式“启蒙运动”的历史意义。可当我们按照来自西方的清晰的国际关系原则建立起我们的国家，并遵循同样是来自西方的“民主·科学”理念在建设着我们的国家时，特别当发现改革开放三十年来中国的发展速度绝不亚于当年的欧美日韩，并认定其中必有生自“中土”的决定性因素时，我们则开始思考：是不是没有西方的影响和冲击，我们自己也能干得不错？当看到东西洋列强在我们躯体上留下的伤口至今还在滴血，我们还会进一步萌生出“清算”的念头——清算“万国公法”说，清算“国民国家”论，清算有时还可能给我们带来麻烦的“民主·科学”观。东西方帝国主义利用这些理念干过诸多恶事，这是事实，任何回护和掩盖都意味着犯罪。可是，被利用事物的是非善恶与事物本身的臧否曲直，说到底还是两码事。我们能接受它，是因为我们的文化当中自有人类文化的普遍价值在；而我们能甄别它，则因为我们并不像西方人想象得那般愚蠢。谁说中国自古只有“天下”概念而无“国家”理念？《左传》中“我自夏以后稷，魏、骀、芮、岐、毕，吾西土也；及武王克商，蒲姑、商奄，吾东土也；巴濮、楚邓，吾南土也；肃慎、燕、亳，吾北土也”等陈述该作何解？谁又说中国古来全无民主遗风？“子产不毁乡校”和“天之生民，非为君也；天之立君，以为民也”等说法，大概不好被视为古人的谎言。对西方价值体系的无条件投降，出于我们对自国历史的无知；而对西方人所提倡的人类普遍价值的否定，又无异于在贬损着自民族的优秀文化遗产。可无论是“美他”式倾倒还是“自美”式癫狂，事实上都挣扎在“中—西”或曰“欧—亚”的对立模式中，它除了能帮助欧洲人确证“欧洲中心论”外，鲜有当下价值和未来意义。

“后现代”思潮，具有现实批判主义价值。当普遍完成了现代性转换的国家和地区需要对现代化行为的负面影响进行矫正时，现实批判无疑是重要的，就像欧美日韩和中国沿海发达地区需要着手这种调整一样。但是，由于“后现代”与“前近代”存在着原理上的疑似性，因此，对发达国家和地区以外的时空单位进行同样的“后现代”解读，便容易生产出对“前近代”现象的盲目倾心行为和对现代化意义的颠覆性叙述，也容易使人对中国的世纪性变革产生方向和意义上的怀疑。如果真要对“欧洲中心论”提出批判，我以为今天的中国倒是不可再紧随西方语境下的“后现代”思潮，去情绪般地指责甚至中断行进中的中国现代化进程。“后现代”情绪在中国的蔓延，相当程度上缘于人们对新旧道德交替过程的不适和由此而带来的“道德沦丧”式恐惧。然而，那些沦丧的道德，究竟有哪些还能继续保持其现实的有效性和未来意义，这本身就是一个十分值得怀疑的问题。当人们只会对自然逝去的旧道德哀鸣叹惋而不思建构必须建构的新道德体系时，“后现代”不负责任的古今中外比附行为和制度制作上的懒惰，反而会造成真正的道德危机甚至社会危机。因为“与现代性相比，后现代主要只不过是一种表述方式，加上某些表现性的或表演性的实践方式——由于是表演性的，也就是象征性的，所以本质上还是属于表述。这些表述方式和表演性的实践方式都不足以形成制度，不足以建立一种从根本上有别于现代社会的新制度”。“没有制度，只有表述，这一点决定了后现代不是一种独立的生活，甚至不是一种独立的思想。”（赵

汀阳:《没有世界观的世界》,中国人民大学出版社 2003 年版)

时下流行的"和合主义"及其"三界"、"六相"、"八维"说,据说曾受到过宋明儒的决定性影响。以"心性命理"论为原理的道学,具有浓厚的终极关怀色彩。它有意义,对于中国古代社会似尤其如此。然而,以往有意义的思想体系,不但未必适用于今天,有的还会成为新时代价值体系发育的抑制因素。在朝现代化目标作强行军的当代中国,让道学家承载国家复兴的重任,恐怕过高地估计了他们的实际承受能力。道学意义的强调,似乎不应该是今天,而是现代化和现代性获得全面实现后的未来。重要的是,即便有一天道学再获青睐,人们的兴趣点也鲜有可能是它的虚灵不昧和宏大叙事,而是符合时代要求的、合理的天人·人际·身心关系构建,以及这种构建所必须的制度和技术保障。

中国古训:自视者迷,旁观者清。跳开东方看东方和跳开西方看西方,都具有无可替代的认识意义。费孝通老在谈及中西文明的交流摄取问题时,曾提出过一个很高明的见解,叫做"美人之美,美己之美;美美互美,世界大同"。这一"大同",既不是中国古来不着边际因而亦从无实现可能的高远叙事,也不是"只有中国才实现了摆脱欧洲影响的大同式近代"等日本学者的廉价赞许。它提倡的是扬长避短和中西合璧;它要呼唤的,当是"第三种传统"而不是"大我"或"无我"。

内 视 篇

序　章　中国传统“平衡论”的前提假设与反假设

第一节　两种“意义”的无意义

罗尔斯的《正义论》，[①]作为20世纪后半叶人们普遍关注的有关统治者行为善恶问题的经典著作，在世界范围内尤其在中国，据说曾产生过“不可思议”的巨大影响。而且按有些学者的说法，该影响直到今天，亦方兴未艾。[②] 罗尔斯的政治哲学其实包含两个部分：第一部分是以正义原则为核心的政治性正义观，他称之为“正义即公平”；另外一部分则是为了说明宪政民主社会的统合和稳定之可能性而进行的哲学计划，他称之为“政治自由主义”。由于罗尔斯是将“正义即公平”放置在“政治自由主义”这套哲学计划下来了解和定位，亦由于“政治自由主义”本身具有要寻找一套正义观，以作为宪政民主社会的公民去解决宪政的核心争议和分配正义之基本问题的共同基础等特定含义，因此，以当代西方宪政为议论核心的罗尔斯两大命题，已与传统近代化意义上的“启蒙主义”发生了事实上的差别。这大概也是有学者将其称为“后启蒙哲

① 参见罗尔斯：《正义论》，中国社会科学出版社1988年版。

② 参见《二十一世纪》（香港）2003年2月号“罗尔斯与当代哲学”栏目系列论文。

学计划”的原因所在。[①]

与此同时，日本学者沟口雄三曾一反津田左右吉[②]等人蔑视近代中国的“中国观”，而对中国近代化运动所开辟的有别于西欧和日本的第三条道路，持颂赞的态度。然而，在具体问题的讨论中，沟口的理论却常常出现这样的悖论，即：他一方面肯定中国的近代精英能够摆脱西欧和日本的资本主义发展模式而另辟蹊径，但同时又矛盾地指责了孙中山和毛泽东，说他们承自中国“前近代”和古代“儒教”的反对少数人之“私”压迫多数人之“公”的“大同思想”“不可避免地会和在资本主义工商业一定程度的发展上逐渐培育起‘个人自由’的城市的原理发生冲突”等具体实践方法。[③]

然而，中国的实际问题似不尽然。首先，满载历史惯性的中国文化，至少会端出两大障碍使人们在接受罗尔斯理论时颇费踌躇：1. 在历史上即严重缺乏严密法理体系、更不必说能够给这一体系以充分尊重的传统中国，“正义”、“公平”和“平等”一直是理想或想象中物；2. 近代以来被动融入世界格局的中国，似乎还没有能够真正完成对于近代道德之根本依据的近代法律体系的建设工作。由于辞旧迎新的任务十分艰巨，因此，对“正义”、“公平”和“平等”的追求，在中国的传统语境中，往往多停留在口号的水平上和不具备恒定意义的暂时性行为中。也许正因为如此，中国学者眼下为罗尔斯的学说而“热血沸腾”，总让人感到有点早了些。

---

① 参见谢世民：《后启蒙的哲学计划：罗尔斯的政治自由主义》，载《二十一世纪》。

② 津田左右吉（1873—1961），日本历史学者。著有《シナ思想と日本》（载《津田左右吉全集》第 20 卷，东京：岩波书店 1965 年版）等书。

③ 参见沟口雄三：《日本人视野中的中国学》，中国人民大学出版社 1996 年版（下同），第 6、12 页。

其次，沟口的观点所容易导致的和已经表现出的两种不同倾向，令人警觉。即：当中国学界认可了他对"第三条道路"——"王道式近代"的颂赞，中国百多年来"向西方寻求真理"的理论和实践，不但因此而失去了方向性意义，[①]还可能给中国追求想象中平等的"大同主义"者提供满足于这种理想的盲目乐天的"道理"依据和神奇腐朽的"世界"性话题；而当人们了解了沟口理论中的超学术立意微妙地措置于对日本自身的高扬，即了解到沟口对中国"第三条道路"的肯定目的是为了衬托出日本人所选择的既别于西欧又独立于中国的第二条道路，从而使中国的历史和现实在其他两条道路的反衬下更显寒伧的实际用意时，前面的"颂赞"，便成了比津田左右吉的直露式蔑视隐蔽得多的更深层的蔑视。因为在提及"近代"话题时对中国避之犹恐不及者，似乎并不是发生在少数日本学者内心深处的真实情结。[②]

然而，由于沟口雄三所肯定的"王道"理想，更多来源于中国历史上从未实现过、事实上也无法实现的想象和憧憬，而沟口本人对掩饰这一憧憬之非真实性的背面原因又缺乏质实的陈述，因此，其所谓"王道式近代"追求的"平等"理想"并不落后于欧洲"[③]等廉价赞许，使"第三条道路"说，最终只能成为迎合虚荣而无益于中国近

---

① 有学者指出："'文明只有不同，而没有优劣之分。'对中国这样有悠久文明史的落后国家说来，这是可以满足民族虚荣心的非常中听的一句话。可是，文明除了民族性以外，有没有时代性呢？如果不承认16世纪以还，中国已经落后于西方，从徐光启开始，特别是鸦片战争后百多年来一批又一批志士仁人百折不挠学习西方文明不都成了庸人自扰吗？"参见袁伟时：《慈禧、康有为的两面性及其启示——戊戌维新百年祭》，载《东方文化》1998年第1期。

② 参见拙作：《丸山真男的"原型论"与"日本主义"》，载《读书》2002年第10期。

③ 参见沟口雄三：《日本人视野中的中国学》，第7、9页。

代化之真正实现的“保守命题”和“讥讽命题”；而罗尔斯建立在今日西方社会基础上的所谓“正义即公平”的“自由”式“平等”理论及其“后启蒙哲学计划”，因短时间内还无法上升为中国问题的主流话语，所以对中国来说，至多也只堪作为“未来命题”罢了。然而，上述理论在当下中国的无意义，倒凸显了以下现象的有意义，即：横亘于中国历史与现实的真实问题，往往不是“平等”，而是“平衡”。

有关“平等”与“公平”虽议论多多，[①]但前提大体相近，即多指人与人之间在政治上经济上处于同等的社会地位并享有同样的社会权利。“平衡”却不同，其所指，是矛盾的暂时或相对的统一。如果允许将西方近代的平等思想与每每被称做“平衡术”的中国传统平衡理论作尝试性对比，会发现，平等需要“物理”和“律令”的保障，而平衡需凭借“心理”和“权术”的支持；平等依靠契约的严守和法律的公正，而平衡则仰赖无原则的政策调剂和超经济强制；平等追求恒定的公道和积极的建设，而平衡则满足于应急的说教和消极的维持。

然而，中国传统的“平衡”理论，几千年来却一直具有当然的“合理性”。就观念而言，这种合理性每每以“天之道”的形式表现出来。天道的公平，要求人们要树立“天道无亲，常与善人”的信念，要学会“损有余以补不足”（老子语）的方法。由于理想的

---

① 例如亚里士多德说：“公正就是平等，不公正就是不平等”（《亚里士多德全集》第8卷，中国人民大学出版社1992年版，第278页）；穆勒认为：“平等是公道的精义”（《功用主义》，商务印书馆1957年版，第17页）；戈尔丁指出：“正义的核心意义与平等相联系”（《法律哲学》，三联书店1987年版，第236页）。对此，中国学者何怀宏的理解是：“公平的含义也就是平等”（《契约伦理与社会正义》，中国人民大学出版社1993年版，第120页）；王海明则认为，“公平从属于平等，是一种特殊的平等”（《公正平等人道：社会治理的道德原则体系》，北京大学出版社2000年版，第106页），等等。

标准与现实毕竟河汉悬隔，所以，这些信念和方法的落实，事实上是通过无数个假设命题而展开的，而这些被展开的假设也就成为中国传统思想领域“天人合一”原则在观念上得以落实的反复起作用的依据。它的解释者既有代表弱势群体的“哲学家＝王”，也有现实政治的实际运营者——“君王”，更有给上述人物的观念与行为作出底色规定的自然经济体制。这些解释尽管在内容上分别表达了四面八方的利益诉求，可在“平衡”达成的目的论上，却表现出了高度的一致特征。因此，探讨长期出没于中国历史当中的“平衡论”假设，以梳理此类传统的始末经纬和内在逻辑关联，对于进一步研究中国式平均主义的历史和现实，或有裨益。

第二节　“平衡论”假设的传统表述

（一）适应弱势群体的“平衡论”假设

其实，中国历史上反对“少数人”凌驾“多数人”的观念，不单儒家有，道家亦不乏此论。① 由于引起不平等的因素主要是人的经济状况和政治地位的差异，亦由于问题的物理解决在短时期内几乎没有可能，所以，心理安慰意义上的平衡假设，便具有了特别的意义。它首先表现在“价值置换”这一被认为是可以使人“优入圣域”的假设命题中，即：以往价值表述中的“贵贱”、“贫富”指代，已由外在的物质尺度转换为内在的精神标准，由外在价值转换为内在价值。

---

① 参见吕思勉：《先秦学术概论》，中国大百科全书出版社 1985 年版，第 32 页。

在儒家的价值体系中，道义是最高存在，尽管儒家其实也并不排拒富贵。但关于何以在儒家理论中会发生上述价值置换，孔子曾提出过一个“可求“和“不可求”说法。“不可求”，按照儒家的尺度，是因为它违反了道义。可人富贵而已贫贱，毕竟要引起心理失衡，因此，它需要“高尚其志”，需要以内化了的道义崇高感和幸福感来寻回心理意义上的平衡。“孔颜之乐”凸显的当是这种人的精神价值和心理价值。孟子为了使上述精神便于理解，则有意把心理价值生理化了，认为体有贵贱，有大小。养其小者为小人，养其大者为大人。具言之，能够思考的“心”才是最大、最贵重的，因为它是人类善性的源头；而饮食声色之人所无法离开的口腹耳目，才是最小、最轻贱的所在。经过这样一番诱导，人们在道理上接受他推出的新价值体系——“天爵”、“人爵”论，并非没有可能。受这种贵贱观的影响，儒者在贫富观念上，也发生了尺度大置换：“儒有不宝金玉，而忠信以为宝；不祈土地，立义以为土地；不祈多积，多文以为富”。[①] 当年，拜爵不允、延聘不就的孔子再传弟子段干木，据说曾让魏文侯艳羡不已，理由是：“势不若德尊，财不若义高！”[②]其实，道义云者，不过是儒家诸子以道德本体对人生境界的一种提升。在取得心理平衡的前提条件下，它可以使人走向高尚，但同时也容易让人染上自命清高的习气。儒生的很多豪言壮语，似乎都可作两面观。

与儒家逆向而行，道家解决该问题的办法，是以低为高或削高就低。其中心内容则是“知足者富”。老子的问题意识来自“名与

---

① 《礼记·儒行》。

② 《淮南子·修务训》。

身孰亲？身与货孰多？得与亡孰病？”他认为，“祸莫大于不知足，咎莫大于欲得。故知足之足常足矣！”他的后学们也都用各种不同的方式重复着他的话，诸如“富则多事，寿则多辱”（庄子）、“天下有至贵而非势位也，有至富而非金玉也，有至寿而非千岁也。原恕反性则贵矣，适情知足则富矣，明生死之分则寿矣”[①]等。这种知足，似乎既有“利”于穷困者，亦可适度调节富人的行为。《列子·周穆王》篇所宣扬的贫富贵贱均不可“觉梦兼之”的道理，更引出了道家如此思考的哲学依据——“道”及其比照价值。道，又称“无”，一定意义上可理解为“无限”和“无穷”。[②] 道家之所以反复强调“知足”，是因为在“道”的比照下，有限世界中的一切，永远不可能是真正的“足”。知足，就是知道了有限世界的有限性。只有懂得这个道理，才会“不辱”、“不殆”，也才可以进入真正而永恒的“足”的境界——“常足矣”！老子说：“天之道，损有余而补不足；人之道则不然，损不足以奉有余。孰能有余以奉天下？唯有道者。”

遇到拂逆之事，先作自我追究和自我反省的“反求诸己”，则被认定为可解决外在不平衡矛盾的内在有效途径。这是除“价值置换”以外的又一个既堪自慰、又增自信的假设命题。

儒家主张自我追问。在他们看来，这至少有三重意义：曰自强，曰自胜，曰自省。孔子“不患人之不己知，患其不能也”云者，表达了第一重意义；孟子“不怨胜己者，反求诸己而已矣”，凸显了第二个价值；而曾子“吾日三省吾身：为人谋而不忠乎？与朋友交而不信乎？传不习乎？”和荀子“吾日叁省乎己，则智明而行无过矣”

① 《淮南子·缪称训》。

② 参见拙作：《“有”是“有限”，“无”是“无极”》，载《史学集刊》1997 年第 1 期。

等说法，则展示了其第三重内涵。当这种内索对象与“天理”取得了一致性时，本来是主观层面上的“平衡”原则似乎又获得了更具说服力的客观精神依据。《礼记·乐记》称：“好恶无节于内，知诱于外，不能反躬，天理灭矣。”

道家也很强调平衡的内在性。老子曾说过：“能舍诸人而求诸己乎？”庄子本人也讲：“吾所谓聪者，非谓其闻彼也，自闻而已矣；吾所谓明者，非谓其见彼也，自见而已矣。”这种平衡的最高哲学概括，便是老子的名言：“道法自然”。

然而，问题到此并没有得到解决。因为无论怎样强化自我作圣的“价值置换”和退避三舍的“反求诸己”，差别总还是差别，弱者也总还是弱者。这种情形，终至逼出了用取消问题的方式来解决问题的新一轮命题假设——“化神奇为腐朽”。

显然，泯除一切差别，是该假设所欲达到的核心目的。作为中国相对论的鼻祖，庄子的看法似最具典型意义。“厉与西施”、“道通为一”、“臭腐复化为神奇，神奇复化为臭腐”、“通天下一气耳”等，也正是该假设的典型表述。不宁唯是，庄子还把名家的“天与地卑，山与泽平”命题拿来，作为他相对论的一个理论支撑。仿佛是一种时代思潮，当时的孟子也提出了“人皆可以为尧舜”的命题。宋以后，竟衍生出了“圣人满街跑”的极端说法，李卓吾(贽)的“白门训示”，堪称好例。[①] 中国文化在普及机制上自有其特别处，那便是令超凡入圣者出圣入凡。王阳明称这种现象为“打作一片”。通过这种方法，会使人人都觉得圣人就在身边，我也能成为圣人。于是心理的失衡便自然消失，群体模仿效应亦随即出现。庄子当

① 参见顾宪成：《顾端文公遗书》卷14“当下绎”。

年对“道”所作的“瓦甓”、“屎溺”下凡和后世禅宗“参禅唤作金屎法”云者，所创造的也正是这种泯除圣凡、取消一切差别的说教。[①]于是乎，“佛法本来无多子”和“圣人满街跑，人人都一样”，便成为一般大众所希望看到的局面。尽管大师们的就道入禅与普通人之间的区别，“就和勇敢的人与失去知觉而不知畏惧的人之间的区别一样大”，[②]但上述观念的纵横捭阖，仍使信者们在“我即真人”、“我即佛陀”的无知自信里，获得了内在的安宁。

（二）迎合强势集团的“平衡论”假设

强势集团或通常所说的统治者或富豪，是最容易让人产生不平衡感的存在。是他们，才使人与人之间出现了君臣上下之异和富贵贫贱之别。一种理性认为，人不能无群，群则不能没有规矩法度，而规矩法度能否发挥作用的前提，是社会能否提供相应的高下秩序（荀子、董仲舒）。可是，另一种理性也同时在发挥作用，即：同样是人，我的处境为什么要比你差许多？为什么你就应该是富贵的而我就必须是贫贱的（孟子、陈涉）？正因为如此，如何才能让位居下陈的平民认可这种事实上的不平等，便成为代表强势集团利益的平衡理论所由以发生的现实需求。它大体展开于以下两个假设中，即假设人的现实差别决定于“天命”法则以及假设“贵贱由己”和“福祸依自”说是成立的。

“命”，是中国人的创造。孔子谈“命”，可究竟什么是“命”，却又很难说清，只觉得冥冥之中有一种东西，它决定人事的发展变化，却又不为人的意志所左右，使人们在它面前无可奈何。这就是

---

① 参见《庄子·知北游》及《古尊宿语录》卷32、卷4、卷13、卷3。

② 冯友兰：《中国哲学简史》，北京大学出版社1996年版（下同），第102页。

孟子"莫之为而为者天也,莫之致而至者命也"和庄子所谓"不知吾所以然而然,命也"等无奈的由来。儒家的"命",有时就是"天",所以《左传》讲:"周德虽衰,天命未改。"于是,"死生有命,富贵在天",便成为人们面对不平等现实时由无奈转而为平静的自我调剂良药,即:"知其不可奈何,而安之若命"(庄子)。而当人们对孔子那段"君子有三畏"箴言信守不移时,那些代表"天命"的现实不但不再构成平民内心失衡的外在因素,它的由敬畏而导致的神秘性和不可研究性,已经使以往的"不平"现象转而变成了不容怀疑的天经地义。由于"天命论"使人类的主体认识之道与历史发展不可预知的内在必然性之间,在蒙昧的意义上彼此找到了一个超理性的结合点,所以才有"否泰有命,通塞听天"[①]和"尽人事以待天命"[②]等先验论格言的出现,才有民间俗谚"万般皆是命,半点不由人"的产生和广为流行。显然,该假设在达到强势集团所要达到的平衡大众心态之目的的同时,还进一步将观念本身引向了非理性的宿命论和迷信。

"天命论"虽收效甚巨,但不平者却毕竟是无法不正视的现实。由于老子"天道无亲,常与善人"的反例,每每是好人的剖心炮烙和饿死首阳,所以司马迁才仰天长叹:"倘所谓天道,是邪非邪!"而王充"才行高洁,不可保以必尊贵;能薄操浊,不可保以必贫贱"的无可奈何,也充分地表达了类似的感慨。然而,当"天命论"在政治平衡术中出现了理论极限时,[③]强势集团则转而代之以另一个新的

---

① 《抱朴子·外篇·应嘲》。

② 胡寅:《读史管见》。

③ 参见拙作:《关于儒、道、佛三家的理论极限》,载《东北师大学报》1996年第3期。

理论假设，即“贵贱由己”论和“福祸依自”说。

谙熟古代思想传统的司马迁不可能不知道《易·文言传》中“积善之家，必有余庆；积不善之家，必有余殃”以及《尚书·汤诰》里“天道福善祸淫”等几近谴告的说教。他们之所以还慨叹不已，透露出的是该说教本身的时空局限性。就是说，上述思想只能给人以此生的安慰，当在此生的时空范围内出现的情况常常是“好人没好报，坏人终天年”时，人们对这一说法的信奉程度就要大打折扣。而且，“善有常门，恶有定族，后世修行，复何益哉”的质疑，[①] 也暴露出中国的传统思想无法给人的主观努力以应有位置的理论缺陷。传自印度的佛教，便正是在上述折扣屡现不止时，顺利地找到了安慰中国人心灵、使之实现心理平衡的理论切入点，这就是被东晋大和尚慧远发扬光大了的“三世轮回”说。[②] 通过这套理论，人们开始怀疑以往命定说所谓人间不平等现象均由天意决定，而个人却无力回天的由天或命从外面来主宰人生命运的说法，也开始相信，人自己的思想和行动决定了今世和将来命运的全新理论。然而实际上，慧远的上述理论，已经在本质上偏离了他作为中国“大乘空宗”领袖所应遵守的教门宗旨。因为前世、现世和后世的轮回，必须要有一个精神实体的承受者才行。这就需要肯定灵魂不死。而大乘空宗的“一切皆空”论认为，如果承认有一个永远不死的、独立的精神实体存在，势必要引起种种烦恼，妨碍人们超脱

① 参见戴逵：《释疑论》，《广弘明集》卷 18。

② 《弘明集》卷五《三报论》：“经说业有三报：一曰现报，二曰生报，三曰后报。现报者，善恶始于此身灭迹此身受。生报者，来生便受。后报者，或经二生三生，百生千生，然后乃受”、“三业殊体，自同有定报。定则时来必受，非祈祷之所移，智力之所免也。”

轮回而进入佛国乐土。但是，如此简单地分析慧远的所作所为，恐怕就过分低估了政治统治集团在当时所具有的思想干预力量。据载，慧远表面上结庐山野、深居简出，但实际上却与当时的执政者来往频繁，就连当朝的皇帝亦与之过从甚密，常有书信往来。① 以至有学者称，“慧远用表面上似乎是远离政治的办法深深地干预影响了当时的政治，他是一位真正有政治手腕的宗教活动家”。② 其实，反向的思考似乎才更合理些，即与其说是慧远在干预政治，还不如说是政治本身在假慧远之力来左右宗教，安顿人心。③ 这种左右，使以往无话可说的“天命观”变成了有理可讲的“宿命论”。后来的事实也表明，产生于宗教理性上的心理平衡，使中国人认可了后者。因为“这种教义长期以来根深蒂固地深入人心，没有任何别的教义可以与之相比”。④

（三）奉行自然法则的“平衡论”假设

中国古代最大的假设命题，是“天人合一”。在这个命题的“人合于天”意义中，自然法则显然具有绝对的意义。⑤ 于是，凡是具有天然意味而少涉人工成分的自然、简单事物，往往都被视为有价值的存在而受人膜拜。似乎只有依自然法则而组成的天然序列和

---

① 据《高僧传·慧远传》载，慧远不但与当世显贵殷仲堪、王谧、谢灵运、刘裕和卢循等人往来频繁，且尝与晋安帝修书答谢，彼此称敬。又据《艺文类聚》卷 87 引，慧远还曾频频接受卢循等人的馈赠，并答书曰：“损饷六种，深报情至；益智（龙眼）乃是一方异味，即于僧中行之。”

② 方克立主编：《从孔夫子到孙中山》，中国青年出版社 1984 年版，第 135 页。

③ 参见《晋书·桓玄传》有关“肥遁之士”的议论。

④ 任继愈主编：《中国佛教史》第 2 卷，中国社会科学出版社 1985 年版，第 654 页。

⑤ 参见拙著：《天人·人际·身心：中国古代终极关怀思想研究》，第 2 篇 Ⅱ·1，东北师大出版社 1994 年版（下同）。

少有人工智能介入的天人·人际关系，一般才被认为是符合自然平衡规律的合理关系；反之，将因为天然平衡被打破所诱发的天然秩序混乱而导致不合理。而后者，则每每被尊奉上述理念的人们深刻地忌讳着。

支撑这个庞大命题的理论假设，可择其要者条陈为三。即：假设生命时间长久者方具有权威意义；假设自然伦理与政治伦理是合一的；假设最贴近自然的劳动才具有最高价值。

有学者指出，中国传统社会中的辈分和血缘这些先赋性(ascribed)参数和做人方式，实际上让社会中的每一个人都有机会和场合来获得其个人权威。这种个人权威的普遍分布就形成了一些社会心理学家发现的中国人具有权威性的人格特征。[①] 实际上，问题的质实存在于由“每一个人都有机会”和“个人权威的普遍分布”所形成的平衡格局和这种格局所赖以产生的人际关系的“先赋性”——“辈分”和“血缘”。过去的经验，对于长年重复“日出而作，日入而息”之生活节奏的占中国古代人口绝大多数的农民来说，是异常宝贵的。也许正因为如此，年龄的大小，便成为人们十分重视的存在之一。由于经验的积累需要时间，而时间本身又是个自然延长过程，加之个体生命历程的一去不复返与后来者经验积累的时间要求之间构成了一个循环式平衡圈，所以中国传统对于经验的敬畏，便使“尊老”行为被赋予了天经地义的自然法则色彩。在中国的家庭伦理中，最要紧的德目是“孝”和“悌”。其中，“孝”要求子女或晚辈对父母或长辈们的听话；而“悌”，则是弟弟妹妹对于哥

① 参见翟学伟：《个人地位：一个概念及其分析框架》，载《中国社会科学》1999年第4期。

哥姐姐们的顺从。儒家之所以主张"孝,德之本也"、"仁之实,事亲是也"和"孝悌也者,其为仁之本与",从最初的意义上讲,都缘于经验敬畏情结。时间长了,便形成了"天下没有不是的父母,只有不是的儿女"这一"公理",也同时产生了"不听老人言,吃亏在眼前"的俗谚。这一几成禁忌的习惯,使中国历史上出现了取悦老人的"十二孝",而它的极致表现,乃是舜对他那位顽嚣乖戾的父亲的无条件屈从和忍让,而这种屈从和忍让,是被后人以"子之事亲也,三谏而不听,则号泣而随之"等道理大加赞赏的。[①] 父母和长辈的这种威力,有时也与他们被赋予的实际权威呈正比。《司马文正公传家集·居家杂议》称:"凡诸卑幼事无大小,必咨禀于家长";《清律例》卷二八所立之断狱条例为:"父母控子,即照所控办理,不必审讯。"

对老年生命和经验意见的无条件尊崇,使历史在中国传统中具有了极大的意义。在这个意义下面,祖先和先哲每每被赋予以绝对的品格。冯友兰甚至认为,这种心理状态,对于中国哲学的影响亦十分巨大。所以从孔子时代起,多数哲学家都把古代权威,作为自己学说的根据。而权威的生存年代则似乎越古越好。[②] 中国先贤之所以言必称"三代"并主张"祖宗之法不可变",可谓良有以也。

"先赋性"当中的"血缘"参数让黑格尔发现,中国的政治,纯粹建筑在家、国原则相一致的道德的结合上。[③] 这种将人际间的自然关系依样画瓢般地移诸政治领域的做法,现实上根植于血缘与

① 《礼记·曲礼下》。

② 参见冯友兰:《中国哲学简史》,第137页。

③ 参见黑格尔:《历史哲学》,三联书店1956年版(下同),第165—169页。

地缘关系相结合的宗法昭穆制度，而理论上则规定于“其为人也孝悌，而好犯上者，鲜矣；不好犯上，而好作乱者，未之有也”的说教和“亲亲→尊尊”原则。由“亲亲”引申出的“尊尊”，有时也反过来通过某种仪式来强化“亲亲”关系，即《礼记·祭统》郑注所谓“祭时尊尊也，至燕亲亲也”。有趣的是，这种宴饮仪式在人际关系的平衡上往往是有效的。因为祭毕宴饮时，人们可将亲疏贵贱暂时放到一边，年长者居上，年少者处下，[①]八簋九豆，“以速诸父”、“以速诸舅”，[②]借酒食的和谐气氛弥补了政治行为中由“治人”与“治于人”所带来的感情缺憾。提醒大家本为亲属，宜上下合作，戮力同心。[③] 这类行为的循环往复，部分地释放了人与人之间因政治隔阂而产生的情感危机，把政治介入后已变得不再自然的人际关系自然化了。这有点像古斯巴达人中间经常发生的情形：“对于斯巴达人来说……公共用膳，则是平等人的精神共同体的象征”，“它代表着平等人之间的博爱”。[④] 可实际上，传统中国人也正是在“君父”、“臣子”等亲属似的称谓中，懵懂地顺应了某种更为质实的关系——统治者与被统治者。

虽说中国传统的“重农抑商”习惯与“以农立国”的历史现实密不可分，但单凭秦始皇“上农除末，黔首是富”的政令和汉代要求商人“衣不可文绣、食不可粱肉、行不可辇车”等法律手段而没有相应的贵贱尊卑价值观念来使人自觉抵制之，欲真正解决工商问题，事实上是难以奏效的。工商业者之所以令人“厌恶”，从最直观的意

---

① 《礼记·文王世子》：“公与族燕则以齿”。

② 《诗经·小雅》。

③ 《周礼·大宗伯》：“以饮食之礼亲宗族兄弟”。

④ 皮埃尔·勒鲁：《论平等》，商务印书馆 1988 年版（下同），第 134—135 页。

义上说，缘于他们的所得同那些与他们付出同样时间的劳动而收入却万不及一的农民之间形成了利益分配关系上的不平衡或曰失衡。《管子·治国》篇早就发现了这一点，即："今为末作奇巧者，一日作而五日食，农夫终岁之作，不足以自食也。"这样，传统社会中"四民"（士农工商）序列中所蕴涵的贵贱高下等别，便因失去了事实内涵而变得名不副实："有其实而无其名者，商人是也。无把铫推耨之势，而有积粟之实，此有其实而无其名者也。无其实而有其名者，农夫是也。解冻而耕，暴背而耨，无积粟之实，此无其实而有其名者也。"①

其实，怨艾当中所透露出来的，是"劳动价值平衡论"的价值观问题。就是说，农民们所认可的能够获得收入的劳动，应该是"解冻而耕，暴背而耨"和有"把铫推耨之势"者方有"积粟之实"的体力劳动。在"亲耕"②所具有的简单自然惟此亦最能保证"人品"端良的最高劳动价值论面前，任何有违这一原则的名利行为，不是"末作奇巧"，就是"邪门歪道"。换言之，人们在谴责"无商不奸"行为的同时，凸显的是农耕者的憨实和真诚。由于人只有在从事最简单惟此亦最接近自然的工作时，其接人待物的心理表现也才是最真诚和最无欺的，而农耕劳作又恰恰属于这一类行为，所以，农民的"田园牧歌"生活，在传统中被赋予了崇高的道德价值。

同样的道理也时常被寓于庄子对手工者的技术非议中。有这样一则故事：

> 子贡南游於楚，反於晋，过汉阴，见一丈人方将为圃畦，凿

---

① 《战国策·秦策四》。

② 《墨子·鲁问》。

> 隧而入井，抱瓮而出灌，搰搰然用力甚多而见功寡。子贡曰："有械於此，一日浸百畦，用力甚寡而见功多，夫子不欲乎？"为圃者卬而视之曰："奈何？"曰："凿木为机，后重前轻，挈水若抽，数如泆汤，其名为槔。"为圃者忿然作色而笑曰："吾闻之吾师，有机械者必有机事，有机事者必有机心。机心存於胸中，则纯白不备；纯白不备，则神生不定，神生不定者，道之所不载也。吾非不知，羞而不为也。"子贡瞒然惭，俯而不对。[①]

表明技术进步本身，也同样可以带来人类心灵的污染。在这一观念模式面前，最直观惟此也是最自然的体力支出，也就获得了大多数从事这种简单劳动的农耕者的最广泛的价值认同；而工商业者所投入的脑力劳动或曰复杂劳动，由于无形可见、难以目及，所以一般不在人们的考虑之列。值得注意的是，"吾非不知，羞而不为也"的说法，已使智力行为被罩上了极明显的人为贬抑色彩。这种简单劳动对复杂劳动在心理上的优越感，也要求从事精神文化事业的人要不时地去接受"再教育"。对孔子的那段微词，就原理而言，似未尝逾此："子路从而后，遇丈人，以杖荷蓧。子路问曰：'子见夫子乎？'丈人曰：'四体不勤，五谷不分，孰为夫子？'植其杖而芸。子路拱而立。"[②]连最自然的知识都不了解的孔子，在"丈人"看来，显然是虚假不实的存在。不实即不真，不真即不诚。子思"诚者，天之道也"[③]的命题表明，自然行为崇尚，在中国传统中是有相当的文化市场和道德威慑力的。从子贡和子路在"丈人"面前不是"瞒然惭，俯而不对"就是"拱而立"的表情和态度中，人们似乎

---

① 《庄子・天地》。

② 《论语・微子》。

③ 《礼记・中庸》。

还能寻出日后“脑体倒挂”现象所由以发生的一丝远因。

第三节 “反假设”与关于“假设”模式的粗浅思索

“嫉妒经济学”理论认为，一个社会中最富有的人，往往要成为其他社会成员共同嫉妒的目标。因为富有与贫穷的反差，每每使前者成为后者痛苦的根源和幸福感降低的原因。在这种情况下，如果把首富拉下到富有者的第二位甚至杀死他，就可以增进一个人（原来排行第二的那个人）的幸福感并大解社会其他成员的怨恨之气。而为了增进社会幸福总量，还得将第二富的人也拉下马。这个过程重复下去，最后唯一能使全体人民满意的是一个清一色的绝对平均的社会。可事与愿违的是，在此状态下，每个人所有改进物质享受的企图都成为泡影。原来是希望自己要超过别人，但结果却断绝了一切改善自己处境的可能性，除非社会中每个人都能齐步致富，而事实上这种情况是很少出现的。①

然而，把嫉妒仅仅看成是经济生活当中的人际行为，似乎不足以解释频发于其他领域的同类现象。皮埃尔·勒鲁(Pierre Leroux,1797—1871)认为，社会不平等的孳生温床，应该是以下三个要素，即“等级家庭”、“等级国家”和“等级财产”：“我所理解的家庭等级或等级家庭，是指错误地扩大了的家庭对于人的天赋自由的限制。我所理解的国家的等级或等级国家，是指错误地扩大了的城邦或国家对于人的天赋自由的限制。我所理解的财产等级或等

① 参见高希均主编：《全球著名华人经济学家随笔集》茅于轼文，四川人民出版社2002年版。

级财产，是指错误地扩大了的财产对于人的天赋自由的限制。”[①]由“扩大了的家庭对于人的天赋自由的限制”所表现出来的崇老习俗、尚古观念和血缘政治，已因其假设本质的日渐暴露而屡遭非议，韩非的有关言说道出了人际关系的实情；[②]而崇尚自然主义原则的平衡论假设，亦因传统“实用理性”的抵消和近代功利主义思想的深入人心，已渐次失去了固有的功能。[③] 就发展论观点看，这是符合实际的，其实践者亦代不乏人。问题出在“厚今薄古”观念和“实用理性”均无法奏效的由“内平衡”假设模式所导致的反假设行为——“外平衡”举措及其后果上。[④]

嫉妒之所以常常表现为外在行为，无非是因为人的通过内在精神平衡而获得的哪怕是自欺欺人的“幸福感”已经被打破。这可以从该行为本身所要达到的目的，仍旧是平衡关系的失而复得等最终结果上得到证明。只是，“幸福感”的普遍需求，使以往自我说服阶段尚能奏效的心理意义上的息事宁人，此时也只好让位给富于伤害性和颠覆性的外在平衡手段——嫉妒了。在这种情况下，“假设毕竟只是假设”，便成为人们告别“内在”并走向“外在”的现实前提。而现实，便决定了这个“前提”的“非假设”或曰“反假设”特质。由于假设本身带有浓重的想定成分和理想主义色彩，因此，其与世俗的真实之间，毕竟还有距离。而距离的大小，往往决定于

---

① 皮埃尔·勒鲁：《论平等》，第247—248页。

② 参见《韩非子》之《五蠹》、《说疑》诸篇。

③ 参见李泽厚：《中国古代思想史论》，人民出版社1986年版，第29—32页；《汪悔翁乙丙日记》卷2，见沈云龙编《近代中国史料丛刊》第13辑，台北：文海出版社1967年版；《默觚下·治篇一》，见《魏源集》，中华书局1976年版，第36—37、45页。

④ 参见拙作：《中国文化现象中的“内平衡”与“外平衡”》，载《东北师大学报》1997年第3期。

假设本身所能奏效的时间之长短和功用之有无。由于上述假设的适用范围——无论是时间抑或空间，都不能不因中国传统文化中以现世为立足点的务实精神而变得局促和有限，所以每逢此刻，人们想得更多的问题常常是"彼丈夫也，吾丈夫也，吾何畏彼哉"（孟子）和"王侯将相宁有种乎"（陈涉）等难以平复的不解。这从本来反对"善有常门，恶有定族"可旋即对"后世修行"说产生怀疑的戴逵笔下，亦可窥见一斑。①

事实是，作为外在平衡表现形式之一的"嫉妒"，在中国传统"平衡论"世界中，的确占有重要的位置。应该说，嫉妒，是人性的弱点，不唯中国人有，凡有人群处，此弱点都在所难免。所不同的，是别处的嫉妒并没有像中国这样理论上成体系，行动上有章法。因此，即便有人试图从社会生态平衡学的角度以超然物外的心态来理解这一现象，也会在相当程度上感受到这种行为所内藏的残忍、凶险和可怖。

如上所示，嫉妒行为的发生原因固然复杂，但就根本而言，是由于精神上的解释已陷入绝境。于是，对于身边发生的、用心理平衡等假设命题已无法摆平的人事矛盾——无论是政治矛盾还是经济纠葛，许多人便倾向于用一种特别的手段——"谗嫉毁谤"来平衡之。按照"嫉妒经济学"的说法，似乎只有这种"反假设"行为才可以提升弱势社会成员的"幸福感"。

然而，中国式谗嫉的最显著特点，是一个"毁"字。《墨子·亲士》云："今有五锥，此其铦，铦者必先挫；有五刀，此其错，错者必先靡。是以甘井近竭，招木近伐。……是故比干之殪，其抗也；孟贲

① 参见戴逵：《与远法师书》，见《广弘明集》卷18。

之杀，其勇也；西施之沉，其美也；吴起之裂，其事也。故彼人者，寡不死其所长。故曰：太盛难守也。”庄子的“直木先伐，甘井先竭”和韩非子的“木铎以声自毁，膏烛以明自铄”等说法，亦大体寻此脉络而来。对这种“木秀于林，风必摧之”的现实，老子似乎早就有过“明智”的忠告，即“不敢为天下先”。

这种风气的形成，首先使原则的坚持变得异常困难。晏子为东阿宰前后三年的不同遭遇，[①]表明韩非对这些“仁人”、“君子”、“有行”、“有侠”、“高傲”、“刚材”、“得民”者们迎合人性弱点的无原则调剂和讨好式平衡行为的严厉痛斥，实际上具有重大意义。[②]王符说：“上贤大贤，犹不能自免于嫉妒，则又况中世之人哉！此秀士所以虽有贤材美质，然犹不得直道而行，遂成其志者也。”（《潜夫论·贤难》）这恐怕也是黄钟毁弃、瓦釜雷鸣之所以会成为中国传统社会中屡见不鲜现象的根由之一。尽管人们曾满怀悲愤地谴责这种想象，[③]但以下怪异思维和行为，却依然无法阻止：“孟之反不伐，奔而殿。将入门，策其马曰：‘非敢后也，马不进也’。”[④]对类似的人情是非，孔子有很清醒的认识，他曾说过：“不有祝鮀之佞，而有宋朝之美，难乎免于今之世矣！”这实际上等于说，美而不善自贬，则难以免灾。无奈，人们被迫想出了一些苦恼的“对策”：

> 狐丘丈人谓孙叔敖曰：“人有三怨，子知之乎？”孙叔敖曰：“何谓也？”对曰：“爵高者，人妒之；官大者，主恶之；禄厚者，怨

① 《晏子春秋·内篇》。
② 《韩非子·八说》。
③ 参见《潜夫论·贤难》。
④ 《论语·雍也》。

逮之。"孙叔敖曰："吾爵益高，吾志益下；吾官益大，吾心益小；吾禄益厚，吾施益博。以是免于三怨，可乎？"[1]

表明，欲人不嫉其能，不害其身，就必须学会自贬自贱、自损自失的本领，即："(君子)高而勿矜，劳而不伐，位尊而行恭，功大而理顺，故俗不嫉其能，而世不妒其业"。[2] 这种平衡方式，使人感到，谦逊已不再是一种美德，而成为趋利避害的手段了。所以《颜氏家训·止足》篇说："天地鬼神之道，皆恶满盈。谦虚冲损，可以免害"。

可是，当现实生活中的人际差别足以形成阶级对立时，当贫贱一方实在无法找出更充分的理由来自我说服，以求得内心平衡哪怕是自欺欺人的安宁时，仅仅靠"谗嫉毁谤"手段，就显得远远不够了。这大概也是人们所熟知的"杀尽不平方太平"意义上的团队式外平衡行为所以会周期性爆发的主要原因。

这类极端行为的中心指导思想，是一个"平"字。汉末黄巾军的"苍天已死，黄天当立"，透露的是"皇帝轮流做，明年到我家"一类的政治平衡心态；唐末王仙芝自称之"天补平均大将军"，北宋王小波、李顺的"吾疾贫富不均，今为汝均之"，南宋钟相、杨幺提出的"法分贵贱贫富，非善法也，我行法当等贵贱，均贫富"以及明末起义军的"均田免粮"等口号，也都反映了中国农民试图通过暴力手段来实现与统治层之间的政治、经济平等愿望。这种愿望，发展到太平天国阶段，已形成了周密而完备的外平衡式纲领，即《天朝田亩制度》及其系列文书。它的经济目的很明确，即："有田同耕，有

---

① 《列子·说符》。

② 《盐铁论·非鞅》。

饭同食，有衣同穿，有钱同使，无处不均匀，无人不饱暖也”；它的政治原则亦至为醒目，即打破所有的尊卑等级，而实现“天下多男子，尽是兄弟之辈；天下多女子，尽是姊妹之群”。

然而，当人们问及上述目的是否已经达成时，回答往往是否定的。事实上，以武力的“反假设”面目出现的“外平衡”行为，由于不可能达到其所要达到的真正目标，因此其最终走向，仍然、似乎也只能是对前述“假设”局面的回归。哪怕这种回归在初始阶段曾一度在“与民休息”舆论的掩盖下颇显隐蔽，也不太直观。

“平衡论”假设，就事实层面而言，乃缘于现实的“不平等”。反过来说，只有当现实中出现了不平等的事实而人们又无法在短期内化解这种差别，甚至永远也不可能在“作为事实的平等和作为原则的平等之间”（孟德斯鸠语）画上等号时，“平衡论”便需要也只能建立在“假设”的基础上。由于以往“安贫乐道”的实际原因不过是“力不赡也”，[①]因此，适应弱势群体的“平衡论”假设，对于弱势人员本身来说，已无异于“自欺欺人”；而迎合强势集团的“平衡论”假设，在统治者一边，又实在是“损人利己”；至于以“均贫”原则为基调的“毁谤杀戮”行为，其终也却多半是“损人不利己”。人与人打交道，从经济上看，有四种可能的后果，即利己利人，损己利人，损人利己和损人损己。这四种后果从道德标准来衡量，损己利人是最高尚的，而损人利己则是最卑劣的。但从经济后果看，利人利己是最有利的，损人损己或损人不利己则是最恶劣的。茅于轼断定，“人类过去几千年的历史大体上是一种零和对策的格局，有一部分

① 《孟子·公孙丑上》。荀子曾经指出的人性特点，则规定了人的观念行为的基本走向：“夫薄愿厚，恶愿美，狭愿广，贫愿富，贱愿贵，苟无之中者，必求于外”（《荀子·性恶》）。

人变富必有另一部分人变穷，所以整个社会基本上处于停滞状态。人和人的关系只能是剥夺和被剥夺，在政治上用现代术语说就是革命和反革命”。[①] 如果说“人类过去几千年的历史大体上是一种零和对策格局”的断言更多适用于中国古代社会尚可差强人意的话，[②]那么，说“人类几千年”的情形皆然，就不尽符合实际了。有研究成果显示，早在中世纪，英国近代化所赖以成功的原始积累过程就已经开始了。那么，谁为这一“积累”提供了保障呢？是“西欧法律体系”以及与农民最为切近的“庄园习惯法”。这种尊重法律，一切须经过法庭以及除法庭干涉以外不受任何干涉的司法独立传统，使“英国农奴在反抗斗争中几乎没有提出过推翻某个现存封建王朝并取而代之的纲领，也几乎未提出过‘均田免粮’之类的笼统而难于实现的要求。相反，他们大多是提出改善其经济社会地位的具体目标，即使在1381年那样的大起义中，由各村代表共同商定的要求，也主要是废除农奴制度，保证贸易自由，每英亩土地租金不得超过4便士，以及大赦起义者等”。[③] 英国人的做法，不但不会造成“损人不利己”的结局，而且在法律保护下的“贸易自由”诉求一俟得到实现，建筑于资本原始积累基础上的与法律制度孪生并至的资本主义的出现，恐怕也只是时间问题而已。它至少可以给我们带来两点启示：1. 当事实上无法真正实现的“均田免粮”式“革命”目标遭到破产后，人们便只能退回到“平衡论”的假设中。

---

① 茅于轼：《谁妨碍了我们致富》，广东经济出版社1999年版，第315页。

② 传统中国解决类似问题的原则是“不患寡而患不均”（《论语》）和“财聚则民散，财散则民聚”（《大学》）。

③ 侯建新：《社会转型时期的西欧与中国》，济南出版社2001年版，第100—101、127—128页。

由“假设”和“反假设”所形成的互补结构,决定了“自欺欺人”、“损人利己”乃至“损人不利己”等行为的更始反复和“循环无端”。2. 欲走出上述“循环”,似须有相对公平、平等的市场制度的导入和为这种公平、平等提供权威保障的法律体系。它需要想象从属于事实、“道理”服从于“物理”、道德决定于法律、信仰服从于契约而不是相反。否则,“零和对策格局”和黑格尔所谓“(中国)历史本身没有表现出有任何进展”①等情形将很难得到改变。显然,这种情形,已使平衡论所由以发生的事实根据和思维模式的理论探讨,变得极为重要。

以农立国,是传统中国的经济本色。“天人合一”之所以会成为中国传统文化的最高精神,所凸显的其实是这样一个背景事实,即:在无法离却自然规律一步的农业生产生活中,一切事务都已经被自然规则作了最自然也是最周到的安排。当我们看到《礼记·月令篇》和《吕氏春秋》各《纪》等对经济政治文化乃至当为不当为的所有事务所作出的细密规定时,就会切实地感受到自然规则所具有的无上权威。“二五之精”之所以能对人间宇宙作无限定配置,谶纬之学的东拉西扯之所以也会调动起人们的超常热情,说到底,亦无非是上述规则的控制结果。自然规则,凸显的是“不争”的理念。事实上,既然一切都已被自然规则安排停当,争,似乎也是徒劳和没有意义的。然而,“好利”是人的实情,因好利而争,也实在是人的天性。可由于它的过“度”伸张一定要与自然经济结构发生冲突,因此,无论是哲学意义上的“心性”之学、宗法观念下的“礼乐”制度,还是宗教理性中的“因果”说教,就目的论而言,其实都在

① 参见黑格尔:《历史哲学》,第163页。

支撑着这门不争的哲学。然而,其具体展开的理论命题——“价值置换”、“反求诸己”、“天命报应”和“人爵天爵”,又实在因缺乏恒定意义而带有明显的假设特质——这可以从中国历史上不时发生“反假设”观念和行为的反面事实中得到印证。反假设,意味着对假设的否定。冯友兰指出:“照黑格尔的说法,一个事物被否定了,一个新事物在更高水平上开始了。但是照老子和易传的说法,一个事物被否定了,新事物只是重复旧事物”,更何况,宋代邵雍的《皇极经世》一书又早已为后世中国人展现了一幅不断退化的图景呢!所以他认为,“这是具有农业民族特征的哲学”。①

这种“具有农业民族特征的哲学”究竟是怎样一种哲学,我国学者有过较充分的探讨。其中,受西方自然博物学者吉尔伯特·怀特“阿卡狄亚”(Arcadia)“田园主义”思想影响而形成的“自然的道德体系”观点,可以参考。② 该观点似可从两个角度来理解:一是,中国传统的道德体系产生于自然;二是,自然被人以人类才有的价值尺度道德化了。然而,如果将前者看成是事实的,那么后者就只能是想象的。由事实转为想象,透露出的是事实上的无奈。而这种无奈最容易形成的思想倾向,是“原理主义”、“道德主义”和“理想主义”的产生。原理主义在形式上一般追求事物发生发展过程中永远无法脱却的本质规定。这一规定在先秦时期被称为“性”、“无”,在宋明时代,被唤做“理”和“心”。尽管中国古代思想家尽力想把“性理”的来源归结为“事实”意义上的“天”,但这个“天”实际上却不过是人“心”的杰作。“万物皆备于我”、“宇宙便是

① 参见冯友兰:《中国哲学简史》,第236页。

② 参见李存山:《自然的“经济体系”还是“道德体系”?》,载《中国哲学史》2003年第1期。

吾心，吾心即是宇宙”以及“夫大人者与天地万物为一体也”这些充满了超越主义精神的大话或自慰言辞，处处体现了“心”这部“平衡仪”所具有的推论和假设特质。孔子的“天何言哉”、孟子的“尽心→知性→知天”、老子的“天道无亲，常与善人”、庄子的“与天为一”以及朱熹的“天理人心”和王阳明的“心外无物”等，坦率地讲，都不过是中国传统的原理主义在各个时期的不同表述。而这种以“大”概“小”、以“内”统“外”和以“无”化“有”的原理主义思维取向，又每每与“道德主义”和“理想主义”孪生并至。因为原理能被尊奉，取决于道德上的优越及其价值附加；而道德的至高体现，却是能够“参赞天地之化育”并臻抵“天人合一”之境界的“圣人”——这一儒者所毕生追求的理想人格。由于“天人合一”关注的是完善人的生命本性，开发生命的内在价值，因此，这种思维特点，就本质而言当体现在与西方思想的如下对立中，即：西方讲求“知物”，以“有”（存在的“实在性”）为起始；中国讲求“悟道”，以“无”（生命的“生成性”）为开端；知物，是为了满足生命、实现价值；悟道，是为了圆满生命、完善人格。知物需要用“眼”去看；悟道需要用“心”体认。用眼看（观），是以主体与客体、内在与外在、人性与物性的分离为前提的；用心体认（悟），则是以主体与客体、内在与外在、人性与物性的融通一体为基点。① 这可以用来解释何以传统中国思想中会产生“价值置换”、“反求诸己”以及“腐朽神奇”和“神奇腐朽”一类命题的本质原因。然而具有讽刺意味的是，这种模式，似乎并未妨碍强势集团中的某些注重实际的人懂得如何利用大众一般的稚拙思

① 参见高清海：《中国传统哲学的思维特质及其价值》，《中国社会科学》2002 年第 1 期。

维来达到他们想要达到的目的。[①] 因为"不平等的身份设置和地位固定才是某种强权得以生存的前提。或许,这种强权可能将某种理想化的善或强势价值观意识形态化,并以善来修饰所有的不公平和不平等"。[②] 有趣的是,在某个政权尚无剧烈震荡的时段里,弱势群体的精神信仰,竟每每与强势集团的同类提倡间表现出某种奇异的呼应。因为在盲目"一体化"思维下培养出来的"良知"或曰"道德",其所指向,"是人之所以为人的终极","良知指向一切相与关系的和谐状态,良知指向因为放弃所获得的精神的宽慰和快乐"。由于由它结晶而成的"善性",天然地表现出明显的"自足"特质(同上),因此,它的栖身场所便只能是中国传统哲学所习惯倡导的"道德境界"和"天地境界"。这种"道德价值"和"超道德价值"[③]的合一,也体现了想象意义上"自然的道德体系"的基本特征。显然,在"争于气力"的近当代,它是弱者的哲学。

这恐怕也是被认为是中国哲学之"集大成"的宋明"道学",在中国的"前近代"和"近代化"过程中屡遭知识界批判的原因所在。其实回过头来看,道学家最大的问题,乃存在于对"假设"世界的过度眷恋和滞留不归。当然,这里并不排除程朱理学整体朝"务虚"方向作大跨度迈进的直接诱因。余英时认为,北宋王安石变法的失败,对近世儒家外王一面的体用之学构成了一大挫折。于是,南宋以下,儒学的重点转到了内圣一面。一般地说,"经世致用"的观

---

① 荀子说:"日月食而救之,天旱而雩,卜筮然后决大事,非以为得求也,以文之也。故君子以为文,而百姓以为神。以为文则吉,以为神则凶也。"(《荀子·天论》)

② 参见江山:《再说正义》,载《中国社会科学》2001 年第 4 期。

③ 参见冯友兰:《中国哲学简史》,第 292 页。

念慢慢地淡泊了，讲学论道代替了从政问俗。[①] 有趣的是，后来的王阳明，当其政治实践失败后，竟也不无类似地转向“内敛之学”——心学。[②] 尽管他试图通过“人人都具有的良知”“把决定是非之权暗中从朝廷夺还给每一个人”，仿佛使“致良知教又涵有深刻的抵抗专制的意义”，[③]但今天看来唯一具有可操作性的能够切实“格正”、“君心之非”的法律准绳，在心学体系中却只能转为“精神胜利”和“政治冷感”。由于上述思维模式不可能还会给人提供别的思想空间，因此，指望在如此学术背景下而产生具有政治监察功能的立宪政治，想都不要去想。重要的是，由于这种思维模式均带有彼岸和终极关怀特征，[④]即“念头不在世道上”（顾宪成语），因此，它除了能够增进想象水准和提高思辨能力外，对于实际问题的解决，却少有实效。朱熹无所不包的“理”与王阳明囊括一切的“心”，就不切实用的意义上讲已难分轩轾。它偶合了恩格斯道德批评说的一个论断：“它适用于一切时代、一切民族、一切情况；正因为如此，它在任何时候和任何地方都是不适用的。”[⑤]

然而，重要的还是文化遗传。它带给今天的问题是：中国社会发展过程中的“西西弗斯”现象，能否再度出现？

实际上，上述林林总总的历史“学案”得不到解决，人们便很难看到一个国家和民族实现近代化和现代化的实际思想指标。因为无论如何，近代化和现代化的观念与事实，就质的意义上讲都来自

---

① 参见余英时：《论戴震与章学诚》，三联书店 2000 年版，第 338 页。

② 参见拙作：《关于阳明子“龙场悟道”的非学术寓意》，载《史学集刊》1994 年第 3 期。

③ 参见余英时：《现代儒学论》，上海人民出版社 1998 年版，第 11 页。

④ 参见冯友兰：《中国哲学简史》，第 265—266、253—254 页。

⑤ 《马克思恩格斯选集》第 4 卷，人民出版社 1972 年版，第 236 页。

西方，尽管像日本等业已步入现代的某些东方国家，在亟欲摆脱当年落后阴影的思想支配下过分夸大了近代化的独自性，亦尽管当代新儒家仍在不断地鼓吹“内圣开出新外王”的假设命题。[①] 其实，沟口所谓“大同思想”“不可避免地会和在资本主义工商业一定程度的发展上逐渐培育起‘个人自由’的城市的原理发生冲突”等说法，倒些微地道出了中国问题的质实。冯友兰指出：“说西方侵略东方，这样说并不准确。事实上，正是现代侵略中世纪。要生存在现代世界里，中国就必须现代化。”[②]然而，由于很多在启蒙阶段应该完成的任务至今尚未完成，因此直到今天，“必须现代化”的话题，在中国还远未过时。这恐怕也是对中国人来说属于“未来命题”的罗尔斯“后启蒙哲学计划”，眼下还无法适应中国国情的根由所在。[③]

然而，最令人费解的，是与“未来命题”呈反方向的“保守命题”和“讥讽命题”。回视沟口雄三的悖论，会发现，这种悖论的发生原因，一方面是由于他在解释出自欧洲的“近代”观念时发生了前提失范现象，即沟口在希望“以亚洲固有的概念重新构成‘近代’”时势必会舍弃的“‘近代’一词所包含的落后、先进之类的标准，以及一个国家是否进入近代的标准”而使“‘近代’一词本身变成毫无意

---

① 余英时指出：“问题的关键已不复在于心性修养，而实在于客观认知的精神如何挺立。因此我深信，……目前似乎还不是‘接着宋、明理学讲’的时候。”见《论戴震与章学诚》，第 9 页。

② 冯友兰：《中国哲学简史》，第 25 页。

③ 葛兆光教授在与笔者讨论本文时亦指出：“罗尔斯的《正义论》给我的印象是，尽管他提出之诸种原则，颇符合正义性，也相当有价值，但他好像是在设计悬想中的自由主义政治平台，是在西方自由主义政治已经有一定成果的背景和语境下，再为西方自由主义政治的更新换代，寻找新的理论依据和历史依据，换句话说，即仅仅是一关于‘正义’的哲学思辨之结果，没有这种背景和语境，这种思辨就只是纸上谈兵。”

义而导致瓦解";[①]而另一方面则恐怕是因为沟口的肯定模式,即建立在"大同主义"基础上的"王道式近代",其实不过是我们所讨论的"反假设"行为有可能呈现的短暂后果。短暂后果的瞬间性特质,最终使"反假设"本身亦无法摆脱"假设"色彩。由于事实证明平衡论意义上的"假设"与"反假设"最终都无法使中国本身步入真正的近代,因此,被沟口肯定的孙中山"王道式近代"在社会形态上的自然伸展,在逻辑上便只能是他所说的"儒教社会主义"。然而,沟口所提出的这一命题,与他所肯定的"第三条道路"间,再度出现了悖论——沟口本人对"儒教社会主义"思想揶揄有加的中日"公私观"比较论,[②]也无法不坦言这一事实。实际上,日本思想界自身在"前近代"所走过的道路,乃是一步步摆脱以"想定"代替"事实"、以"道理"代替"物理"、以"自然"代替"作为"、以"应然"代替"必然"的中国传统"天人合一"之"连续性思维"和一步步接近道学家思想的反面——西方近代启蒙论的过程,[③]是实现"非原理主义"、"非道德主义"和"非理想主义"的过程,[④]也是"人情论"实学体系的确立过程。[⑤] 而仅就观念层面而言,明治时期的"脱亚入

① 葛兆光:《重评 90 年代日本中国学的新观念:读沟口雄三〈方法としての中国〉》,载《二十一世纪》2002 年 12 月号。

② 参见沟口雄三:《方法としての中国》,东京:东京大学出版会 1989 年版,第 187、192、20—23 页。

③ 参见丸山真男:《日本政治思想史研究》第 1 章第 2 节、第 2 章第 4、5 节,东京:东京大学出版会 1998 年版。丸山曾将当时反对"欧化"的平田派国学家,称做"一群反动主义者"。见同书第 188 页。

④ 参见黑住真:《日本新儒教的知识论与近代化》,载《学人》第 1 辑,江苏文艺出版社 1991 年版。

⑤ 参见拙作:《徂徕学与日本早期近代化的思想启蒙》,载《历史研究》2002 年第 5 期。

欧”，反映的也正是这样一个过程。[①] 由于孔子的“大同”理想，在历史上从未实现过，[②]所以，孙中山 1924 年在神户以“大同”的“亚洲王道传统”为日本人指点迷津的努力，事实证明是无效的；[③]而沟口在逻辑和事实上均无法克服的“王道主义”悖论，却反而凸显了西方近代化标准的固有意义。有学者指出，沟口雄三所赞誉的中国“独特道路”，其本质就是排斥自由、国家、法和契约的一般原理。对西方普遍性的如此绝对地排斥，对于中国特殊性的如此绝对地强调，使沟口雄三同任何一个中国文化保守主义者比较起来都有过之而无不及。[④] 它进一步提醒了中国的思想界：在努力继承中华文明有益精神的同时，对传统文化的负面因子作更深入的反思甚至反省，在今天仍然是十分必要的。

（原载《社会科学战线》2004 年第 1 期，有删改）

---

① 参见拙作：《从“脱儒入法”到“脱亚入欧”》，载《读书》2001 年第 3 期。

② 福泽谕吉曾言：“事实证明数千年来一直到今天，从没有过由于遵行孔孟之道而天下大治的事例。”见《文明论概略》，商务印书馆 1997 年版，第 53 页。

③ 参见《丸山真男讲义录》第 7 册，东京：东京大学出版会 1998 年版，第 223、227 页。

④ 参见顾乃忠：《论文化的普遍性和特殊性：兼评孔汉思的“普遍伦理”和沟口雄三的“作为方法的中国学”》，载《浙江社会科学》2002 年第 5、6 期。

第一章 “三教合流”与儒学主旨的淡出

引 言

以程朱陆王为代表的宋明儒学，被西方学界称为“新儒学”(Neo-Confucianism)。冯友兰认为，新儒学的发生时间，应当更早些，因为它事实上就是儒家的道统之学——“道学”，而道学的最早提倡者是唐朝的韩愈和李翱。之所以在这个学术传统中“宇宙论”和“心性论”逐渐上升为主调，是因为道家复兴和佛教传入，使形上学的时代需求需要通过儒家经典获得新的解释。① 该学说，在宋明理学阶段被推至高峰，其传统也一直延续了下来，尽管后来乾嘉考据学派曾经就学术本身对理学进行过相当规模的清算，但新儒学话语霸权所能导致的政治和文化上的整体反应，却直到 20 世纪初随着“打倒孔家店”呐喊的爆发才明确显现出来。可由于“五四”运动对传统的批判每每过激，因此，梁漱溟、熊十力、冯友兰等学者，试图通过西学与中学的哲学融通为几成中国文化之象征的宋明新儒学开辟一条通往现代化的道路。这一学术流派，被称为“现代新儒学”。20 世纪 50 年代，牟宗三、徐复观、张君劢、唐君毅的《为中国文化敬告世界人士宣言》(复名《中国文化与世界》)，在承

---

① 参见冯友兰:《中国哲学简史》，第 23—24 章。

绍并光大其前辈精神的基础上，进一步以“曲通转进”和“内圣开出新外王”为职志，把“五四”以来的儒学捍卫运动扩展至港台和海外，故又称“海外新儒家”。[①] 该流派薪火递承，代不乏嗣，如六十岁一代的杜维明、刘述先、成中英等不一。而且，按照杜维明的说法，新儒家五十、四十甚至三十岁左右的后继者，今后将会成百上千地成长起来。[②]

然而在李泽厚看来，“现代新儒学”其实并没有多少“现代性”，也谈不上什么“新”：“我对现代新儒学的定义是‘现代宋明理学’。因为新儒学在英文是 Neo-Confucianism，本来的意思指宋明理学，……现在加个‘现代’变成 Modern Neo-confucianism。熊十力、冯友兰、梁漱溟、张君劢、唐君毅和牟宗三承继的正是宋明理学，强调儒家的心性论。牟宗三最重要的著作叫做《心体与性体》，包括杜维明教授现在强调的也是自我修养。所以，‘现代新儒家’乃是宋明理学的宣扬者、发展者，他们要建立道德的形而上学。”[③] 由于“现代宋明理学在理论上并没有超过宋明理学，不过是受了西方哲学的教育，用了些新名词来解释宋明理学的一些东西，在根本理论上并没有超过宋明理学多少，而在社会现实层面上根本没起任何作用，没任何影响，因此它不能构成一个新的时期，只是在现代亮了一下”，[④]即不过是“宋明理学”在现代的“回光返照”和“隔

① 参见《民主评论》(香港)第 9 卷，1958 年第 1 期。

② 此观点为杜维明在日本作“儒学创新的宗教反思”演讲时所言(“杜维明先生讲演会”，筑波大学东京校区，2005 年 4 月 7 日)。

③ 李泽厚：《为儒学的未来把脉》，载《世纪新梦》，安徽文艺出版社 1998 年版(下同)，第 140 页。

④ 李泽厚：《历史眼界与理论的“度”》，载《天涯》1999 年第 2 期。

世回响”。[①] 在明确断言它“不会有太好的前景”后，李氏还表态：“说我认同儒学可以，但绝不认同‘现代新儒学’或‘现代新儒家’，即我不认同并反对‘现代宋明理学’。”[②]当然，直率地批评现代新儒家的，还有启良的《新儒家十评》[③]和《新儒学批判》[④]等不一。

与“五四”和“文革”时期明显不同的是，人们在反对新儒家的同时，似乎并未对儒家本身表现出全盘否定的态度，相反，这些新儒家的反对者反而相当执著地主张要从儒家的真精神中去寻求解决当代中国文化危机的方案。问题的前提预设显然都措置于谁代表了“真正的儒学”这一根本看法上。正面回答谁是“真儒”这一问题是有困难的，因为自周孔以来几千年，儒学已成为一个无所不包的学说体系，甚至“儒家文化”有时就是“中国文化”的代名词。但是，那些非儒学甚至反儒学的思想在儒家尤其是新儒家中的渗入程度竟如此严重，如果允许人们在“原始儒家”的视角下观察其思想内涵便不难发现，原儒精神在儒家几千年吸纳百川的过程中早已不绝如线。实际上，冯友兰只把道家复兴和佛教传入的汉代视为儒家涵容非儒思想的开端显然有误；几乎丧失原儒内核的新儒学派每每以儒家正统自居来品判“众小”的观念和行为，亦显得那样没有根据；而新儒家的反对者，又对下列问题缺乏深入探讨或少有明确意识，即：儒家的真精神究竟由哪些因素构成？那些非儒学的异质要素最早是什么时候加入到儒家思想中来的？儒家为什么

---

① 李泽厚：《己卯五说·说儒学四期》，三联书店 2003 年版，第 139 页。

② 李泽厚：《何谓“现代新儒学”》，载《走我自己的路》，盲文出版社 2002 年版（下同），第 323 页。

③ 刘启良：《新儒家十评》，载《湘潭大学学报》1995 年第 1 期。

④ 刘启良：《新儒学批判》，三联书店 1995 年版。

要吸纳之？外来因素的介入又历经了哪些阶段才完成了它们“鹊巢鸠占”的全过程？而进一步的追问是，中国文明能持续发展到今天，其思想上的支撑若不是代表所谓正统儒学的宋明理学，那到底是一种怎样的文化存在？在民族精神需要提升、当代中国全部发展的内在文化价值亟需获得总结和延伸的新世纪，解明上述问题的意义，或许已不止于学术思想上的正本清源和补弊救偏等有限领域。

第一节　关于周孔的真髓问题

正面回答何谓“真儒”的问题固然困难，但下面的困惑又无法不使人直面之。梁启超曾说：汉以来围绕“儒学”，“正学异端有争，今学古学有争，言考据则争师法，言性理则争道统，各自以为孔教，而排斥他人以为非孔教”。[①] 李泽厚也讲：“什么是儒学（或儒家、儒教）？尽管现在、过去关于儒学的会议开了不少，关于儒学的书也写了很多，汗牛充栋，但儒学是什么，我觉得并不清楚。”[②]这种感觉的产生其实并不奇怪，因为即便按照《史记》和《汉书》所界定的儒家标准，中国历史上很多传统名人也都无法归于儒家的门下；

---

① 参见朱维铮校注：《梁启超论清学史二种》，复旦大学出版社 1985 年版，第 70 页。

② 李泽厚：《为儒学的未来把脉》，载《世纪新梦》，第 130 页。他进一步指出：“后代人们，由其现实的利益和要求出发，各取所需……于是有董仲舒的孔子、有朱熹的孔子，也有康有为的孔子。有‘绌周王鲁’‘素王改制’的汉儒公羊学的孔子，也有‘人心唯危，道心唯微’的宋明理学的孔子。孔子的面貌随时代阶级不同而变异，离原型确乎大有差距或偏离。孔子明明‘述而不作’，却居然被说成‘托故改制’；孔子并无禁欲思想，在宋儒手里却编成‘存天理灭人欲’。……直到今天，孔子基本上仍然是宋儒塑造的形象。这一点，颜元早就指出过。”见《中国思想史论》上（《中国古代思想史论》），安徽文艺出版社 1999 年版（下同），第 40 页。

无法归类却又自称为儒，甚至每每还要争夺嫡传的身份，这便使有关“真儒”及其思想的确认问题，在中国传统思想界屡兴波澜。经今古文之争、乾嘉考据以及“五四”以来“回到先秦”、“回到诸子”等诸多文化运动的发生，基本上都循此脉络而来。本章以为，儒学的较早界说，应该出自《庄子·天下》篇，即“其在于诗书礼乐者，邹鲁之士，搢绅先生多能明之。诗以道志，书以道事，礼以道行，乐以道和，易以道阴阳，春秋以道名分”；《史记·太史公自序·论六家要旨》对儒家亦有简要的说明，其中还隐含了一些《荀子·非十二子》篇对思孟的批判内容；而落墨最多的，是《汉书·艺文志》中刘歆的总结，即“儒家者流，盖出于司徒之官。……游文于六经之中，留意于仁义之际，祖述尧舜，宪章文武，宗师仲尼，以重其言，于道最为高。孔子曰：‘如有所誉，其有所试。’唐虞之隆，殷周之盛，仲尼之业，已试之故者也”。上述定义，从来源、承袭、宗师乃至经典，谈得似乎很全面了，后人对儒家的基本印象，也大体根源于此。问题是，作为宗师的孔子，其本人特别强调的，至少是他学问本身的“述而不作”特质；之所以是“述而不作”，是因为他自认他的一切都来源于西周，特别是周公。这也是他“郁郁乎文哉，吾从周”、“甚矣。吾衰也，久矣夫未梦见周公”等感慨所由以抒发的主要原因。进一步讲乃如章学诚所说：“周公集群圣之大成，孔子学而尽周公之道”，“周公孔子之道，一也”，“孔子之大，学周礼一言可以蔽其全体”。[①] 这种说法，其实依托了战国特别是汉朝以来的一个习惯。《孟子·滕文公下》载：“陈良，楚产也。悦周公仲尼之道，北学于中国。”逮于汉代，郑玄和王肃等经古文学者对周公益发推崇起来。

---

① 《文史通义·原道》。

随着古文经派的占据主流，被认为是《周礼》制作者的周公已被经古文学者和注释家奉为圣王。周公虽未即王位，但实际作为已超过普通的天子；孔子虽未称王，但道德文章足以为“万世表”。[①] 这两个无位而胜于有位的人物，便这样在古文经学者的宣传下成为后世理想中的王者和先师标准。

周孔并称，并非难解。如果简要概括周公在儒家历史上所做的工作和孔子与周公在学脉上所存在的纽带关联，恐怕以下的表述是比较合乎事实的，即：周公创造了礼乐制度，而孔子承绍了礼乐精神。若一言以蔽之，则儒学的核心在礼乐。

周代的礼乐制度——周礼，其主要信息体现在“三礼”即《周礼》、《仪礼》、《礼记》当中；而这些内容的原型，又大多出于周公的“制作”，所以《左传》文公十八年说“先君周公制周礼”，应该是不错的。在疑古时代，人们在使用和确认“三礼”资料时每每摇手触禁。然而在逐渐走出疑古时代的今天，《周礼》为西周作品的观点已渐趋明朗；[②]至于《仪礼》和《礼记》以及二者之关系，则清·朱彝尊在《经义考》中所引证的观点，又开始恢复了它原有的说服力：

> 《礼记》乃《仪礼》之传，《仪礼》有〈冠礼〉，《礼记》则有〈冠义〉以释之；《仪礼》有〈昏礼〉，《礼记》则有〈昏义〉以释之；《仪礼》有〈乡饮酒礼〉，《礼记》则有〈乡饮酒义〉以释之；《仪礼》有〈燕礼〉，《礼记》则有〈燕义〉以释之；《仪礼》有〈聘礼〉，《礼记》

---

① 孟子曰：“自有生民以来，未有孔子也”（《孟子·公孙丑上》）；朱熹说：“天不生孔子，万古长如夜”（《朱子语类》卷93）；荻生徂徕道：“汤师伊尹，则亦不及伊尹；武王不及周公多材多艺。”（《辨名》下，载日本思想大系36《荻生徂徕》，东京：岩波书店1973年版，第233—234页）

② 参见李学勤：《竹简秦汉律与〈周礼〉》，载《中国法律史国际学术讨论会论文集》，陕西人民出版社1990年版。

则有〈聘义〉以释之。其他篇中，虽或杂引四代之制，而其言多与《仪礼》相为表里。《仪礼》周公所作，而《礼记》则汉儒所录。虽曰汉儒所录，然亦《仪礼》之流也。

不宁唯是，即便在儒学菁华的“六艺”问题上，周孔也无法分而视之。“六艺”在周代，最初指“礼乐射御书数”。在西周及春秋时，士大夫所受的教育主要为礼乐诗书，其以《易》和《春秋》教一般平民，则始于孔子。而后世言“六艺”(诗书礼乐易春秋)，亦折衷于孔子。但无论怎样变化，周孔时代以“礼乐”为核心的教育内容和手段，却从未改变。①《礼记正义》引黄侃所谓“六经，其教虽异，总以礼为本”以及王夫之《礼记章句》中“六经之教，化民成俗之大，而归之于礼，以明其安上治民之功，而必不可废”等总结，都不失为对历史事实的洞见。所以黄俊郎评：王夫之所阐发的“六经之教”而“归之于礼”的道理，可说是透辟之至了；②而孔子之所以能受周公如斯大的影响，多半也与他生长的鲁国国风有密切的关系。据《左传》昭公二年载，韩宣子来聘，叹曰：“周礼尽在鲁矣。吾今乃知周公之德，与周之所以王也。”说明经过周公长子伯禽的礼乐布施，孔子儿时即喜“陈俎豆，设礼容”等仪礼游戏的记载，当是符合实际的。③

“六艺”不仅仅是仪文，它更出于事实。欧阳修曾经在《新唐书·礼乐志》中讲：“由三代以上，治出于一，而礼乐达于天下；由三

---

① 参见黄彰健：《周公孔子研究》序，台北：中央研究院历史语言研究所1997年版(下同)，第8页。

② 参见黄俊郎编著：《礼记著述考》，台北：国立编译馆2003年版(下同)，第58页。

③ 《史记·孔子世家》。

代而下,治出于二,而礼乐为虚名。”姑不论西周以前的二代是否做到了“礼乐达于天下”,但周公摄政后所制作的礼乐,在当时却并非“虚名”,而是“实政”。章学诚曾说:“六艺皆周公之政典”[①],这一点,更为近人王国维的实证研究所解明。

王国维的《殷周制度论》,是一篇曾被郭沫若誉为引起学界“轰动”的“大论文”。其中的研究成果,把学界多年困惑不明的殷周之异,特别是周公在这个“异”中所发挥的重大作用,首次较完整地整理了出来:

> 中国政治与文化之变革,莫剧于殷周之际。……欲观周之所以定天下,必自其制度始矣。周人制度之大异于商者,一曰立子立嫡之制,由是而生宗法及丧服之制,并由是而有封建子弟之制,君天子、臣诸侯之制;二曰庙数之制;三曰同姓不婚之制。此数者,皆周之所以纲纪天下,其旨则在纳上下于道德,而合天子诸侯卿大夫士庶民以成一道德之团体。周公制作之本意,实在于此。

王国维由此而得出结论说:“欲知周公之圣,与周之所以王,必于是乎观之矣。”[②]人们注意到,王氏的心得与两千数百年前的韩宣子竟是那般逼肖。

王国维的研究结论显示,周公的工作,使周代形成了宗庙制度、宗法制度、丧服制度、婚姻制度和道德制度。而所有这些能够实现“尚德”、“孝友”、“亲亲”、“尊尊”、“长长”的制度,按照黄彰健的总结,“都属于‘礼’这一范畴”,并且这“显然是周制的特色,而为

---

① 《文史通义·经解》。

② 王国维:《殷周制度论》,载《观堂集林》卷10,中华书局(影印)1954年版(下同),第451—454页。

殷代所未有”。[①]

重要的是，这些制度要得到有效的落实，却端赖礼乐训练和伦理教育。特别是，当人民“日用而不知”的礼制社会已出现“礼废乐坏”的趋势时，好的传统的继承便更显出教育传承的重要性。孔子的意义，也正是在这个时候才获得了充分的展示；而周孔并称的根据亦当渊源于此。于是人们看到，能够反映孔子主要思想的《论语》中，确实充满了周公的影子：周公讲“宗庙制度”，孔子便对“八佾舞于庭”的季氏感到“是可忍孰不可忍”(《八佾》)；周公讲“宗法制度”，孔子就说要严守“君君、臣臣、父父、子子”(《颜渊》)的尊卑秩序；周公讲“丧服制度”，孔子就应之以“三年之丧”，并认为这乃是“天下之通丧”(《阳货》)；周公讲“婚姻制度”，孔子就以“(鲁)君取于吴为同姓，谓之吴孟子”一事为过(《述而》)；周公讲“道德制度”，孔子便应之以“道之以德，齐之以礼，有耻且格”等论证(《为政》)；周公讲“孝友制度”，孔子便主张“‘孝乎惟孝，友于兄弟，施于有政’，是亦为政”(《为政》)；周公讲“礼乐”、“六艺”的重要性，孔子便提倡“兴于诗、立于礼、成于乐”、“非礼勿视、非礼勿听、非礼勿言、非礼勿动”(《颜渊》)和“志于道、据于德、依于仁、游于艺”(《述而》)，等等。无论这些教育内容在后人看来如何陈旧甚至泥古不化，倘若历史地观察之，却不好被简单地否定。而且，孔子在对周公之礼坚持捍卫的同时，更提炼出了礼乐在东周时代的原理转型——“仁”。这被后人视为对周公思想的重大推进和发展的“仁学”，在东周确已转化为礼乐文化的全新表述体系，尽管这个全新的表述体系在实际运营过程中永远无法离开礼乐文

---

① 参阅黄彰健：《周公孔子研究》，第263、264页。

化本身。

察周孔之所立，我以为至少有这样几项儒家的基本原则必须重新获得确认。

首先，周孔都把建立制度和改造制度作为第一要义，并试图通过制度的建立和改造来治理国家、安顿民生。王国维“欲观周之所以定天下，必自其制度始”等研究结论，亦充分证明了这一点。西周政治，固然带有相当的血亲色彩，由“亲亲”而“尊尊”，也的确是时政所赖以铺展的基础性原则，但是，“亲亲”和“尊尊”的统一，某种程度上也反映了一种悖论式结合。因为无论人们如何强调“人人亲其亲、长其长，而天下平”，[1]都无法掩盖人与人之间已经形成的事实上的不平等，换言之，即无法不正视不同地位人之间的统治与被统治关系。于是人们看到，一方面，为了使“尊尊”与“亲亲”之间不致出现太明显的矛盾，“祭时尊尊也，至燕亲亲也”[2]的后一半，在人际关系的平衡上便不可谓全无效果，因为祭毕宴饮时，人们可以将亲疏贵贱暂时放到一边，年长者居上，年少者处下，[3]八簋九豆，“以速诸父”、“以速诸舅”，[4]借酒食的和谐气氛弥补了政治行为中由“治人”与“治于人”所带来的感情缺憾，提醒大家本为亲属，宜上下合作，戮力同心。[5] 该行为的确部分地释放了人与人之间因政治隔阂而产生的情感危机，把政治介入后已变得不再自然的人际关系自然化了。但是另一方面，人们在“君父”、“臣子”、

---

① 《孟子·离娄上》。

② 《礼记·祭统》郑注。

③ 《礼记·文王世子》：“公与族燕则以齿”；又《礼记·中庸》：“燕毛，所以序齿也。”

④ 《诗经·小雅》。

⑤ 《周礼·大宗伯》：“以饮食之礼亲宗族兄弟。”

“甥舅”、“叔伯”等亲属似的称谓中，不但懵懂地顺应了某种更为质实的关系——统治者与被统治者，更不得不明确服从“门内之治恩揜义，门外之治义断恩”[①]的政治制度。从这个意义上讲，周人有惩于殷人“敬鬼事神”、无视民瘼的亡国教训而提出“敬德”原则中固有被后儒包括王国维作了放大发挥的“德”之人品和伦理内涵，但“德”在西周时期更质实的另一面内涵，却是制度的，它表现为冷静的政治措施和手段。杨向奎早年指出，德在西周，不仅有人品端正的意思，更有“奖赏”的内涵。如果说“刑赏”是法家的“二柄”，那么西周直到春秋时代的“二柄”就是“刑德”。[②] 实际上，古籍中对“德”的该重含义说得的确很清楚了，而且在语法上“德”与“罚”、“德”与“刑”也的确是对文关系，如《尚书·康诰》的“克明德慎罚”和《多方》中的“明德慎罚”，以及《左传》僖公十五年的“德莫厚焉，刑莫威焉。服者怀德，贰者畏刑”等不一。由于“德”在这里不过是“礼制”的落实手段，因此《韩非子·解老》和《礼记·乐记》篇释“德”为“得”，显然都保留了“德”的另一重古义。周公思想的弹性表现在，他主张“宽猛相济”和“恩威并施”。孔子之所以更多强调“敬德保民”之德，是因为他那个时代，“明德慎罚”之“德”已无法要求在“礼废乐坏”的情况下还能继续获得制度上的支持，而并不表示他对“德”的制度落实没有兴趣，否则，便不会寄希望于后人拿他的理论去“试”了，也不会特别强调“制度在礼”[③]了。

---

① 《礼记·丧服四制》。

② 参见杨向奎：《中国古代社会与古代思想研究》，上海人民出版社 1962 年版，第 174 页。这一观点，也得到了今日青年学者的重视和首肯。参见韩星：《先秦儒法源流述论》第一章：儒法的渊源，中国社会科学出版社 2004 年版。

③ 《礼记·仲尼燕居》。

第二,周孔都把"人事中心主义"作为政治行为得以展开的核心来对待。周公时代,无论是"敬德保民"之"德"还是"明德慎罚"之"德"抑或两者的结合,至少反映出周公把用力的重点主要措置于如何有效地处理好人际关系上面了——这种合伦理与政治为一体的制度的推出,显然与神政国家殷划开了实质性的界线。雅斯贝尔斯在描述人文意识的早期觉醒时,曾把中国春秋时代的孔子作为"轴心时代"的标志进行了重点阐释。然而,如实而论,雅氏所观察到的情形,在当时已是升华为某种精神性的存在物了。他没有看到这种精神性存在物所赖以生成的西周社会的巨大实然。而恰恰是这种实然,才使孔子的"人学"在中国文化,特别是儒家文化中发挥了难以取代的奠基作用。《尚书·召诰》说:"我不敢知曰:有殷受天命,惟有历年。我不敢知曰:不其延,惟不敬厥德,乃早坠厥命……";而《尚书·泰誓》更言:"天视自我民视,天听自我民听。"这种对"人"本身的评估体系的重视,缘于西周的"保民"制度,缘于政治本身对民生日用的无比关注和政策思索。日本江户学者海保青陵发现,《周礼》之法,几乎全部是通晓经济而且有经营大国经验的人所留下的经世遗产。其中所言,悉属至理。即便今日行之,亦可立收功效,故"返理而观之,则周礼实堪用也"。[①] 西周政治的别称——"王道",被孟子总结为"使民养生丧死无憾"之道,并指出这也是"王道之始"。[②] 然而笔者以为,使民养生丧死无憾,既可以被理解为人民的生活对政治所提出的起码要求,也可以被视为政治运营本身的主旋律和最终目的——这当是"王道"即"先王

---

① 参见海保青陵:《稽古谈》卷1,载藏并省自编:《海保青陵全集》,东京:八千代出版株式会社1976年版(下同),第6、9页。

② 《孟子·梁惠王上》。

之道”的正解。它要求政治家要把主要精力投放到人伦日用的实践和建设中来，而反对雅尚玄远、消极避世的行为和不得要领的神秘主义。孔子所谓“鸟兽不可与同群，吾非斯人之徒而谁与”、“子不语怪力乱神”、“敬鬼神而远之”以及“性与天道不可得而闻也”等思想倾向，均表明孔子观念中所沉积的正是周公的政治原则。它一度被抽象地概括为“人能弘道，非道弘人”[①]和“道不远人，人之为道而远人，不可以为道”[②]等务实主张。日本近世儒学者伊藤仁斋(1627—1705)曾就《易・说卦》的原始规定指出：“说卦明说，立天之道曰阴与阳，立地之道曰柔与刚，立人之道曰仁与义，不可混而一之。其不可以阴阳为人之道，犹不可以仁义为天之道也。倘以此道字为来历根源，则是以阴阳为人之道也。凡圣人所谓道者，皆以人道而言之。至于天道，则夫子之所罕言，而子贡之所以为不可得而闻也，其不可也必矣。”[③]宋・李觏和江户日本学者荻生徂徕(1666—1728)的观察，亦颇得上述原则之真味，即：“所谓王道，则有之矣，安天下也”[④]、“孔子之道，先王之道也。先王之道，安天下之道也”、“先王之道，先王所造也，非天地自然之道也。盖先王以聪明睿知之德，受天命，王天下，其心一以安天下为务。是以尽其心力，极其知巧，作为是道，使天下后世之人由是而行之，岂天地自然有之哉!”而“人道”之所以迥异于“天道”，是因为“王道”的存立之本，正在于“礼乐”制度的挺立：“道者统名也。举礼乐刑政凡

---

① 《论语・卫灵公》。

② 《礼记・中庸》。

③ 伊藤仁斋：《语孟字义》，载日本思想大系33《伊藤仁斋・伊藤东涯》，东京：岩波书店1971年版(下同)，第122页。

④ 参见李觏：《常语》下，载《直讲李先生文集》卷34，四库丛刊本。

先王所建者,合而命之也。非离礼乐刑政别有所谓道也。"[①]这种表述,与戴震在《孟子字义疏证》中的观点,亦颇为接近。而就本根来看,似均未离却孔子的原始主张,即:"制度在礼,文为在礼,行之其在人乎!"[②]

第三,确立了区别政治与学术畛域的"圣贤相分"原则。《礼记·乐记》谓:"作者之谓圣,述者之谓明。明、圣者,述、作之谓也。"这段十分重要的话,似并未引起后人的足够重视。实际上,它几乎从根本上规定了周公之所以为"圣"而孔子之所以为"明"(贤)的区分原则,也同时表明孔子不妄自称"圣"而每谓"述而不作"的言行其实并非出于谦虚。我们今天理解当时的"作者",当是指那些缔造了国家并创造了礼乐制度的政治家,是视听言动足以形成政治凝聚力的领袖人物。这一点,先人创造"聖"字时确实有过充分的考虑。而且"圣人"之所以为"圣",是因为他是通过有利于民生的制度安排来"使民养生丧死无憾",这与有些学者常常以感觉和希望来代替事实,用"口惠而实不至"的方式解百姓于倒悬的做法显然是不同的。所以戴震说:"圣人治天下,体民之情,遂民之欲,而王道备。人知老、庄、释氏异于圣人,闻其无欲之说,犹未之信也;于宋儒,则信以为同于圣人。"[③]学者与政治家的区别,还体现在某些学者"明察秋毫之末而不见舆薪"的思考偏好上,即:"铢铢而称之,至石必差;寸寸而度之,至丈必过,其论务必欲穷精微之极。析蚕丝,剖牛毛,而不知其大者已先失之也。是何能养人才安

---

① 荻生徂徕:《辨道》,载日本思想大系 36《荻生徂徕》,东京:岩波书店 1973 年版(下同),第 200、201 页。

② 《礼记·仲尼燕居》。

③ 戴震:《孟子字义疏证》,中华书局 1961 年版(下同),第 9 页。

国家哉!”[1]由于孔子不是“作者”,加上学者往往有之的通病,所以其“圣位”问题便难免被提出质疑。荻生徂徕坦言,孔子作为圣人,的确是不太合乎标准,至少是不完整的。“圣者,作者之称也”,[2]“至于子思,推孔子之谓圣,而孔子无制作之迹”。[3] 这的确给“孔子为圣”的命题造成了事实和逻辑上的语塞。这一局面的出现,令人为难:“孔子,我不敢谓之圣人也,亦不敢谓之非圣人也……孔子虽非作者,是特未得位耳。得位则能作”。[4] 徂徕的无奈态度,是因为“教”本来是与“位”相伴的、与政治实践相密结的东西,而孔子的“不幸”也刚好在于他只是从事学问的“儒”:“夫圣人之教,必得其位而后大行于天下。若夫子,得其位则亦当如三代圣王也已。……故夫子之为儒者,可谓圣人之不幸也。”江户另一位学者屈景山(一作堀景山,1688—1757),在谈到孔子圣人论时,亦表现出类似的狐疑:“所云圣人之名,大体皆谓古以德治天下之天子。称无位之人为圣人者,仅限孔子一人也”、“《礼记》亦言:‘作者之谓圣’。所谓作者乃一代天子也,作天下礼乐、教民、正风俗者也。非天子不可为礼乐也。”[5]孔子之所以最终无法成为真正的“王”——一个严格意义上的“圣人”,完全是由于他充其量是“祖述尧舜,宪章文武”的一名教师;而这种以“述”为职志的教师,按照《礼记·乐记》的说法则早已有了更适合于他名分的安排。但孔子之所以仍被中国人称做“圣人”,一是因为他乃周公礼乐制度的同道,二是因

---

① 荻生徂徕:《辨道》,载日本思想大系 36《荻生徂徕》,第 204 页。

② 荻生徂徕:《辨名》上,载日本思想大系 36《荻生徂徕》,第 216 页。

③ 荻生徂徕:《辨道》,载日本思想大系 36《荻生徂徕》,第 201 页。

④ 荻生徂徕:《蘐园七笔》,载《荻生徂徕全集》第 1 卷,东京:河出书房新社 1973 年版(下同),第 548 页。

⑤ 《日本经济大典》第 17 卷,东京:启明社 1929 年版,第 344 页。

为他乃“六经”的整理者和传承者。尧舜禹汤文武成王周公这些“作者”们的“制作”遗迹，的确是经由孔子之手而流传后世、遗泽千古的。这恐怕也是人们以“孔子之前，非孔子无以显；孔子之后，非孔子无以明”来譬况孔子承前启后地位的原因。其实，徂徕等人的两难表述，也与孔子所发挥的实际作用有关。①

第四，普世主义价值观的确立。周公强调“德”。但由于“先王之道”首在“安天下”，所以该“德”实际上还蕴涵着“天地之大德曰生”的意义。正是在这个意义上，周人的“尚德”原则，最终亦没有构成党同伐异的苛酷的意识形态，而呈显为一种具有宽容襟怀的普世主义价值观。周统一天下之初，对殷人地区施行了“启以商政，疆以周索”等政策。徐喜辰认为，“商政当是指商朝以来公社所有制的旧政”。② 武庚叛后，成王在分封康叔赴卫时所叮嘱的几个重要方面，都不离此“商政”。首先，要康叔在道德上奉殷先贤为圭臬；其次，要康叔量刑时要以商法为准。③ 历史上鲁有两社。两社者，周、亳也。亳曾为汤都，亳社乃商社。《左传》定公七年：“阳虎又盟公及三桓于周社，盟国人于亳社。”杨伯峻注云：“周社自是鲁之国社，以其为周公后也。鲁因商奄之民，并因其遗民，故立亳社。”又哀公四年注：“亳社，鲁因商奄遗民立之。”表明无论道德还

① 参见拙作：《日本“圣人观”中孔子地位的两难》，载《二十一世纪》，香港中文大学·中国文化研究所，2003 年 10 月号。又，朱舜水《圣像赞五首》谓：“前乎此者无仲尼，则尧舜之道，际衰周而绝；后乎此者无仲尼，则物则民彝，至于今陨灭。”载《朱舜水集》下册，中华书局 1981 年版，第 559 页。

② 徐喜辰：《井田制度研究》，吉林人民出版社 1982 年版，第 172 页。

③ 《尚书·康诰》：“呜呼！封。汝念哉！今民将在祗遹乃文考，绍闻衣(殷)德言，往敷求于殷先哲王，用保乂民。汝丕远惟商耇成人，宅心知训”、“外事，汝陈时臬司，师兹殷罚有伦”、“汝陈时臬事，罚蔽殷彝，用其义刑义杀，勿庸以次汝封”。

是法律甚或神灵膜拜的宗教信仰，殷民入周后，仍保有相当的自主权，表现出周朝政治的包容性和体制多元特征。[①] 其实不止政治，周人的价值观还给人的个性伸展创造了相对广阔的空间和宽松的氛围而鲜言庶众善恶。由于“诗书礼乐易春秋”这“六艺”教育分别暗含了顺应并范导人作为“感情动物”、“政治动物”、“社会动物”、“艺术动物”、“哲学动物”和“历史动物”等各类属性之意蕴（杜维明亦有是解），所以周代对属于人的天性的东西均多所尊重，在文化上也做了大量引领或因势利导的工作。周公在“以政禁暴”的同时所采取的“怀柔远人”政策，体现了其“能合亿万人，而使遂其亲爱生养之性者，先王之道也”[②]的政治家风范；而观察孔子教导学生时所采取的“志于道，据于德，依于仁，游于艺”、“智自智，勇自勇，义自义，仁自仁”、“由之勇，赐之达，求之艺”的因材施教、全面发展方法以及“攻乎异端，斯害也矣”的矫正手段，恐怕当时还无法看出他曾经给受教育者划出过好坏分明的绝对畛域或套上过非善即恶的精神桎梏。正如荻生徂徕所讲：“天地不厌虎狼，雨露不择稗苐。……圣人之世，无弃材，无弃物。……故善恶瞰瞰，先王之封疆朘矣；邪正訚訚，仲尼之区域削矣。”[③]而周孔之所以能并立于世，则要在“礼”与“仁”的有机结合，即“先王之道多端矣，唯仁可以贯之矣。”[④]

总起来看，周孔这些重制度、重人事、重创造、重普世以及重秩序的礼乐精神，生成于曾经有过的漫长的历史。先圣之“道”，是治

① 参见拙作：《殷民入周后的变与不变》，载《社会科学战线》1998 年第 5 期。

② 荻生徂徕：《辨道》，载日本思想大系 36《荻生徂徕》，第 202 页。

③ 荻生徂徕：《学则》，载日本思想大系 36《荻生徂徕》，第 258 页。

④ 荻生徂徕：《辨道》，载日本思想大系 36《荻生徂徕》，第 207 页。

道，是礼乐制度的因时损益和具有鲜明沿革继承性与可操作性的政治原则。由于该道“是更数千岁数十圣人尽其心力智巧以成之，岂一圣人一生之力所能为哉”[1]的治国方略，因此，它不可能是偏至的形而上虚谈，而只能是务实的政治实践方式。其意义，恐怕只有出现了与之相悖的观念和行为时，才能获得真正的凸显。

第二节　并祀组合的变化与经典结构的更迭

正因为周公与孔子有如此深的互训关系，形式上的旌表于是乎登场。东汉明帝元年(公元 58 年)，被视为佛教传入中国的开端。然而一个饶有深意的现象是，明帝二年(公元 59 年)，朝廷即定周公为“先圣”，孔子为“先师”，开始周孔并祀。[2] 西汉时期，“素王”的说法，使孔子地位陡升。其后，围绕孔子能否被称为“先圣”问题，汉章帝曾专门组织召开白虎观经学会议，拟给“圣人”重下定义。这个定义的作用不容小视，因为它试图改变而且后来的事实证明它也的确改变了《礼记·乐记》对圣人的传统规定。它对圣人的特征是这样描述的：“圣者，通也，道也，声也；道无所不通，明无所不照，闻声知情，与天地合德，日月合明，四时合序，鬼神合吉凶。”[3]圣者若是这样一种特征，周公身上显然已阙如许多。它引发并逐渐加剧了周公与孔子谁是“圣人”的争论。但由于较量的结果是经古文派在东汉声势日增，于是“圣人为天口，贤人为圣铎，是故圣人之言，天之心也；贤人之所说，

① 荻生徂徕：《辨名》上，载日本思想大系 36《荻生徂徕》，第 210 页。

② 《后汉书·明帝纪》。

③ 《白虎通·圣人》。这种解释，与许慎的《说文解字》同，即：“圣，通也。”

圣人之意也”[1]等舆论上升为主流，而“先圣”也就成了该时期周公的专指，孔子亦只好仍被唤作“先师”。魏文帝曾一度推孔子为“大圣”，但不久即被司马氏所否定。此后东晋南朝都沿袭晋制，称孔子为“先师”。

然而北朝不同。北魏孝文帝出于“夷夏之防”可能给自己带来的文化鄙夷和劣等感等担心和恐惧，对“夷狄之有君，不如诸夏之亡也”等“夷夏之防”的理论设定者孔子，反而表现出了超过中原人的热情。于是迁都后，乃于洛阳造孔庙，并改谥孔子为“文圣尼父”，[2]这是中世纪王朝授予孔子“圣人”称号的开端。[3] 北齐沿此，在邺都立孔父庙，并以孔子为“先圣”，颜回为“先师”，孔颜并祀并令太学师徒定期礼拜，这是中世纪王朝明确以孔颜代替周孔并祀的开端，尽管只是限于北齐一隅。至于北周，则因推崇《周礼》之故，又恢复周公“先圣”名分，孔子亦因此而复归“先师”原位。隋朝承北周之制，对周公孔子仍以圣、师分等，并开了州郡学府每年举行释奠礼以祭祀周孔的先例。

从上述变化中，人们无法排除文化本身的变异对政治所带来的间接影响，但由于战乱年代容易使上述变化带有相当的执政者的偏好性和随意性，因此，唐朝建立以后，这种影响才在变动不居

---

① 《潜夫论・考绩》。

② 《魏书・孝文帝纪》。

③ 少数民族政权对孔子的态度，往往走两个极端，一种是作为犯边者而大行辱骂之事；另一种则是在入主中原（或中原部分地区）后借竖孔子以安顿人心。这两种极端的变化，在执政中原前后的金熙宗身上有过戏剧性的结合。如庄季裕《鸡肋编》卷中载，北宋亡后，金兵破曲阜，大骂圣像“尔是言夷狄之有君者”，并纵火烧掉了孔庙；而据《金史・熙宗纪》说，当年领兵纵火的金熙宗做得皇帝后，竟拨款缮葺孔庙，并续延一孔姓族人为“衍圣公”。当然，除了上述两个极端外，偶尔亦不可完全排除第三种可能，如清在入主中原前即已经对孔子示敬等个案（从朱维铮说）。

的态势中被逐渐稳定下来。当然，文化走向的真意，亦由此而正式浮出水面。饶有兴味的是，南北朝近两百年中的并祀变动，竟也在唐初和中唐时期经历了一轮迅速的重复：唐高祖命尊周孔，唐太宗却改尊孔颜，而唐高宗时又要恢复祖制……，这种情况一直持续至韩愈，虽不能说完全得到了改观，但韩愈在解决这一问题上所起的划时代作用不可无视。

有学者指出："在唐以前，学者系称周孔；韩愈以后，学者喜言孔孟。"[①]韩愈（768—824），时跨代宗和穆宗，为唐中叶人士。从他开始，中国历史上首次出现了所谓儒家的"道统"说："斯道也，何道也？……尧以是传之舜，舜以是传之禹，禹以是传之汤，汤以是传之文武周公，文武周公传之孔子，孔子传之孟轲。轲之死，不得其传。"[②]关于何以只有孟子而不是儒门其他传人才秉有道统真脉的原因，韩愈的解释是："孟轲师子思，子思之学盖出曾子。自孔子没，群弟子莫不有书，独孟轲氏之传得其宗，故吾少而乐观焉。"[③]然而，孟轲死而道统再度失传的"事实"，则使韩愈的言下之意再清楚不过了。这里，周公虽被韩愈提及，却不过是衬托而已。正如本文后面将要讨论的那样，韩愈对儒学内容的兴奋点早已从周公身上游离出来；而且虽说是孔孟并祀，可与孔子相比，他对曾、思、孟三者尤其对孟子显然已表现出了明显的偏爱。历史上，韩愈切断周孔并祀和孔颜并祀而实现孔孟并祀，是在晚唐以后。皮日休《请孟子为学科书》和《请韩文公配飨太学书》二文所引来的盛誉，为人

---

① 黄彰健：《周公孔子研究》，第286页。

② 《昌黎先生集》卷11《原道》。

③ 《昌黎先生集》卷20《送王秀才序》。

们提供了这方面的资料；[①]而后来的当政者，则每每尝试着将《孟子》升格为经：十世纪后蜀国君孟昶，将《孟子》刻入国子学刻石《十一经》中；北宋政府乃以后蜀石经为底本，而使《孟子》正式入经。由于韩愈所列的道统人物在南宋朱熹那里的位次是颜曾思孟，所以孔子与何人并祀问题又经过一段时期的变动，直到明嘉靖九年(1530)，孟子才取得了较为稳定的“亚圣”格位！[②]

从周孔到孔孟的演变轨迹，让人深思。孔子之所以最终无法成为真正的“王”，的确由于他充其量只是一名教师；可是，孔子最后能成为超越原始规定的“圣人”，却也在很大程度上取决于他是一名教师。“弟子三千”的广泛宣传和强化，加之时代越后人们对先王周公之道的理解就越离不开孔子，孔子便逐渐完成了由“述而不作”到“述而且作”的演变过程并在事实上代替了周公。白虎观御前会议的参加者自不待言，即使是“宗师仲尼”的其他儒生，也念念不忘如何弥补历史上遗留下来的缺憾。这种缺憾，尽管孔子本人曾以“文王既没，文不在兹乎”等自诩[③]作过某种暗示，可他的弟子们把乃师置于尧舜之上，认为“孔子贤于尧舜远矣”，[④]却有些言过其实。儒家信徒公孟干脆认为，孔子本来就应该是天子。[⑤] 这种想称帝称王的想法日后几成儒者的习惯，所以孟子也一度讲：

---

① 参见《皮子文薮》，上海古籍出版社 1981 年版，第 87—89 页。

② 有关并祀者争论问题，参见朱维铮：《中国经学与中国文化》，载《中国经学史十讲》，复旦大学出版社 2002 年版(下同)；又，黄彰健：《〈令彝〉与周公的历史》，载《周公孔子研究》；小岛毅：《周孔之教》，载《东亚的儒教与礼》，东京：山川出版社 2004 年版。

③ 《论语・子罕》。

④ 《孟子・公孙丑上》。

⑤ 《墨子・公孟》。

"夫未欲平治天下。如欲平治天下，当今之世，舍我其谁也！"[①]以至于清代曾静甚至说："皇帝合该是我学中儒者做，不该把世路上英雄做。"所以他坚持认为，孔子、孟子、二程、朱熹、吕留良等都应该做皇帝。[②] 刘泽华指出，孔子没有当上王，无论如何是儒家的一大遗憾。后来的儒生们，为了填补心灵的不平衡，均试图把孔子列入"王"的行列。如"素王"云者是也。[③] 这种遗憾和愿望，到了清季，已被解决得无以复加。山东曲阜孔子墓墓碑所刻"大成至圣先师文宣王"者，至高地体现了后世人对他的追封。孔子称圣，固然颇费周折，人们接受这一事实也着实花去了不少时间。不过毕竟，孔子从制度到精神，都未尝离开过周公的底色，并且由于他的"从周"，曾使中国历史上的"原儒"精神获得了深厚的积淀，其力量和影响表现在，即使在孔孟并祀最为盛行的宋代，"周孔"并称的惯习也并未从人们的尊崇对象中完全消失，甚至连佛学大师谈及儒学真谛时，也不曾回避事实。北宋高僧释智圆(976—1022)在说到扬雄的《法言》时，即明确表态："《法言》之为书也，广大悉备，二帝三王姬公孔子之道尽在此矣。"他还作诗言志："必将周孔师，日远杨墨游"、"晚读周孔书，人伦由著明"，[④]等等。至于志在捍卫原儒精神的南宋叶适(1150—1223)就更是尊崇"周孔之道"："佛老之学""不可入周孔圣人之道"！[⑤]

然而，从孟子开始与孔子并祀那天起，儒学却发生了另一重大

---

① 《孟子·公孙丑下》。

② 曾静：《知新录》。

③ 参见刘泽华：《中国的王权主义》，上海人民出版社 2000 年版，第 443—453 页。

④ 分见释智圆：《闲居编》卷 12《广皮日休〈法言〉后序》；《闲居编》卷 39《赠赵璞》；《闲居编》卷 40《讲堂书事》。

⑤ 参见《习学记言序目·皇朝文鉴四》。

的变化，那就是经典结构的更迭。

韩愈以前的儒家经典，一直保持着始自周孔时代的“五经”或“六经”结构。但是，到了韩愈，几位最被看好的“道统”承继者的著作，开始获得了前所未有的重视。首先便是《孟子》。清人赵翼指出：“宋人之尊孟子，其说发于杨绾、韩愈，其说畅于日休也。”[①]根据朱维铮的研究，孟子升格的呼声，肇端于安史之乱所引发的内战之后。其内容为建议政府承认《孟子》由子部升到经部，并与《论语》《孝经》并列为一经，作为明经科考的选择科目。当时，人们对《孟子》作者曾是曾参之徒、孔子曾孙子思之私淑弟子的不凡来历很是看重，所以才有杨绾于宝应二年(763)向朝廷奏请准予《孟子》与《论语》和《孝经》同列一经的事件发生。[②] 其次是《大学》。《大学》原为《礼记》中之一篇，被认为是孔子弟子曾参的作品。《大学》之所以为韩愈所重视，是因为孟子私淑子思，子思出自曾子，而曾子的唯一作品遗留正是《大学》。由于韩愈越发重视教师的“传道”功能和儒家学说的根本道理在“传道”过程中的重要价值，所以漆侠指出：“在儒学沉寂多年之后，韩愈第一次把《大学》提出来，让儒生颂习，通过《大学》来理解儒学根本道理，其意义是不容忽视的。”[③]至于《中庸》，则唐宋时期的提倡者不知凡几。由于《中庸》是子思的作品，所以由于前述那个容易被理解的原因，该篇亦被韩愈从《礼记》中独立提出。唐及以后对《中庸》的倡导，大体呈如下轨迹，即韩愈→李翱→释智圆→欧阳修→范仲淹→张载→司马光→朱熹，等等。其中，《中庸》之能成为儒家之要典，有一个发挥

---

① 赵翼：《陔馀丛考·尊孟子》。

② 朱维铮：《中国经学史十讲》，第 21、34 页。

③ 漆侠：《宋学的发展和演变》，河北人民出版社 2002 年版(下同)，第 116 页。

了更重要作用的人物不能忽视，那就是李翱。漆侠认为："《中庸》一书在沉寂千年之后，柳宗元、刘禹锡虽然十分关注，但真正把这部书提到儒家经典地位上，应当说是由李翱《复性书》鼎力造成的。"[①]至此，韩愈"道统"所特别注重的三部经典，已渐次获得凸显，其后果也是显而易见的，即"六经"的独尊地位至此被打破，"三书"中所无的"六经"内容亦逐渐从学界的话语中退居次位。由于上述不同于"六经"的经典结构最终形成于南宋朱熹的《四书集注》，而"四书"中又增有《论语》，这就使韩愈时何以未加入之，成为一个饶有趣味的问题。

不用说，韩愈等人提出的这三部经典，都属于与形上学有关的著作。他没有把《论语》也纳入中国的心性经典中，而只是将自己视为孟子的传人，[②]反映了他的谨慎。这种谨慎的态度，我以为与韩愈本人尚保有一定的事功考虑和对反伦理现象的足够警觉有关："古之所谓正心而诚意者，将以有为也；今也欲治其心而外天下国家"。[③] 然而，这种谨慎似乎并未阻止得了有人对"心性"经典的"上推"趋势，如"浮图诚有不可斥者，往往与《易》《论语》合……其于性情，奭然不与孔子异道"（柳宗元）、"（中庸）乃孔门传授心法，子思恐其久而差也，故笔之于书，以授孟子"（朱熹）、"致良知"乃"真圣门正法眼藏"（王阳明），等等。朱熹在韩、李"三书"基础上之所以又加上一部《论语》，后面将会论及；而《四书集注》在中国中世社会后期所产生的巨大影响和发挥的巨大作用，则早已是众所周知的事实。毋庸讳言，该结构在当时和后来，都引起过激烈的反

---

① 漆侠：《宋学的发展和演变》，第126页。

② 《与孟尚书书》。

③ 《原道》。

弹，甚至反弹运动还波及到海外，致使“朝贡体系”内部发生了真正的文化揖别。

第三节 “经典难题”的挑战与迎战

中国传统思想界，特别是儒家学说的上述变化，从最本质的意义上说，乃缘起于一连串的悖论，用赵汀阳的研究成果来表述，即出自“经典难题”的困扰。这个难题，就是“伦理规范是否能够与道德相一致”的诘问。由于“从起源上说，伦理规范起源于利益的分配和人际冲突的调节”而自然道德却不存在这一类问题，所以追求两者间的一致这个直到今天亦未尝解决的困惑，便使难题本身具有了经典性。“经典难题”的反对观点首先表现为“道家论证”。由于老子认为“道”的本然状态天然具有良好的性质，否则它就不可能是一切的根本，所以“道”的自然性本身便不会有妄作之误；要使人们的自由行为也具有良好状态，就必须要与“道”的自然状态相一致，所以，自由的良好应用就是自由地去追随自然之道，即所谓“为无为”，亦即尽量不要人为设计，或者，人为设计也必须与自然之道是同构的；而仁义礼规总是非自然的和伪巧的，于是老子才说“大道废，有仁义，慧智出，有大伪，六亲不和，有孝慈”并主张“绝仁弃义”和“绝巧弃利”。赵汀阳认为，这个论证中的诡异点在于，为了追求最好状态，在具有无数可能性的意义上表现出非自然性的“自由”，却必须选择“自然性”；而不能超越自然的自由其实也就等于自然（对于道家，自然和自由的确是差不多的事情）。但由于生活的魅力刚好在于充满创造性的“自由”，否则生命和精神的冲动就不会得到满足，因此我们有理由认为道家所想象的生活似乎过于简单。由于道家自然性意义上的人道没有能够表达出人的本质,所以根据这一贫乏的前提,必然会引向庄子式的无聊无赖、逃离生活而又毫无真实感地幻想"同于大道"的自我欺骗。而伦理学所关心的正是人的自由所能够产生的生活问题,所以在其中便无须卷入宇宙论式的视界("与天地混为一体"之类的感觉是豪迈的文学想象,但却是贫乏的哲学幻觉)。既然人之道是自由之道,人之德便是自由地创造生活。自由的生活基于自然的生活但却不能归结为自然生存,否则生活(life)就变成了生存(survival)。所以,自然之道只是人道的起点,而人道是按照人的目的来展开的。从这个意义上讲,孔孟倾向于将"仁"看作是"道"在人身上的自然心性体现,亦即"道"即便在别的东西上有别的体现但在人身上就只能体现为仁义之类的讲法,以其反对以"天道"代替"人道",所以是有可能消解道家论证的。问题是,儒家在由"仁"引出"礼"时,却又发生了逻辑上的困难。因为对于儒家来说,如果不导出"礼","仁"就会像"道德"一样缺乏实际结果和实践上的意义。可一旦涉及"礼",却又立即会引来道家的批判。由于由"亲亲"到"敬长"、"尊君"的过渡体现了一种似是而非的类比,所以由"家庭"原则推导出"社会"原则在伦理学上便没有道理,而在政治学上可能有道理。

上述观察所凸显的一连串悖论表现为:1.自然的顺应性与自由的创造性相悖;2.道家的道德观与儒家的伦理观相悖;3.儒家内部的亲情原则与政治原则相悖。关于如何对待和解决这些悖论,赵文认为,"道德问题难免是悖论性的,因为它必须把创造性考虑在内,这样就失去了最后的绝对标准,而另一方面,创造性又正是为了寻找'最好的'生活",所以,"有重大意义的问题(problem)几乎或多或少都是悖论性的,我们不能真的肯定它有个唯一的答案”[①]——显然,他是以“不解”为“解”,即以取消问题的方式解决了问题。

在论及西周时期“亲亲”与“尊尊”的关系时,二者间的悖论式结合令人瞩目。但是,这种结合之所以能久历年所,其制度体系中的功利主义原则,实不可忽视甚至无视。就是说,由于周人具有多重含义的“德”更多体现在赏罚严明的制度层面,而且它只用了一个似是而非的简单类比便交代了国家代替部落的意义而无意在形而上层次上进行无休止的思辨式纠缠,于是才使它的国家在数百年的治理中创造了先进的制度文明,人民也在“养生丧死无憾”的生活实际中少有对上述悖论的追究热情。这种效果产生的前提显然是国家对渴求“养生丧死无憾”的民众所能创造的物质精神环境和提供的政治经济保障。而给这种事实提供反证的,换言之,“自然道德”和“社会伦理”之悖反论争表现得最为激烈的时候,恰恰是国家实体的崩溃和行将崩溃、制度的瓦解和将要瓦解的时候。因为实际上,能够给依功利主义的伦理原则建立起来的政权制度提出摧毁性质疑的,也刚好是不要功利制度和国家的学说和舆论。它代表了人类曾有过的原始无政府主义心态和史前史回归冲动,这在中国传统中体现为道家和佛教对儒学的挑战。

西周的崩溃,使曾经是伦理社会法则杰作的存在变得不复存在。有限的幻灭引出的对无限的憧憬,开始使人怀疑没有使周“万寿无疆”的伦理原则在永恒和无限面前不过是有限的价值指代,而

① 参见赵汀阳:《论可能生活:一种关于幸福和公正的理论》第3章:道德的维度或生活的维度,中国人民大学出版社2004年版(下同)。

能够真正代表永恒和无限的人的自然属性和天放生活，却连同这有限的伦理和制度被一道毁灭了。儒家立国原则的礼乐、仁义、孝慈等，在自认找到了宇宙本原的道家那里，一时间都成了人们失去了“大道”后的无奈生成。惟此，“礼废乐坏”便似乎具有不可逆性；而“道”所具有的几乎无法用概念来把握的无限时空和“先天先地、神鬼神帝”的先天善性（在自然物上的表现是“上善若水”），似乎又进一步使儒家的形上论、社会论和人性论均被反衬得十分局促、矮小和贫乏。而反过来讲，儒家当时所面对的，则不单是制度依托的丧失，更重要的是能够复原这一制度的理论体系本身遭遇到了前所未有的挑战。于是，中国思想史上出现了首次儒学思想家对挑战者——当时主要是老庄思想的“迎战”运动。

孔子时期，西周的崩溃，使礼乐制度的外在保持变得鲜有可能。正是这个原因，礼乐原则开始了其容易被理解的内在转移过程，即“礼”内化为“仁”。它的全部逻辑根据体现在《论语》的下列论说中：“人而不仁，如礼何？人而不仁，如乐何？”（《八佾》）、“克己复礼为仁。一日克己复礼，天下归仁焉”（《颜渊》）、“孔子曰：‘能行五者于天下，为仁矣。’请问之，曰：‘恭、宽、信、敏、惠’”（《阳货》）、“信近于仁，言可复也；恭近于礼，远耻辱也”（《学而》），等等。显然，“礼乐”的基本原则，几乎都被孔子藏入了“仁”中，甚至“亲亲”、“尊尊”这一周制根本，也被完好地保存到“仁”的范畴中来，即“其为人也孝悌，而好犯上者，鲜矣；不好犯上而好作乱者，未之有也。君子务本，本立而道生。孝悌也者，其为仁之本欤！”（《学而》）“礼”虽然内在化为“仁”，但“礼”的基本原则并未被改变，而且孔子把“礼”内藏于“仁”的目的，是指望日后机会降临时再将“礼”外在化，来复制周代的礼乐制度，即“吾之于人也，谁毁谁誉？如有所誉者，

其有所试矣!”(《卫灵公》)

然而,道家理论围剿所造成的儒学局促,使“仁”满足于藏“礼”的功能,已然不再可能。因为要在理论上战胜道家,就需要在儒家最主要的德目中置入形而上的、能够表现“大全”和“先天”的内涵,以显示儒家的思想中并不缺乏道家的形而上抽象,而且由于这种抽象不离“人道”,所以比起“蔽于天而不知人”的道家来,儒家体系似乎更加“大全”和“先验”——这既是孟子“性善式仁论”登场的真实背景,也是“尽其心者,知其性也,知其性,则知天矣”[①]等理论说教的生成逻辑。但是,由于这一转变碰到的刚好是“道德”与“伦理”相结合时所无法回避和难以解决的“经典难题”(道家不存在这个问题,因为老庄的“道德”是一个前规范概念),所以孟子在表述这种结合时便当然地缺乏必要的理论圆通和逻辑畅达。这也是当人们读到孟子把带有老庄自然道德特征的“恻隐之心”(仁之端)外推成社会伦理原则的“羞恶之心”(义之端)、“辞让之心”(礼之端)和“是非之心”(智之端),即将自然的“道德”与社会的“伦理”作合一性处理的相关文字时,都不能不明显感到这一过渡行为之生硬和牵强的主要原因。江户日本学者太宰春台(1680—1747)较早地指出了这一点,他认为,“四端”之中,唯“恻隐之心”可信,而余者皆为诬妄:“孟子所谓‘仁义礼智根于心’之不明处,在所说之四端也。‘恻隐之心仁之端也’,诚其所言也。见孺子入于井,而起恻隐之心者,无疑是仁之端也。四端之说中,只此一理当矣。‘羞恶之心义之端也’云者,甚牵强也……”;[②]荻生徂徕则从以上思想的发生背

---

① 《孟子·尽心下》。

② 太宰春台:《圣学问答》卷之上,载日本思想大系37《徂徕学派》,东京:岩波书店1972年版(下同),第77页。

景上作了接近史实的推察，即孟子做法的承继对象并非孔子，而是子思。他们的目的都是为了与老庄争衡："子思孟子盖亦有屈于老庄之言，故言性善以抗之尔"，"思孟而后，降为儒家者流，乃始与百家争衡，可谓自小已。观夫子思作中庸，与老氏抗者也。老氏谓圣人之道伪矣，故率性之谓道，以明吾道之非伪"，[①]"孟子性善，亦子思之意耳"。[②] 美国汉学家史华兹(Benjamin Schwoart)也隐约发现了这个问题和处理该问题时学者们的不得已行为，他说："孔子自己没有从他对道的单独思考中提炼出任何的体系。他避开了也许可以认为是本体论的问题，而留给他的传人处理这些问题。……大概，这种要阐明一般原则的努力，是在夫子的思想需要某种辩护以应付敌意的挑战时做出的。当孟子和荀子不顾夫子在这个主题上的沉默，而把很大的关注放在'人性'的问题上时，他们并不是简单地否定孔子严肃的'实证主义的'方法。那些挑战孔子言论的人，也在挑战他们认为他并未加以说明的一些设想。由于同样的原因，孔子的辩护者们也不得不澄清和辩护这些未曾说明的假设。"[③]

历史上，人们在被儒家称为先王者的言谈事迹中，除了说明人心难测和规律难寻的"人心惟危，道心惟微"[④]外，几乎找不到有关心性的些许痕迹。周孔承绍之，亦罕言心性，所以荻生徂徕说："言

① 荻生徂徕：《辨道》，载日本思想大系36《荻生徂徕》，第204、200页。

② 荻生徂徕：《辨名》下，载日本思想大系36《荻生徂徕》，第241页。

③ 史华兹：《儒家思想中的几个极点》，原载 *Confucianism in Action*，载美·田浩(Hoyt Cleveland Tillman)主编：《宋代思想史论》，社会科学文献出版社2003年版(下同)，第107页。

④ 《尚书·大禹谟》。

性自老庄始，圣人之道所无也”。[1] 但是，思孟在抵抗老庄的过程中，事实上已接受了由道家最早提出的“内圣外王”理论[2]——将“性善”、“内修”推想与“平治天下”狂想作了无条件链接。这一点非同小可，因为思孟阶段的这种接受，已开始了改变儒家成分的最早行程。黄彰健在分析孟子“尽其心者知其性也，知其性则知天矣”的观点时指出：“由仁义礼智之性可以知天，故知天亦系仁义礼智，亦系理。故‘孟子道性善’的性字，不仅含有人的禀赋义，亦含有宇宙论与本体论的意义。而这正是他的性论与世俗人不同之处。由于知性即知天，天即理”，故“《论语》性相近章朱注引程子说孟子言性，乃‘言其本’，是说极本穷源之性，其根据即在此”。[3] 惟此，荀子的批判意见也几乎同时出现，他认为孟子的做法实际上已违背了先圣的教义。这也是荀子何以不得不举“性恶”以辩之的原因：“孟子曰：‘人之性善。’曰：是不然。凡古今天下之所谓善者，正理平治也；所谓恶者，偏险悖乱也：是善恶之分也矣。今诚以人之性固正理平治邪，则有恶用圣王，恶用礼义哉？虽有圣王礼义，将曷加于正理平治也哉？”(《性恶》)他反对脱离实际的苦思冥想和内在察辩，因为这些与个人知识能力的积累无关，对国计民生亦无毫纤之益：“吾尝终日而思矣，不如须臾之所学也”，“不隆礼，虽察辩，散儒也”。而且非但无关无益，简直就是南辕北辙：“不道礼宪，以诗书为之，譬之犹以指测河也，以戈舂黍也，以锥飡壶也。不可以得之矣”(《劝学》)。

在首次遭遇并处理“经典难题”时，我们不难发现思孟，特别是

---

① 荻生徂徕：《辨道》，载日本思想大系 36《荻生徂徕》，第 204 页。

② 《庄子·天下》。

③ 黄彰健：《周公孔子研究》，第 336 页。

孟子所做的艰辛努力。通过这些努力，儒学也的确变得更加“大全”和“先验”起来，一时间似乎使儒家摆脱了受道家小觑的窘境。然而，由于“道德”与“伦理”在各自的发生背景阶段即呈显出鲜明的冰炭难容特征，所以，孟子的融合工作，不但没能弥合这道原始的鸿沟，反而使儒学思想体系从此变得更像道家。这种变化表现为：(1) 由于孟子说“君子所性，仁义礼智根于心”，而“天理”与“天性”一旦通过“理犹性也”命题被化合，则“心→性→天→理”就成了同类指代。于是人们看到，孟子对“理”和“义”的认识，便成了“心”对外部世界的体认，其所谓“心之所同然者何也？谓理也，义也”、“理义之悦我心，犹刍豢之悦我口”等说法，均把“理”和“义”等同于“心”。因为“义”在孟子看来，也不过就是人的“羞恶之心”。客观而外在的“礼”一旦被换成主观而内在的“理”，人的行为规范便只能由“他律”转而为“自律”，从而出现“以心治心”的局面。这种变化，在荀子的反衬下表现得尤其明显。《荀子·乐论》虽谴责“以欲忘道”行径，但文中与“道”同义的“理”，其核心却是“礼”，即“乐也者，和之不可变者也；礼也者，理之不可易者也。乐合同，礼别异。礼乐之统，管乎人心矣。”显然，西周以来“以礼治心”的“他律”原则，在荀子这里没有被改变。(2) 孟子主张通过“心”可以无所不知，即“尽心→知性→知天”亦“知理”，于是“天”的无限性，便同时使“心”、“性”、“理”均获得了与“天”同构的格位，遂有“万物皆备于我”的想象发生。朱子在注解“万物皆备于我”时说：“此言理之本然也。大则君臣父子，小则事物细微，其当然之理，无一不具于性分之内也。”这其实来自《庄子·天道》篇：“夫道，于大不终，于小不遗，故万物备。”对此，荀子的强调似刚好相反，即“惟圣人为不求知天”。(3) 孟子的“性”论，伊始还顾及人的“天然禀受”等“气质之性”,但随着“心”、“理”介入日深,他的“性”,已略呈与老庄之道相叠合之趋势。“心”对无限外在世界“天”的内化,使具有此“心”的人容易出现个性无限膨胀倾向,尤其当复以此心之所求为“浩然之气”[①]的时候,此人作为“大我”便可以品判一切精神上的“众小”,而这种品判的标准却并非现实的,而是超现实的。这种精神已近乎无政府主义,故有“见大人则藐之,勿视其巍巍然”和“彼丈夫也,我丈夫也,吾何畏彼哉”等人生态度;这种精神也是非功利的,所以“何必曰利”便成为孟子接人待物的前提和原则;这种精神更“是一种超道德(这显然是指儒家的“道德”——引者注)的价值”,因为“浩然之气则是关系到人和宇宙的东西”,所以冯友兰说孟子是想做“宇宙的公民”。[②] 面对“浩然之气”究为何物的诘问,孟子说不出来,只称“难言也”。这种神秘主义的体验,与《庄子·人间世》的“心斋”、《刻意》篇中的“养神之道”以及《大宗师》中的“息之以踵”和“坐忘”等描述之间,已看不出有太本质的区别;而用语言难以表现的东西,在春秋战国时期也只有老庄的“道”了。这使孟子的体验与庄子所谓“大道不称”感觉已十分接近;而孟子“夫君子所过者化,所存者神,上下与天地同流”(《尽心上》)的恣肆玄想,与庄子“精神并达四流,无所不及,上际于天,下蟠于地,化育万物”等表述(《刻意》)之间,则已经分不出彼此了。[③] 李泽厚注意到,孟子由“集义”所生的“气”与“四端”等有何关系,是何种关系,他本人并没有交代清楚,说明孟子在理性凝聚的问题上还停留于感性阶段。[④]

---

① 《孟子·公孙丑上》。

② 冯友兰:《中国哲学简史》,第 68 页。

③ 参见拙著:《天人·人际·身心:中国古代终极关怀思想研究》,第 70、79 页。

④ 李泽厚:《中国思想史论》上,第 56 页。

迎战“经典难题”的结果，无疑使孟子的学说走向开始偏离周孔的既定轨道，而逐渐滑向老庄所设定的“前规范”陷阱。从这个意义上说，能否把“‘仁’看作是‘道’在人身上的自然心性体现”这一变化归给孔子和孟子的共同作用，就要格外慎重了。虽说孔子为了保存周礼，确实把外在之“礼”化为内心的“仁”，但这个“仁”却不能被等同于孟子所说的“性”。孔子的“仁”是外在“复礼”与内在“克己”的统一，这一“仁”的古义，似乎被保存在《郭店楚墓竹简》中，即“仁”被写成“身”与“心”上下结构的合文。① 尽管孔孟荀都充分注意了作为群体的人类社会的秩序规范(外)与作为个体人性的主观心理结构(内)相互适应这个重大问题，但由于孟子更多强调的是仁学结构的第二、第四因素，即更多强调该结构中的心理和个体人格价值，并有意将“心”从“身”旁摘出而使之独立，所以他不但与强调仁学第一因素(血缘基础)的孔子不同，与坚持仁学第三因素(人道主义)的荀子之间，也划出了明显的畛域。按照李泽厚的分析，“仁”的第二因素比第一因素(血缘、孝悌)与传统“礼仪”的

① 郭店楚简中共有仁字66处，分列如下：老子丙本第3简一处(第9页)；缁衣第10/11/12/(第17页)13(第18页)/44(第20页)简各一处；五行第1/12/(第31页)13(第32页)/28/30/31/33(第33页)/49(第35页)简各一处；第9/11(第31页)/41(第34页)简各两处；第21(第32页)简三处；唐虞之道，第3/7/8/9/(第39页)14/15/19(第40页)/28(第41页)简各一处；第2(第39页)简两处；忠信之道第8(第45页)简一处；尊德义第3(第55页)/16/20(第56页)简各一处；性自命出第39(第64页)简两处；第40/41(第64页)/49/55/57(第65页)简各一处；六德第1/2/4(第69页)/26/31/32/34/35(第71页)简各一处；语丛一第16/21/22(第78页)/93(第84页)/98(第85页)/简各一处；语丛三第8(第97页)/22(第98页)/28/35(第99页)/39(第100页)/51(第101页)简各一处；竹简残片第8/14(第108页)各一处。以上均见荆门市博物馆编《郭店楚墓竹简》，文物出版社1998年版。研究生王明兵同学为该字费去了许多检索之功，特致谢忱。

关系，显然是更疏远了一层。[①] 而且如实而论，今人所总结的“仁学因素”中较为明确的第二、第四因素，应该属于孟子对“仁学”的“创造性转化”。

虽说“仁学”四因素而孟子只倡其半，但这并不证明孟子对周孔思想中的第一、第三因素就完全视而不见。其对“五伦”的弘扬、对“井田”制度的再落实愿望、对“恒产恒心”原则的服膺以及对禀受之“性”的承认等态度，都还烙有一定的周孔印痕。而且，他的民本思想，也显然在周孔的基础上有了重大发展。[②] 这也是后来学界还不时以孟子思想来抗衡宋明理学的原因之一。

孟子对“经典难题”的“迎战”，固然带来了学术界的争鸣甚至某种意义上的繁荣，但其所造成的思想混乱，对中原地区的思想统一和政治统一，在效果上也显然有负面成分，荀子在《非十二子》篇中的反驳证明了这一点。重要的是，这种学脉和逻辑的自然伸展，便使一股极端学术力量的登场，显得并不突兀，那就是以韩非为集大成的法家的显学化。一般认为，法家的对手是儒家，因为按照法家政治学理念而建立起来的秦帝国，在日后整肃思想界时曾搞过“焚书坑儒”。但是，若细致观察会发现，韩非所反对的，与其说是周孔，不如说是思孟；与其说是儒家，不如说是“儒道家”。对思孟的排斥，开始于他的老师荀子；而对庄子的非难，竟使庄学中的隐逸真人在韩非的著作中几成应该诛杀的对象！“焚书坑儒”时被坑

---

① 李泽厚：《中国思想史论》上，第 20、27、113 页。

② 只是，被孟子继承的这些内容，却明显被打了折扣，如由于对井田制度的设计有相当的主观规划色彩，故而曾被学界归谬为“乌托邦”；又如“无恒产而有恒心者，惟士为能”的说法对其理论前提的自我否定；还有虽承认禀受之“性”但却以之为“贱”等，都反映了孟子思想中所滋生的脱离原儒而倾心老庄的原则性倾向。

杀者之所以不止于儒生还有道家术士，被烧的书中之所以不光儒学著作还有百家语，都多半能从韩非的学术倾向上寻出线索。虽不能说秦的建立是周制的隔世复生，但全面建立的统一制度和两千余年的行政影响，至少也不能被作为周制的绝对否定力量来对待。倘若后人还承认荀学当中寄寓着周孔之道的部分真髓，而韩非又有那么深的荀学渊源，那么谭嗣同"二千年之学，荀学也"之不满(《仁学》)，倒也可以给今人提供法家认识的相反信息。吊诡的是，谭氏曾一度于 1897 年为自己的这番话表示过后悔。[①]

但是，秦的短命，使儒道学术争执不但没有得到解决(事实上也无法解决)，反而在秦汉之际和汉初以另一种形式被表现出来。如果说"黄老之治"的出台是"天下初定"时国家政策的不得已举措(它迁就了道家舆论在国家恢复期所具有的强势)，那么汉武帝时开始的"独尊儒术"，却也反映了另一重不得已，即不是对"儒术"的什么"独尊"，而是国家统一对学术界所提出的意识形态的一体化要求，它事实上只造就了秦汉之际就已经初露端倪的、反映诸家硬性合并要求的杂家学术体系。陈奇猷指出："此书(指《吕氏春秋》)以道德为标的，以无为为纲纪，以仁义为品式，以公方为验格。"[②]高诱在谈及《淮南鸿烈》之大旨时则云："天下方术之士，多往归焉(指投往刘安——引者注)。于是遂与苏飞李尚左吴田由雷被毛被伍被晋昌等八人，及诸儒大山小山之徒，共讲论道德，总仁义，而著

---

① 谭嗣同说："荀子生孟子后，倡法后王而尊君统，务反孟子民主之说，嗣同尝斥之为乡愿矣。然荀子究天人之际，多发前人所未发，上可补孟子之阙，下则行于王仲任之一派，此其可非乎？"见谭嗣同《致唐佛尘》，载《中国哲学》第 4 辑，人民出版社 1980 年版，第 424 页。

② 陈奇猷：《吕氏春秋校释·序》，学林出版社 1984 年版。

此书，其旨近老子，淡泊无为，蹈虚守静，出入经道。言其大也，则焘天载地；说其细也，则沦于无垠。及古今治乱，存亡祸福，世间诡异怪奇之事，其义也著，其文也富，物事之类，无所不载，然其大较，归之于道，号曰鸿烈。鸿，大也；烈，明也。以为大明道之言也。”[①]而董仲舒在“天人宇宙论图示”下提出的所谓“独尊儒术”，便更是一个思想“拼盘”：“圣人副天之所行以为政，故以庆副暖而当春，以赏副暑而当夏，以罚副凉而当秋，以刑副寒而当冬。庆赏刑罚，异事而同功，皆王者之所成德也。”[②]《汉书·艺文志序》欲以儒家“六艺”为核而对“九家”取长补短的建议虽不乏积极色彩，但诸家特别是儒道的杂糅，不但给学界造成了理论上的游移，[③]还给政界带来了未曾有的虚伪。[④] 葛洪说，当时世上的事物已大都“名不准实，贾不本物”。[⑤] “综核名实”之所以能称为“玄学”的核心命题之一，在一定意义上也正是因为儒者不像儒者，而道家也不再像道家。人们表面上虽仍在口诵“六经”，但“名教”的本旨却已失却大半。

---

① 高诱：《淮南子注·序》。

② 董仲舒：《春秋繁露·四时之副》。

③ 《晋书·阮瞻传》载，阮瞻“见司徒王戎，戎问曰：‘圣人贵名教，老庄明自然，其旨同异？’瞻曰：‘将无同。’戎咨叹良久，即命辟之，时人谓之‘三语掾’。”

④ 对儒道所作的“将无同”式的结合，使儒学的实践者信仰变得不再执著，而且还给许多士大夫假公济私和因私废公创造了思想结构上的互补条件和清雅的口实。值得深思的是，东汉魏晋时期“玄学”的发生，在很大程度上刚好是因为“举国造假”。桑弘羊发现，汉时就有一批人物，表面作不与世俗的清高，内地里却无所不欲：“文学言行，虽有伯夷之廉，不及柳下惠之贞。不过高瞻下视，洁言污行，觞酒豆肉，迁延相让，辞小取大，鸡廉狼吞。”这种情形，晋人表演得就更加出色。据《世说新语·规箴》载：“王夷甫雅尚玄远，常嫉其妇贪浊，口未尝言钱字。妇欲试之，令婢以钱绕床不得行。夷甫晨起，见钱阂行，呼婢曰：举却阿堵物！”末了也没说出这个“钱”字。但注中却云：“夷甫求富贵得富贵，资财山积，用不能消，安需问钱乎？而世以不问为高，不亦惑乎！”

⑤ 葛洪：《抱朴子·名实》。

学者们的“有无之辨”，竹林七贤的“放浪形骸”，还证实了鲁迅的如下洞见：“魏晋时代，崇奉礼教的看来似乎很不错，而实际上是毁坏礼教，不信礼教的。表面上毁坏礼教者，实则倒是承认礼教，太相信礼教”、“魏晋时所谓崇奉礼教，是用以自利……于是老实人以为如此利用，亵渎了礼教，不平之极，无计可施，激而变成不谈礼教，不信礼教，甚至反对礼教。”[①]此亦如冯友兰所言：“王弼也不是从根本上反对礼，他所反对的只是汉末流行的虚伪的名教教条。”[②]

显然，思孟时代对“经典难题”的首次“迎战”和一定程度的“被俘”，已构成了上述思想界无尽烦恼的远因。然而，儒家从它给世人树立了“海纳百川”的形象那天起，便注定了它的学说要连续不断地经受并接受“经典难题”的周期性困扰。在佛教大盛的唐宋时代，儒学便又一次被卷入重新自我解释的理论旋涡中。当然，形式上的最终结果是实现了所谓“三教合流”。

郭沫若曾经指出，在孔子的学生当中，颜渊比较重视个体人格的完善，那种“一箪食，一瓢饮，人不堪其忧，回也不改其乐”的内在自足心态，最终发展出了道家的庄周学派。[③] 比较而言，唐朝的儒学文化氛围，在历朝历代中应当是最稀薄的。李家姓氏的攀附，使唐统治者对老子情有独钟。在尊奉老子的同时，庄子等道家名流也都被封作“真人”，《老子》、《庄子》的著作也都升格为“经”。单就这一面讲，唐太宗、唐玄宗在儒者的祭祀问题上排斥周公并且在排

---

① 鲁迅：《而已集·魏晋风度及文章与酒及药之关系》，载《鲁迅全集》第3卷，人民出版社1956年版，第391—392页。

② 冯友兰：《中国哲学史新编》第4册，人民出版社1986年版，第69页。

③ 参见郭沫若：《庄子的批判》，载《十批判书》，东方出版社1996年版（下同），第176、178页。作者在注中指出，庄子与“颜氏之儒”有渊源关系的讲法，章太炎曾有此说，曾于坊间所传《章太炎先生白话文》一书中见之。

除了周公后又不乐意让孔子独圣、而一定要配祀颜渊的原因，已经不难理解；而从更深层然亦是最功利的角度看，当时也只有道家理论才能对“南朝四百八十寺”时代获得重大发展并已席卷全国的佛教进行“连类格义”了[①]。显然，儒学不但要应对道家的挑战，还不得不面对理论和思辨的缜密程度均远远超过道家的佛教的颠覆压力。儒学地位的岌岌可危，至于隋朝已特为尤甚，所以韩愈坦言：“自晋讫隋，老佛显行，圣道不断如带！”[②]“亚圣”地位由颜渊朝孟子的过渡，一方面反映了儒学所面临的最大强敌已由道家转为佛教，而能够给道家意义以儒学落实的象征性人物颜渊，显然已无法被继续用来解释佛教的儒学价值，更重要的是，他没有给后世留下能够用来抵御佛教经典的理论体系形式——“心性论”著作，而这时儒者们最需要的恰恰就是这一类的儒家经典。韩愈“自孔子没，群弟子莫不有书”一句的深意当在于此；而曾子和子思又孰人而无书？——影响中国中世纪后半的“新儒家”于是乎正式登场。

《孟子》对心、性、天、理的讨论，现实上刺激于道家的挑战，而迎战时的问题意识，乃出发于子思的《中庸》。因为《中庸》的开宗明义，就是“天命之谓性，率性之谓道，修道之谓教。道也者，不可须臾离也。可离，非道也”。这里所提出的“天命”、“性”、“道”等范畴，几乎都是为周孔所回避（“罕言”）者。事实上，思孟的心性论，还带来过两个更为深刻的理论后果：一是支离“六经”，把原本“性

---

① 史载，道家曾对外来的佛教从起源、概念到学理都作过中土式的诠释，当然也出过不少笑话。《史记·老子韩非列传》说老子留下《五千言》后“莫知其所终”。《后汉书·襄楷传》补出一句：“或言老子入夷狄为浮屠。”晋道士王浮见此，竟杜撰一书，名曰《老子化胡经》。该书称，老子曾西游“天竺”教化胡人。释迦牟尼不是别人，就是当年骑牛出关、不知所终的老子！

② 《新唐书》卷 176《韩愈传赞》。

情”不分的“六经”本旨人为地中分出一道鸿沟，使“性”、“情”之判成了“善”、“恶”之别。这道鸿沟随着被汉儒的进一步开掘，已变得越发难以逾越，[①]正如黄彰健所说：“汉儒以性为仁义礼智信，而称食色之性为欲，此均本于孟子。特汉儒以欲为恶，而孟子则斥食色之欲所根之耳目口鼻为小体为贱而已。”[②]二是轻“数”重“义”，甚至舍“数”存“义”。清·朱彝尊《经义考》引朱升云：“礼有‘数’有‘义’。名物制度者，数也；其所以然者，‘义’也。数非目击而身履之者，未易知也；义则学者可推而知矣。《仪礼》经也，所记者名物制度；《礼记》则传其义焉。远古无传，则求其数也难。不若姑因其义之可知者，使学者尽心焉，以求古圣制作之意，而通乎其余，此设科者不得不舍‘经’而用‘传’也。”韩愈和李翱则刚好是在“人性”问题上上承思孟，下接程朱，实现了从“性学”到“理学”的中转。所以韩愈说：“性也者与生俱生也，情也者接于物而生也”；[③]亦所以人评李翱分断“性”“情”的《复性书》时说：“（此乃）《中庸》之义疏。”[④]

史载，韩愈在世时，曾大力提倡排佛甚至诛佛。理由是，佛教大盛不但使中土百姓无复社稷伦常，更使国家的地产大量沦为庙产，编户齐民堕为僧众沙弥。所以，不但是学者还是政治家的韩

---

① 如董仲舒《春秋繁露·深察名号》：“人之诚有贪有仁，仁贪之气两在于身。……天两，有阴阳之施；身亦两，有贪仁之性。天有阴阳禁。身有性欲柢，与天道一也”；班固《白虎通·性情》：“人禀阴阳气而生，故内怀五性六情。……情生于阴，欲与时念也。性生于阳，以就理也。阳气者仁，阴气者贪。故情有利欲，性有仁也。五性者何谓？仁义礼智信也。……六情者何谓也？喜怒哀乐爱恶谓六情”；许慎《说文解字》：“性，人之阳气，性善者也。情，人之阴气，有欲者”；郑玄《礼记·坊记》注：“情主利欲”，等等。

② 黄彰健：《周公孔子研究》，第342页。

③ 《昌黎先生集》卷11《原性》。

④ 欧阳修：《欧阳文忠公文集》卷73《读李翱文》。

愈，遂奋起抵佛，竟因《论佛骨表》一文触怒宪宗，而被贬为潮州刺史！[①] 与此同时，韩愈还以儒学正脉的身份来佛道并诋，以捍卫儒家文化传统，所以《新唐书·韩愈传赞》说：“（佛老盛时）诸儒倚天下正议，助为怪神”，“愈独喟然引圣，争四海之惑，虽蒙讪笑，跲而复奋”，“愈排二家”，“拨衰反正”。“自愈没，其言大行，学者仰之如泰山、北斗云”。[②] 但是，如实而论，说韩愈的工作在唐中叶“政道”的矫正上作用不小是对的，因为他去世后第21年，唐武宗李炎掀起了历史上“三武之祸”[③]的第三祸，对佛教的打击不可谓小；可若说他的工作对儒家的固有“学理”也起到了拨乱反正的作用，却难以让人苟同。韩愈在文化方面的工作，无非是想证明儒家的既有言说完全可以包容佛道理论这一事实，而为了证明这一点，他又必须将那些符合他这一想法的经典集中在一起并力推出。可是，被韩愈所强化的儒家经典中的相当内容（或说最被他看重的内容），与其说是儒家的，不如说是被纳入到儒家中来的道家观念；而道家这些观念又与佛教的相关命题具有绝大的相似性，所以韩愈上述做法所能导致的最终效果，与其说强化了真正的儒学，不如说更便利了那些“倚天下正议，助为怪神”的“诸儒”对佛道理论的吸纳。从这个意义上讲，韩愈“以道统排佛道”的观念和行为，已变成了一把十足锋利的“双刃剑”。其对儒学的自家斫伤竟如此严重，以致所谓后世“学者仰之如泰山、北斗”一语所提供的，在今人看来几乎

① 参阅《资治通鉴》卷240《唐纪》。

② 《新唐书》卷176《韩愈传赞》。

③ “三武之祸”是指历史上以禁绝佛教为宗旨的三次镇压运动：北魏太武皇帝拓跋焘的毁佛（446年）、北周武皇帝宇文邕的禁佛（574年）、唐武宗皇帝李炎的灭佛（845年）。因每次镇压时在位者帝号上均有“武”字，故称。

就是公开的反讽。漆侠的研究结果显示，宋代道学家不仅把韩愈列于儒家正统，捧到祖师爷的地位，而且他的《原道》、《原性》对理学的形成有着直接的影响。[①] 就是说，韩愈使儒学在佛道理论的挑战面前再度门户洞开的结果，是宋道学家的全面展开；而这时的儒家，还有几多周孔成分在，已经很难说了。显然，在第二轮"经典难题"的对决中，儒家的"被俘"程度已进一步加深。

然而毕竟，韩愈的思想中仍保留了相当的现实实务关怀，而这种关怀主要是来自周孔的传统。相比之下，从展开于宋明理学阶段的第三轮"经典难题"讨论结果看，人们除了寻不到更多的周孔成分外，所余者则只有儒道佛"三教合流"的"顺理成章"，因为程朱陆王的工作似乎已经把两千年来无法解决的"难题"给"解决"了——在这个对周孔来说堪称全新的理论体系中，"经典难题"永远不可解的"悖论"好像已不复存在。

程朱在解决这一问题时的最大难关，我以为主要是对《论语》的解读问题。韩愈没有把《论语》纳入到他所推出的儒家心性论经典系列中，除了我们已指出的原因外，恐怕更重要的是《论语》"性与天道"和"性相近也，习相远也"章的不好对待。

关于"性"的问题，《论语》中只出现过两次。

"性与天道"章出自《论语·公冶长》："子贡曰：夫子之文章可得而闻也。夫子之言性与天道，不可得而闻也"。"性相近也，习相远也"章，则出自《论语·阳货》篇。对前者，程朱的解释是："子贡自是始得闻之，而叹其美也。程子曰：此子贡闻夫子之至论而叹美之言也"；关于后者，则程朱曰："此所谓性，兼气质而言者也。气质

---

① 参见漆侠：《宋学的发展和演变》，第118页。

之性固有美恶之不同矣，然以其初而言，则皆不甚相远也。但习于善则善，习于恶则恶，于是始相远耳。程子曰：此言气质之性，非言性之本也。若言其本，则性即是理，理无不善，孟子之言性善是也。何相近之有哉？”

上述解释，仅就字面上看，已反映出两个问题。一是揣度，如前者；二是重新解释，如后者。但无论是前者还是后者，其注释《论语》的标准，均不是《论语》本身，而是《孟子》的观点。于是人们看到，对前者的解释结果，几乎与《论语》原本提供的信息正好相反；而后者的论证，倒凸显出孔、孟在“性”论上所存在的基础性差异，因为孔子没有作过一体分割的“性”，在孟子那里已被一分为二；而经张载的中转到了程朱手里，又被明断为“本然之性”与“气质之性”的分别。黄彰健进一步注意到，程朱解释《论语》的入口是《孟子》，然后再融会《易传》与《礼记》中的《中庸》、《大学》、《乐记》等篇，完成了其解说。尤其令人瞩目的是，在这个过程中，朱熹首次把《论语》中的“仁”字解作“心之德，爱之理”。其内在逻辑关联表现为：《中庸》的“天命之谓性”之“性”字、《易传》“继之者善也，成之者性也”、“成性存存，道义之门”、“穷理尽性以至于命”的“性”字与《孟子》“尽心知性”的“性”字，皆指“仁义礼智”；由于《孟子》说“君子所性，仁义礼智根于心”，而本然之“性”与禀受之“性”又在《礼记·乐记篇》中首次出现过“天理人欲”的对立，[①]因此，朱子对《论

① 《礼记·乐记》：“先王之制礼乐也，非以极口腹耳目之欲也，将以教民平好恶而反人道之正也。人生而静，天之性也。感于物而动，性之欲也。物至知知，然后好恶形焉。好恶无节于内，知诱于外，不能反躬，天理灭矣。夫物之感人无穷，而人之好恶无节，则是物至而人化物。人化物也者，灭天理而穷人欲者也。”此处“天理”与“天性”二字互文，故郑玄注解“天理灭矣”，即说：“理犹性也。”

语》仁字的界说便成了“仁者心之德,爱之理”。由于性即理即天,所以,朱子又进一步开始对《论语》中的“礼”字和“义”字作出了符合思孟程朱逻辑的解释,即:“礼者,天理之节文,人事之仪则”;“义者,心之制,事之宜”。而黄彰健也显然服膺了上述说法,所以他讲:“就儒学来说,天、性、理、道、德、仁义礼智,异名同实。就其禀赋之来源谓之天,就其具于心而言谓之性,就其处物能始终条理而言谓之理,就其为天人所共由之路而言谓之道,就其得于心而不失谓之德。仅因所从言之意,而予以不同之名称而已。”①

姑不论黄氏的“服膺”之论如何值得细究,即便是这一组概念的互相通转及互训关系的形成,亦实为周孔儒家所未有;哪怕朱子《论语集注》“礼”之界说的后半句尚有原儒精神在,可是能表现出明显倾向性的前半句,已蜕为老庄之论也审矣。根据是,先秦时期,“理”字的用法中已含有宇宙本体论的朦胧意义了。《韩非子·解老》篇中,已经在老子的道论中提出了这个“理”,尽管韩非后来将道家之“理”解作了法家之“理”;而《庄子》说得就更加直接,如“道,理也”(《缮性》)和“可以语于大理矣”(《秋水》)等讲法不一。所以本论以为,程朱对《论语》的解释,在本体的意义上不单是通过《孟子》、《易传》和《中庸》、《大学》、《乐记》才完成的,它的真正“理路”是以老庄的“道”来诠释上述经典进而诠释《论语》的。从这个意义上讲,程颢所谓“吾学虽有所受,天理二字却是自家体贴出来”②的话,虽不能说是盗窃,但至少与事实不符。

思想史上,朱熹一直被视为理、气“二元论”者。“理”和“气”,

---

① 参见黄彰健:《了解〈论语〉的方法》,载《周公孔子研究》。

② 《河南程氏遗书·外书》卷12。

也的确是朱子学表现宇宙关怀和把握与说明人的核心概念，并且在朱熹的体系中，二者分别被归结为“性”和“情”。由此而形成的“理→形而上→道→未发→静→性”系列与“气→形而下→器→已发→动→情”这两大概念体系所凸显的，也正是“性”与“情”的对立。“性”由于被分为“本然之性”和“气质之性”，而两者的不同又被视为“善恶”对立的根源，因此，能够代表“善”的“本然之性”及其同质之“理”，便当然地应该成为人的最本质属性，因为在朱子看来，善，较诸恶，才是人性更根本的渊源。因此，无论是谁，原则上讲，只要涤清“气质之性”中的混浊，就能回归“本然之性”，亦才能成为圣人。显然，如何进一步去改善混浊气质等有关实践伦理的问题，便成为朱子学方法论所必须解决的问题。这也是朱子学的实践论中何以会产生主观和客观两种方法的原因，即：前者表现为“存心持敬”和“守静居敬”等修养形式，这属于用心专一并能有效抑制感情激动的内省之道；而后者则是《大学》所谓“格物致知”的治学方法。不难看出，程朱所谓人性，既有先天的特征，亦有人为的成分；既有自然性，又有非自然性。对于一心想构筑囊括一切的宇宙观和万物一理理论体系的理学家来说，对“人性”这一天人不明且具有主观随意性概念的想定和导入，便具有了至关重要的意义，即：用人事无法说明者，可用先天道理释之；用自然原理无法解答的事物，可以用人事道理来理解；而单用人事和自然原理均无法给出令人满意的答案时，天理和心理的相互连接和一体化，亦同样可为这全能的哲学提供理论上的圆通——只是这种圆通的实现，实根源于“气质之性”与“本然之性”选择时的后者偏斜和“人间之礼”与“宇宙之理”比较时的后者没入模式。日本思想史家丸山真男指出：“朱子学的理，既是物理，亦是道理；既是自然，也是当然。

这里，自然法则和道德规范已连为一体。……值得注意的是，连接着的双边关系并非对等，而是从属，即物理对道理、自然法则对道德法则的无条件服从。在这种情况下，对等性是不被承认的。……可以说，朱子学中宇宙论乃至存在论充其量不过是其人性论的'反射'而已"。[①] 这一点也被史华兹所洞见，他说："朱熹学派的新儒家哲学家们深深信奉修身的重要性。既然内部王国是人性的王国(性)，他们自然非常关心性的属性。然而正是性的内部王国把人与宇宙合为一体。"[②]朱熹虽常说"天下无无理之气，亦无无气之理"，然而一旦需要二者择一时，则"物理"与"道理"与其说是前者从属后者，不如说是后者抛却前者而独立。用朱熹自己的话说就是："未有天地之先，毕竟是先有此理"、"万一山河大地都陷了，毕竟理却只在这里!"[③]大概也只有到了这个关口，理学的本质才会最终得以呈显：它既找到了与老庄"先天先地"之"道"的结合点，也似乎在空灵的"理"世界中实现了"道"与"心·性·天·理"间的一体圆融——然而朱熹这种极致性表白显然无法证明其与《论语》"性与天道"论之间的同质关系，因为孔子从来就没有对此作过任何阐释。如此，则是认程朱解释的以下推断，就更显得有些强作解人了："《论语》性与天道之性字既据《中庸》、《孟子》释为理，而《中庸》、《孟子》均说诚者天之道，则《论语》此处天道二字，自亦应释为理。"[④]

---

① 丸山真男：《日本政治思想史研究》，第 25—26 页。

② 史华兹：《儒家思想中的几个极点》，载《宋代思想史论》，第 107 页。

③ 《朱子语类》卷 1，[宋]黎靖德·王星贤点校，中华书局 1994 年版(下同)，第 4 页。

④ 黄彰健：《周公孔子研究》，第 355 页。

无论如何,《论语》在一厢情愿的解说中终于被纳入到了朱熹的《四书》体系中来——这不能不说是理学家为自树道统继承者权威而做成的一项颇为得意的工作,哪怕经由上述解释后的《论语》在“性与天道”问题上已几乎变成了道家著作。不过,程朱在实现上述理论转换过程中毕竟还有未脱经典的“道问学”特征,而且朱熹作为集北宋五子学术之大成的学者,他的理论体系是从淹贯渊博的学术史中跋涉出来的,对于一般欲从书中求取功名的读书人来说,这一派的学说显然比主张“小觑经典”和“当下了悟”之“尊德性”派别,要增加一些皓首穷经的模仿意义。而作为道学当中另一门派的“心学”代表陆九渊,便具有鲜明的“只重体悟,不要过程”进而蔑视“六经”的理论个性。

陆九渊在学统上似乎无宗无派,所以朱熹说不知陆学师承为何。[①] 正惟如此,陆自称学问来自孟子的说法[②]便颇为令人瞩目。因为他的学问虽说与孟子有关,但其大较,却不在孟子。不在孟子而私淑孟子,其实是体现了一种用意。如果说程朱大谈孔孟的初衷是为了保存儒家的地位以求更有说服力地抵御道家的围剿,那么,陆氏的这个用意乃出自对本土文化的捍卫意识。显然,这一作用的发挥,必须体现在如何用本土“已有”的观点与佛教进行从容不迫的抗衡过程中。所以史华兹说:“当我们转向宋代的新儒家的哲学家时,我们发现他们面对着佛家形而上学的挑战,还有本土的反儒家哲学的挑战,他们简单地设想,如果在夫子的学说中潜藏着

---

① 《朱子语类》卷124:“叔器问象山师承。曰:‘它们天资也高,不知师谁。然也不问师传。学者多是就气禀上做,便解偏了。’”[宋]黎靖德·王星贤点校,第2969页。

② 《陆象山先生全集》卷10,李绂评点,金篌槐堂书屋刊本,1823年版(下同),第7页。

一个‘一以贯之的统一性’,那么所包含的哲学原则就可以从这些事实的知识中抽象出来,进行哲学的思考。……大乘佛教可能加强了这种联系(指人与宇宙的联系——引者注)。”①

大乘佛教经过晋·慧远“空宗”的中国化和唐·慧能“禅宗”的世俗化过程,已经在中国文化中落地生根。特别是唐中叶,“以心传心”的禅宗法门大盛于天下。依禅宗的说法,释迦牟尼有一种秘密传道法,称为“密意”或“心法”。这个“密意”或“心法”,在印度经过了二十七代的传授,到梁武帝时,始由达摩传至中国。又经五代传人,始衣钵慧能,是为“六祖”。慧能生前传道的方法,被弟子记录下来,辑成《六祖坛经》。其中所体现出来的禅宗基本特征为:1. 废止语言,不立文字;2. 追求顿悟,废止渐教;3. 但求体道,不拘仪式。禅宗自称,佛陀在灵山会上对着百万人众,默然不语,只自轻轻地手拈一枝花,对大众环视一周,人皆不解,唯大弟子迦叶会心,展颜一笑,于是佛祖便肯定只有他获得了佛说的主旨,并当众宣布:“我有无上正法,悉已付嘱摩诃迦叶矣!② 慧能对“心”的描述已登峰造极:“何名‘摩诃’?‘摩诃’是‘大’。心量广大,犹如虚空。……既空,能含日月星辰、大地山河、一切草木。……性含万法是大,万法尽是自性。”禅宗通过“心法”,把道家的“游心于物之初”变成了佛教的“万法归心”。慧能初试慧根时的短偈,形象地把他理解的佛教之“心”表现了出来:“菩提只向心觅,何劳向外求玄?听说依此修行,西方只在眼前。”③实际上,佛教“心法”本身并不可虑,可虑的是“佛教乃学问之极”的舆论对士林的冲击,而这

① 史华兹:《儒家思想中的几个极点》,载《宋代思想史论》,第107页。

② 参见《镡津文集》卷3。

③ 《六祖坛经·决疑品第三》。

些士人又大多诸教皆通。《高僧传》说慧远“少为诸生，博综六经，尤善老庄”。但抚今追昔，慧远却每每对儒、道两家颇多贬抑：“每寻畴昔，游心世典（指儒家经典），以为当年之华苑也。及见老庄，便悟名教是应变之虚谈耳。以今而观，则知沉冥之趣，岂得不以佛理为先？”[①]这种风气迁延不绝，对儒学的冲击甚大，以至韩愈的“道统”据说就是为抵抗禅宗“心统”并模仿“心统”而生的；[②]而陆九渊的最得意处，亦刚好是孟子尔来的儒家“天道”因他而重见天日！（同前揭）宋代的这种情况，亦如黄进兴所说：“在宋代，所谓醇儒的主要职责就在于分辨儒学真义和佛道二氏的差别。”[③]

陆九渊曾说：“自得、自我、自道，不倚师友载籍。”[④]察陆氏“心学”，有这样几个特点引人注目。首先，他标榜“心即理”，并以此来表现其与朱熹“性即理”的原则不同：朱熹的“性”是使“心”与“天”实现沟通的中介，而陆氏则不要这个中介，他直接推出“宇宙便是吾心，吾心即是宇宙”、“万物皆备于我，只要明理”等“直通式”命题；其次，重视“整体体验”，轻视具体格致，主张通过直觉来达到“天人合一”之境；第三，排斥述诸语言观念的了解宇宙方法，不提倡著书立说，厌烦对“六经”的泥守，主张“六经注我”。在此原则下，读书只是用以验证个人体验的手段而已，一旦已意与经典发生冲突，则当反向质疑经典与圣人所言。甚者认为只要识得真境，纵

① 《与隐士刘遗民等书》，见《广弘明集》卷27上。

② 参见拙作：《关于儒·道·佛三家的理论极限》，载《东北师大学报》1996年第3期；《中国传统“平衡论”的前提假设与反假设》，载《社会科学战线》2004年第1期。

③ 黄进兴：《“朱陆异同”：一个哲学诠释》，《宋代思想史论》，第427页。

④ 《陆象山先生全集》卷35，第43页。

一字不识，仍可为大丈夫。[①] 从这些特点中，除了陆氏自我标榜其乃孟氏正宗传人这一点外，人们已经看不出还有比他的思想更能昆仲禅宗者。而明王守仁经由“龙场顿悟”这一禅宗式体验后竟自认陆氏为宗的经纬，更令世人惊诧佛教心学的影响之巨。[②] 据《明史·王守仁传》载，“(王守仁)谪龙场，穷荒无书，日绎旧闻。忽悟格物致知，当自求诸心，不当求诸事物，喟然曰：‘道在是矣！’遂笃信不疑。其为教，专以致良知为主。谓：宋周程二子后，惟象山陆氏简易直捷，有以接孟氏之传，……世遂有阳明学云。”黄宗羲讲，究阳明子一生，其学凡三变，即：“先生之学，始泛滥于词章，继而遍读考亭之书，循序格物。顾物理、吾心终判为二，无所得入，于是出入于佛老者久之。及至居夷处困，动心忍性，因念圣人处此，更有何道？忽悟格物致知之旨。圣人之道，吾性自足，不假外求。其学凡三变，而始得其门。”[③]而《传习录》下所言，则凸显出陆王学术主旨的高度一致：“天理在人心，亘古亘今，无有终始。天理即是良知，千思万虑，只是要致良知。”

程朱陆王之学在宋明时期发生了如此巨变，致使儒道佛三家的此疆彼界已荡然无存。在陆王要来程朱之“理”的同时，程朱也要来了陆王的“心”。朱熹说：“尝谓天理人欲二字，不必求之于古今王伯之迹，但反之于吾心义利邪正之间，察之愈密，则其见之愈明；持之愈严，则其发之愈勇。”[④]对此，明代佛学者真可的话可谓

---

① 参见《陆象山先生全集》卷2、卷13、卷15、卷22、卷32、卷34、卷35、卷36；又，黄进兴：《“朱陆异同”：一个哲学诠释》。

② 参见拙作：《关于阳明子“龙场悟道”的非学术寓意》，载《史学集刊》1994年第3期。

③ 黄宗羲：《明儒学案》卷10《阳明传评语》。

④ 《朱文公文集·答陈同甫》。

洞见:“学儒而能得孔氏之心,学佛而能得释氏之心,学老而能得老氏之心。……且儒也,释也,老也,皆名焉而也,非实也。实也者,心也。心也者,所以能儒能佛能老者。……知此乃可以言三家一道也。而有不同者,名也,非心也”。[①] 这里的“心”,颇类佛教对“月”的譬况,而“月”又被朱熹譬若“理”,于是,佛教的“月印万川”就被朱子套成了“理一分殊”。[②] 荻生徂徕说:“是其所见,根于佛老,故其学主理,主心。”[③]而这,大概就是人们所说的“三教合流”后的“景观”。在这个“景观”里,周孔意义上的儒家面貌几乎完全变形,《四书》的全面登场亦不啻废弃了“六经”,儒学的有限真髓也任人曲解和涂改,士阶层那种履及剑及的实践精神也早已让位给“无事袖手谈心性”的“居士”和“高人”。其效果是,无论这些道学家怎样自诩为儒家道统的“正传”,人们也还是无法再以真儒视之。而尤富讽刺意义的是,程朱与陆王这两大派系之间,好像也从未正眼瞧过对方,也很少坐下来认真讨论彼此理论中所存在的学派属性问题。他们满足于相互攻击,以至“鹅湖之会”(1175 年)上,朱熹讥象山之学为“禅”而象山骂朱熹之属为“道”等事例,也早已流为学界的笑谈。[④] 戴震说:“宋儒出入于老释,故杂乎老释之言以为言。……呜呼,杂乎老释之言以为言,其祸甚于申韩如是也!”[⑤]而这些有“甚于申韩”的变化之被称为“巨变”,还由于在它们的反

① 《紫柏老人集》卷 9《长松茹退》。

② 《朱子语类》卷 18,第 398—399 页。

③ 荻生徂徕:《辨名》上,载日本思想大系 36《荻生徂徕》,第 214 页。

④ 分见《朱子语类》卷 116,第 4460—4461 页;《陆象山先生全集》卷 15,第 3—5 页。以至陆九渊在前往鹅湖的路上还坚持认为:“古圣相传只此心”、“须知至乐在于今”。见《陆象山先生全集》卷 34,第 49 页。

⑤ 戴震:《孟子字义疏证》,中华书局 1961 年版(下同),第 9—10 页。

衬下,《中庸》、《孟子》和《周易》等经典虽有“变异”却“儒脉”尚存,[①]而道学家们,其“官辇毂念头不在君父上,官封疆念头不在百姓上,至于水间林下三三两两相与讲求性命、切磨德义,念头不在世道上”。[②] 他们的真正关怀,一如史华兹所言:“在后期的新儒家中,新儒学对内部王国的强调显然变得更为明确了,而‘知’则趋向于全然成为一种对形而上学问题的关心。”[③]王阳明“顾物理、吾心终判为二,无所得入,于是出入于佛老者久之”的真实感受表明,一定要追求“伦理”和“道德”的天合,最终也只能走向“佛老”;“圣人之道,吾性自足”云者,其实已不再是“圣人之道”。伊藤仁斋指出:“孔孟之学,厄于注家久矣。汉晋之间,多以老庄解之。宋元以来,又以禅学混之。学者习之既久,讲之既熟,日化月迁,其卒全为禅学见解。”[④]当看到道学家事实上已经抛却了“伦理”而去集体拥抱“物之初”的“道德”和“第一义”时,我们就不得不承认,“经典难题”至此已经得到了“解决”。因为“‘道’意味着任何一种事物本然的存在方式”,“对于自然存在,德与道是同一的,所以没有必要讨论

---

① 《中庸》既讲“天命之谓性,率性之谓道,修道之谓教”和“不可以不知天”,但同时还强调“仁者人也,亲亲为大;义者宜也,尊贤为大。亲亲之杀,尊贤之等,礼所生也”。其与孔子的不同处仅在于:“故君子不可以不修身;思修身,不可以不事亲;思事亲,不可以不知人;思知人,不可以不知天”,把“尊尊亲亲”顺推至“知天”而已;《孟子》既讲“君子所性仁义礼智根于心”,讲“尽心知性知天”,但也承认“耳目口腹”之性为性之一部分且并未视之为“恶”;《易传》既讲“成性存存,道义之门”,但在讲“形而上者谓之道”的同时,还强调“形而下者谓之器”。《四书》之中,《论语》最少心性天道论,《大学》、《中庸》、《孟子》亦不过呈道家倾向而已,而《四书集注》的真正依据,却是道家理论兼佛教思想。

② 顾宪成语,见《明儒学案》卷58《东林一》。

③ 史华兹:《儒家思想中的几个极点》,载《宋代思想史论》,第108页。

④ 《古学先生文集》卷之五,载日本思想大系33《伊藤仁斋·伊藤东涯》,第287页。

自然的德，自然的德只不过正好就是道”，“自然之道必然有其德，所以自然之道德不构成问题”。[①] 可是，“经典难题”之所以能成为“经典难题”，是因为只要人们还在生活，它就永不可解；而在道学家所勾画的空阒无边的世界里，除了有一个庞大的死寂哲学外，人们已找不到生活。

第四节 批判与“内部告发”

先秦时期，由于荀子较早地发现思孟偏离周孔的舆论，将给儒门带来灾难性后果，所以才激烈地阻止并批判他们的做法，即“略法先王而不知其统……是则子思孟轲之罪也！”[②]因嗣后的儒学演变轨迹不幸被言中，因此，批判者亦越来越多；随着道学家的登场，反对方的反应也就越发激烈起来。浙东事功学派对理学的批判，比起荀子对孟子，已有过之而无不及。陈亮(1143—1194)曾指责“新安朱熹元晦”大讲“性命道德之学”于武夷，因为天下士大夫“虽心诚不乐而亦阳相应和”。[③] 其弊害是：“自道德性命之说一兴，而寻常烂熟无所能解之人自托于其间，以端悫静深为体，以徐行缓语为用，务为不可穷测以盖其所无，一艺一能皆以为不足自通于圣人之道也。于是天下之士始丧其所有，而不知适从矣。为士者耻言文章行义，而曰‘尽心知性’；居官者耻言政事书判，而曰‘学道爱人’。相蒙相欺以尽废天下之实，则亦终于百事不理而已。”[④]陈亮

① 赵汀阳：《论可能生活：一种关于幸福和公正的理论》，第134页。

② 《荀子·非十二子》。

③ 《陈亮集·钱叔因墓碣铭》。

④ 《陈亮集·送吴允成运干序》。

“破”后之所“立”，是他的实学事功原则——功利主义的“德”和“理”：“功到成处便是有德，事到济处便是有理”。耐人寻味的是，尚外王而祖荀子，几乎成为浙东事功学派多数人的价值依托；而以荀学为学术“祖型”的荻生徂徕，其所思所想所批判，亦酷肖浙东学派：“儒者处焉不能教育弟子以成其才，出焉不能陶铸国家以成其俗。所以不能免于有体无用之诮者，亦其所为道者有差故也。”①

其实，无论荀子抑或陈亮，均对心性命理学的来历，疑窦丛生。荀子“略法先王而不知其统”的说法，不啻褫夺了思孟学说的儒学正统地位，虽不得其细目亦已足堪证伪；而对朱熹常用以骄人的“汉唐五百年间不传之妙物”——“道”之由来，陈亮的发问，则简单而直接：“儒者又何从得之，以尊其身而独立于天下？”②不过，他们没能讲清楚的，却悉数被浙东学派另一子叶适(1150—1223)所点破。叶适首先对“道统”的传人提出质疑，认为，“孔门独传心法”乃“孔子传曾子，曾子传子思”云者，“必有谬误”。因为孔子曾说过“参也鲁”，而且“德行颜渊而下十人”当中也没有曾子，如此而谓曾子乃“孔门独传心法”之继承人，实在难以为凭，故《中庸》“宜非上世所传”也审矣。③ 其次，叶适进一步从学脉角度切断了理学家与儒学的学理关联，直率地揭去了理学家的障眼法更揭出了理学的真面目：“按程氏答张载论定性……皆老佛庄列常语也。程张攻斥老佛至深，然尽用其学而不自知者……子思虽渐失古人本统，然犹未至此。孟子稍萌芽，其后儒者则无不然矣。……嗟夫！未有自坐佛老病处，而揭其号曰‘我固辨佛老以明圣人之道者’也”，进而

① 荻生徂徕：《辨道》，载日本思想大系36《荻生徂徕》，第200—201页。

② 《陈亮集·钱叔因墓碣铭》。

③ 《习学记言序目·皇朝文鉴三》。

明确宣布:“佛老之学”“不可入周孔圣人之道”![1] 这一举动堪称致命。据说,叶适于淳熙十六年(1189 年)在江陵湖北参议官任上,曾“读浮屠书尽数千卷”。朱熹听到这个消息,竟大呼“此甚可骇”! 怕的原因不在别的,而在于理学家精致细密的编织物——“道统”来历,开始被内行窥破。[2]

在道学批判者当中,戴震比较长于用“还原法”来追索理学家的出自。他在设问中指出,宋儒“复其初”之说,实来源于庄子;而“理”论则来自于“佛”:“宋儒……见于古圣贤之论学,与老庄释氏之废学,截然殊致,因谓‘理为形气所污坏,故学焉以复其初’。‘复其初’之云,见庄周书。盖其所谓理,即如释氏所谓‘本来面目’,而其所谓‘存理’,亦即如释氏所谓‘常惺惺’。”[3]而且,“理一分殊”的真实来历亦被他所点破:“宋儒亦知就事物求理也,特因先入于释氏,转其所指为神识者以指理,故视理‘如有物焉’,不徒曰‘事物之理’,而曰‘理散在事物’。事物之理,必就事物剖析至微而后理得;理散在事物,于是冥心求理,谓‘一本万殊’,谓‘放之则弥六合,卷之则退藏于密’,实从释氏所云‘俱该法界,收摄在一微尘’者比类得之。”[4]甚至在临卒前数月还说:“后儒以理欲相对,实杂老氏无欲之说,其视理欲也,仅仅为邪正之别;其言存理也,又仅仅为敬肆之别,不知必正必敬而理犹未得。”[5]

有惩于“性理学”对经学的毁弃之弊,顾炎武(1613—1682)乃

---

① 《习学记言序目·皇朝文鉴四》。

② 参见漆侠:《宋学的发展和演变》第 4 编,第 20 章。

③ 戴震:《孟子字义疏证》,第 13 页。

④ 同上书,第 54 页。

⑤ 参见刘盼遂:《段玉裁先生年谱》,丁酉正月十四日《与段玉裁书》,香港崇文书店影印本 1971 年版,第 27 页。

提出“经学即理学”的口号以别于宋儒之“理学”：“愚独以为理学之名，自宋人始有之。古之所谓理学，经学也，非数十年不能通也。……今之所谓理学，禅学也，不取之五经，而但资之语录，校诸帖括之文而尤易也。”[①]全祖望概括顾氏的意见时也说：“古今安得有所谓理学者？经学即理学也。自有舍经学以言理学者，而邪说以起。不如舍经学则其所谓理学者禅学也。”[②]

如前所述，道学家形成的一个非常重要的标志，是改变了唐以前的“经典结构”。唯其如此，相当多的批判者，都把矛头直接对准朱熹的《四书集注》。清·郝敬，即对《大学》和《中庸》独立为道学经典一事，提出过深刻的质疑，认为该行为在强调“道”的同时等于废弃了“礼”。他说：“先儒以《大学》、《中庸》两篇为道学之要，别为二书。夫礼与道非二物也。礼者，道之匡郭；道无垠堮，礼有范围，故德莫大于仁，而教莫先于礼。圣教约礼为要，复礼为仁；礼仪三百，威仪三千；致中和，天地位，万物育，此道之至极，而礼之大全也。”[③]陈澔在谈及郝敬如此而为的用意时补充指出：“郝京山因时制，故左祖《礼记》……京山立说多与朱子背驰，谓先儒以《学》、《庸》二篇别为二书，支离割裂，当亟还旧观，则先儒以割裂《礼记》，而不自知其毁谤《四书》。”[④]清·颜元还为此特著有《四书正误》六卷。伦明在谈到对此书的印象时说：“(《四书正误》六卷)清颜元撰。元为学主实用，恶宋儒之空谈心性，其言曰：汉宋儒专以读讲著述为学，自幼少历老壮，极一生心力为之，故发明确透者亦多，然

---

① 《顾亭林文集》卷3《施愚山书》。

② 《鲒埼亭集》卷12《亭林先生神道表》。

③ 《礼记通解·读礼记》。

④ 《礼记集说·礼记总论》。

路径不同，下手亦异，凡遇著实用功处，便含糊脱略过去，或说向精微远大处，更无亲切开豁语，其言极是。又曰：宋儒正孔门所谓小人儒，故其立言皆为自己地，又曰平生最厌宋儒，于圣贤书中所无，添补己意，又曰朱先生注解经书之功，不敌其废乱圣学之罪，观此可以曰是书之大旨矣。书中所摘大率在义理疑似之间，举其要者，如克己二字，谓克古训能也，胜也，未闻克去之解。”[①]与黄侃“六经，其教虽异，总以礼为本”的观点相一致，王夫之《礼记章句》中对清代学者何以奋起反对宋明理学的经典篡改问题是这样总结的：“六经之教，化民成俗之大，而归之于礼，以明其安上治民之功，而必不可废。盖《易》、《诗》、《书》、《乐》、《春秋》皆著其理，而礼则实见于事。则五经者，礼之精义；而礼者，五经之法象也。故不通五经之微言，不知礼之所自起；而非秉礼为实，则虽达于性情之旨，审于治乱之故，而高者驰于玄虚，卑者趋于功利，此过不及者之所以鲜能知味而道不行也。”对此，黄俊郎评论道：王氏阐发“六经之教”而“归之于礼”的道理，可说是透辟之至了。[②]

对于与中国几乎拥有共同经典资源的江户日本来说，来自大陆学界的影响，不可谓小。伊藤仁斋自十六七岁时读朱子《四书》以来，曾以此为“至学”，每日揣摩演绎，几近痴迷。但因这些学问道理与日用人伦几无关涉，致使家人姻戚无不侧目。待读过阳明、近溪等人著作后，却发觉这两人的说法又与朱子不同。无所适从之际，乃“悉废《语录》注脚，直求之于《语孟》二书，寤寐以求，跬步

① 《续修四书提要·经部》四书总义之属引。又，傅武光编著：《四书总义著述考》，台北：国立编译馆2003年版，第103页。

② 参见黄俊郎编著：《礼记著述考》，第58页。

以思，从容体验，有以自定，醇如也。于是知余前所著诸论皆与孔、孟背驰，反与佛老相邻”，“王阳明亦以见闻学知为意见，以良知良能为真知，似矣，然以见闻学知为意见者，亦犹佛氏之见也。”[①]在对“复性”、“复初”等概念的认识上，仁斋的见解与戴震同：“先儒用复性复初等语，亦皆出于庄子。盖老子之意，以谓万物皆生于无。故人之性也，其初真而静。形既生矣，而欲动情胜，众恶交攻，故其道专主灭欲以复性。此复性复初等语，所由而起也。儒者之学则不然。人之有四端也，犹其有四体，苟有养之，则犹火燃泉达，不能自已，足以成仁义礼智之德，而保四海。故曰：苟得其养，无物不长；苟失其养，无物不消，初无灭欲复性之说。老庄之学与儒者之学，固有生死水火之别，其源实判于此。”[②]

“道统”得以形成，“道学”得以产生，除思孟的远因和韩愈的直接推动外，李翱的佛教道入，作用堪称巨大。章太炎指出：“明心见性之儒，首推子思孟子。唐有李习之(翱)，作《复性书》，大旨亦依《中庸》。习之曾研习禅宗，……今观《复性书》虽依《中庸》立论，其实阴习释家之旨。”[③]至于李翱是如何“复性”的步骤，冯友兰是这样分析的：首先是“正思”，而这一步必先做到“无虑无思”。而要做到“无虑无思”，就必须归诸“静”；第二是“知本无有思”，要做到“动静皆离”；三是在“动静皆离”之后，即能够“寂然不动”，这样就能达到《中庸》所说的“至诚”的地步。由“至诚”而“复性”，进而便知“天

① 《同志会笔记》，引自朱谦之：《日本的古学及阳明学》，上海人民出版社 1962 年版，第 62—63 页。

② 伊藤仁斋：《语孟字义》，载日本思想大系 33《伊藤仁斋·伊藤东涯》，第 136 页。

③ 章太炎：《诸子略说》，载《国学讲演录》，华东师范大学出版社 1995 年版，第 181 页。

命”和“道”是什么了。[1] 漆侠指出：“对佛家的态度，李翱不同于韩愈，也不同于柳刘，而是‘阳拒阴习’。傅斯年《性命古训证》、冯友兰《中国哲学史》也都曾指出这一事实。陈寅恪则径直地指出，李翱直接受到梁肃《天台止观统例》的影响。总之，李翱之受到佛家的影响则是确切不疑的。换言之，李翱是把佛家思想注入到儒家学说中的。李翱表面上排佛，暗地里却汲取佛家思想。这种‘阳拒阴习’的方式，不仅李翱如此，宋代理学家如二程朱熹，同样是如此，将佛老思想注入到儒家学说中。”[2]所言深中肯綮。如果看戴震对宋儒的分析，则以佛、道解儒者恐怕就不止以上人物了。他在“宋儒出入于老释”一句后，是这样举例的：“程叔子撰《明道先生行状》云：‘自十五、六时，闻周茂叔论道，遂厌科举之业，慨然有求道之志，泛滥于诸家，出入于老释者几十年，返求诸六经，然后得之。’吕与叔撰《横渠先生行状》云：‘范文正公劝读《中庸》，先生读其书，虽爱之，犹以为未足，又访诸释老之书，累年，尽究其说，知无所得，返而求之六经。’《朱子语类》廖德明《录癸巳所闻》：‘先生言：二三年前见得此事尚鹘突，为他佛说得相似，近年来方看得分晓。’考朱子慕禅学在十五六时，年二十四，见李愿中，教以看圣贤言语，而其后复入于释氏。至癸巳，年四十四矣。”[3]

道学家的非儒学本质，不止招致了上述学者们的揭露和批判，其最具讽刺意义的，是道学家们自身的“内部告发”。“朱陆之辩”中理学心学的互相摘发自不待言，即便对“道统”奠基人之一的李翱，朱熹亦未尝放过。他在与学生交流时，有这样一段对

---

① 参阅冯友兰：《中国哲学史》下册，中华书局 1961 年版。

② 漆侠：《宋学的发展和演变》，第 129—130 页。

③ 戴震：《孟子字义疏证》，第 9 页。

白:“浩曰:‘唐时,莫是李翱最识道理否?’(朱熹)曰:‘也只是从佛中来。’浩曰:‘渠有《去佛斋》文,辟佛甚坚。’曰:‘只是粗迹。至说道理,却类佛。’”[①]又,“至唐李翱始知,尊信其书,为之论说。然其所谓灭情以复性者,又杂乎佛老而言之,则亦异于曾子、子思、孟子之所传矣。”[②]这种“告发”,甚至每每表现在“现代新儒家”身上。

由于在解释《论语》中“性与天道”时朱熹是用了《孟子》、《易传》、《大学》、《中庸》、《乐记》等背景思想而实质上是以道释之说相诠,而这种诠释又实在与原著本旨相去太远,所以,“现代新儒家”的这类“告发”,便往往体现在如何恢复《论语》的原意上面。唐君毅指出:“孔子大矣。其一生之生命心灵之表现于其为人。其文章者,即是性与天道;故其言性与天道,不可得而闻”,(自序)“直至孔子言性相近习相远,亦未明立性善之旨。……然就孔子已明言者上看,仍无孔子言性善之确证。而谓孔子亦言性善,乃就其言引申以说。”[③]说明唐君毅未据《孟子》“知性则知天”及《中庸》“天命之谓性,率性之谓道”,来讲《论语》的“性与天道”。牟宗三也认为,“子贡所不可得而闻之‘性’,与‘天道’连在一起说,究竟是指何层面之‘性’,则亦难说。……吾人对孔子的态度不能确知。孔子前‘性’字即已流行,然大体是‘性者生也’,无自超越面而言性者。‘生之谓性’是一老传统,……故性是性,仁是仁,齐头并列,一时未能打并为一。然孔子言如此亲切,而又真切,其看人性亦断然不会

① 《朱子语类》卷 137,第 3276 页。

② 《中庸集解》序。

③ 唐君毅:《中国哲学原论·原性篇》序,又同书第 13 页,新亚书院研究所 1968 年版。

直说为恶，亦断然不会从之人之欲性看性，然亦同样地未自觉地说到仁即是性。是则性之问题在孔子犹是敞开者。……圣者如孔子则总是多偏重于自实践言道理，很少有哲学家之兴趣去积极地思议存有问题也。即使有洞悟，亦是在践履中洞悟，因而多言践履之道如仁，而少涉及存有问题如性与天道，此其所以不常言多言也。”[①]倒是唐、牟等人的先生，在这个问题上成了鲜明的例外。如熊十力讲：在《论语》里面子贡说：“夫子之言性与天道，不可得而闻也。”此中性与天道，是一非二。孟子言知性即知天，是其征也。孟子后孔子不过百年，且善学孔子，必无误会。[②] 傅斯年的观点，则不但类唐、牟而悖十力，更有甚者，他还认为荀子的“性论”更近孔子。指出：“孟子道性善”是说人生来就善。他排列孔孟荀之性说，认为孔子主材差说，孟子主性善，荀子主性恶，并认为荀子的思想较与孔子接近。[③] 致使有学者为之喊冤，认为对《论语》“性与天道”的解释，还应该以朱熹孟子等人为准：“近代新汉学派与新王陆学派讲中国哲学史，均注重思想的发展。他们只机械地将史料按年代先后叙述。他们讲孔子的思想，只根据《论语》，而不参考《孟子》和《中庸》，于是他们对《论语》的‘性与天道’章即无法讲得与程朱相同了”，“近人研究孔子思想，多仅根据《论语》，独抱《论语》究终始。……在我看来，程朱了解《论语》，取道于《孟子》，然后再融会《易传》、《礼记》等书，他们的途径似迂回，但就性与天道章来说，

---

① 牟宗三：《心体与性体》第1部第1章：宋明儒之课题，台北：正中书局1968年版，第24—25页。

② 参阅熊十力：《读经示要》，台北：广文书局1960年版。

③ 参阅傅斯年：《性命古训辨正》，商务印书馆1940年版。

可能是最正确、最直捷的。”[①]可是，即便有学者正面阐释理学的道理，也难免会使理学的本旨在他们的叙述中原形尽显。高明在《礼学新探》之《礼记概说・礼记的内容》中讲：“郑玄训‘大学’为‘博学’，是以‘大学’为博大的学问。……《论语・宪问》载孔子答子路问君子，有‘修己而安人’的话；《中庸》里也有‘成己’、‘成物’的说法。所谓‘修己’，所谓‘成己’，就是‘明明德’。所谓‘安人’，所谓‘成物’，就是‘明明德于天下’，就是‘亲民’。‘明明德’而‘止于至善’，就是《庄子・天下篇》所说的‘内圣’。‘亲民’而‘止于至善’，就是《庄子・天下篇》所说的‘外王’。‘内圣’、‘外王’的学问，还不是博大的学问吗？所以郑玄解释这一篇的篇名是不错的。”[②]朱维铮在谈及阳明学时也说：“这是禅学，不是孟学，自然更不是孔学。”[③]表明“三教合流”后的儒学主旨，已经在道学家的世界中渐次淡出。它应了李泽厚当年的疑窦：“‘儒学’是什么意思？可以说有好几种意见、看法。第一种，儒学是相对于道家、法家、阴阳家、墨家的一种学说、学派、思想。但这个说法只能应用在先秦的孔子、孟子和荀子上面。后来的儒学吸收了大量的道家、阴阳家、墨家、佛学很多思想，那还算不算儒学？”[④]实际上，“新儒家”对儒学的无限扩张行为所带来的逻辑学后果，是“外延愈大，内涵愈少”；而在数理学上所造成的困境，则是“能够解答一切问题的方程，最终一个问题也解答不了”。

---

① 黄彰健：《周公孔子研究》，第 363—364、369 页。

② 高明：《礼学新探》，香港中文大学联合书院中文系 1963 年版（下同），第 64—65 页。

③ 朱维铮：《中国经学与中国文化》，载《中国经学史十讲》，第 27 页。

④ 李泽厚：《为儒学的未来把脉》，载《世纪新梦》，第 130 页。

第五节 周孔精神的承继与困境摆脱

无数事实显示，被淡出的儒学主旨，在周孔之后更多为荀学一脉所承继。反映在论著上，除《荀子》三十二篇外，复有成书于汉代的《礼记》等。梁启超说：“《礼记》之最大价值，在于能供给以研究战国秦汉间儒家者流——尤其是荀子一派——学术思想史之极丰富之资料。盖孔氏之学，在此期间始确立，亦在此期间而渐失其真。”①《礼记》书中，除《大学》《中庸》与孟子有学脉渊源外，大多与荀子有关，如《三年问》与《荀子·礼论》篇中的一段文字几乎完全相同；《儒行》篇所载鲁哀公和孔子的问对，则与《荀子·哀公》中的数段文字同出机杼，几近雷同，而对儒者高行的强调，又与《荀子·儒效》篇意义相仿；《学记》一篇，与《荀子·劝学》篇相辅相成；《乐记》部分文字，复与《荀子·乐论》文脉贯通，仿佛荀子亲笔；《王制》篇与《荀子·王制》酷肖，只是想把将荀子的“王者制度论”具体化起来；《间传》篇以明亲疏远近、轻重厚薄之间的差别，亦大意仿《荀子·礼论》而成，等等。高明认为，儒家思想由创立而宣扬，而发展，而形成为中国文化的主流，乃是周代以后到西汉初年的事。表现这一段儒家思想的有四部最重要的书，即《论语》《孟子》《荀子》和《礼记》。高氏未列《周礼》《仪礼》而植入《孟子》的做法固可商榷，但对《论语》《荀子》和《礼记》的强调，却与儒学主旨和周孔精髓颇相契合，其所指出的“礼制”精神“三要素”，即“宜乎履行”、“合乎

---

① 梁任公：《要籍解题及其读法》，清华周刊丛书社 1925 年版(下同)，第 189 页。

道理”和“体乎人情”,亦弥足重要。[①] 如前所述,周孔赋予“礼乐”的最重要内涵之一,就是它的实践精神。“六艺”特别是“礼”本身,就是周公指导政治实践的“政典”;孔子亦明确对学生讲:“言而履之,礼也。”[②]荀子忠实地承绍了这一思想,指出:“礼者,人之所履也”、“礼者,人当履之”。[③] 所以梁启超说:“孔子设教,惟重力行;及其门者,亲炙而受人格的感化,亦不汲汲以骛高玄精析之论。”[④]然而,礼能否付诸实践以及实践能否成功,则端赖它是否“合理”。所以孔子说:“礼也者,理也。君子无理不动”,[⑤]荀子亦云:“礼也者,理之不可易者也”。[⑥] 至于决定礼之行事是否合理的根本依据,则是“礼”所顺应的“理”是否合乎“人情”和能否因而治之,故孔子讲:“礼者,因人之情,而为之节文,以为民坊者也”。[⑦] 这也是《礼记·礼运》篇中所把握的“礼”与“人情”的相互关系:“饮食男女,人之大欲存焉;死亡贫苦,人之大恶存焉。故欲恶者,心之大端也。人藏其心,不可测度也。美恶皆在其心,不见其色也。欲一以穷之,舍礼何以哉?”荀子对周孔的承绍意义甚至已超过《礼记》,因而荻生徂徕说:“荀子胜礼记,而世人不知荀子,何以能读六经邪?”[⑧]

然而,一个令人惊诧的现象是,上述的所谓“儒学主旨”,竟被

---

① 高明:《礼学新探》,第13页。

② 《礼记·仲尼燕居》。

③ 《荀子·大略》。

④ 梁任公:《要籍解题及其读法》,第190页。

⑤ 《礼记·仲尼燕居》。

⑥ 《荀子·乐论》。

⑦ 《礼记·坊记》。

⑧ 荻生徂徕:《读荀子》卷3,载《荻生徂徕全集》第3卷,东京:河出书房新社1975年版(下同),第505页。

法家的集大成者韩非全盘继承。首先，在重视实践这一点上，韩非从孔子、荀子的“正名主义”出发，提出了“循名责实”的明确主张，即“因任而授官，循名而责实”。[①] 出于儒家同样的道理，韩非在政治实践中亦极端看重政治行为是否“合理”，并把“合理”与否与成败存亡链接为一，即“得事理则必成功”和“动弃理则无成功”(《解老》)。亦由于政治“合理”与否的根本系于“人情”，所以，韩非在“凡治天下，必因人情”(《八经》)的前提条件下，更提出了“其法通乎人情，关乎治理也”(《制分》)的政治学链环……。法家的如此表述，其实没有必要引起人们的“惊诧”，即便有所“惊诧”，化解起来好像也并不困难。事实上，法家本身即出于儒。梁启超认为，法家与儒家的共同处，一是礼与法的同质性，二是儒家的“正名定分”说，三是荀子的“法后王”说。因此梁称：“(礼)实几与狭义之法无甚差别。……故荀子之学，可谓与法家言极相接近，韩非以荀子弟子而为法家大师，其渊源所导，盖较然矣。”[②]郭沫若亦认为，“法家导源于儒，商君的主张耕战其实也就是孔子的‘足食足兵’，而法与礼在本质上也并没有多么大的差别。”[③]对此，侯外庐的表述似更为形象：“一般说来，荀子的礼的思想，源于儒家的孔子，然而他的天道观和所处的时代不同于孔子，因而他的礼论，也就变成了由礼到法的桥梁。……这一段话(指《荀子·礼论》篇的开篇部分——引者注)所说的虽是礼的起源，但他所注视的却是法——‘物’的‘度量分界’。如果把引文中的‘礼’字换成‘法’字，不就成为法的

---

① 《韩非子·定名》。

② 梁启超：《先秦政治思想史》，东方出版社1996年版(下同)，第171页。

③ 郭沫若：《十批判书》，第363页。

起源论了吗?”[1]实际上,法家的“人情论”,已直接继承了周公的治国原则,那就是“人情”依托下的“明德慎罚”,即“人情者有好恶,故赏罚可用也”的“二柄”原则。[2] 其不足惊诧,也缘于乃师荀子对“周道”的格外看重:“欲观千岁,则数今日;欲知亿万,则审一二;欲知上世,则审周道。”[3]所不同的是,在荀子的中介下,法家把伦理学朝政治学方向作了大踏步的推进,并抽掉了儒家某些被孟子作了极致发挥的所谓人格理想和价值。

儒法共通的入世而务实的实学精神,在中国历史上似从未中绝。如果没有他们默默而辛勤的劳作,中国文明大概也不会存续到今天。正像李泽厚所指出的,除了孔、孟、程、朱、陆、王这条“修心养性”的“内圣”脉络外,儒学还有孔、荀、董仲舒、王通、陈、叶、顾、黄等“通经致用”的“外王”路线。他认为,后者的重要性丝毫不亚于前者,而且在维系华夏民族的生存发展上,大概比前者更为实在。“现代新儒家”忽略或蔑视这条线,便失去了儒学和儒学精神的大半。[4] 亦如他在《中国古代思想史论》中所强调的:“没有荀子,便没有汉儒,没有汉儒,就很难想象中国文化会是什么样子。”[5]李泽厚甚至把法家的标志性人物李斯也纳入到儒家阵营:“我经常讲只讲孔孟程朱陆王不行,孔、荀、董仲舒甚至包括李斯,也是中国传统,是儒家的重要内容”。[6] 成中英也曾为荀子“转礼为法”的“社会理性法权”思想“在后来儒家中”的“丧失殆尽”而表

---

① 侯外庐等:《中国思想通史》第1卷,人民出版社1957年版,第575页。
② 分见《韩非子》之《八经》、《二柄》篇。
③ 《荀子·非相》。
④ 李泽厚:《何谓“现代新儒学”》,载《世纪新梦》,第111页。
⑤ 李泽厚:《中国思想史论》上,第125页。
⑥ 李泽厚:《与梁燕成的对谈》,载《世纪新梦》,第240页。

示过遗憾。这仿佛也是在说,法家应该被包含在儒家体系当中。李斯被纳入儒家范畴之表述,在中国政治思想史上尚属头一回。李泽厚所导入的荀子及代表实学事功派王安石、黄宗羲、严复等一派人物,其实都程度不等地具有法家主义倾向,因为“自宋代以来的所谓法家或重视功利、主张变革的现实思想家、政治家所真正面临的‘法家’内容,毋宁是一个日趋走向近代的新历史课题”,“以黄宗羲为代表的这批思想家倒真可以说是具有某种近代意义的‘法家’,他们鲜明地提出了与儒学传统不同的‘有治法而后有治人’的原则,从君臣理论到重要制度都相当具体地开始形成一整套思想。这就并不是如某些学者所说的‘不超出儒家政治的陈词滥调’,而是符合时代动向的真正的新声音。”[①]而严复在发表政见时,也是每每以法家思想作为其理论支撑的。[②]

然而,实学事功派的观念和行为,在“经典难题”面前却每每被大打折扣。无数事例显示,嗣后还自称为“儒”的士大夫们,在“治国平天下”的奋斗征程上大都是为自己留了后路的。“儒道互补”或“儒佛互补”既是对后来“儒学”真实理论结构的折射,也是对“儒者”人生设计的现实反映,唯此这不光体现在思想上,也每每表现在行动上。自道家“内圣外王”结构对儒家“鹊巢鸠占”以来,如此思维模式和行为模式竟如此难以逆转,以致除个别人外,大多数士大夫都无法挣脱它的控制和牵引。甚者,哪怕人们明知将本来难

---

① 参见李泽厚:《中国思想史论》上,第 283、286 页。

② 严复说:“中国前途,诚未可知,顾其大患在士习凡猥,而无循名责实之政。齐之强以管仲,秦之起以商公,其他若申不害、赵奢、李悝、吴起,降而诸葛武侯、王景略,唐之姚崇,明之张太岳,凡为强效,大抵皆任法者也。”参见《与熊纯如书》,载《严复集》第 3 册《书信》,中华书局 1986 年版,第 619 页。

以关联的事情矛盾地变成同一个事情是现存思想结构中的"经典难题",但末了还是走不出它预设了千载的陷阱,哪怕最需要摆脱这一陷阱的时代到来之际,亦未尝不是如此。1840 年以来的近代中国,最需要的应该是思想界如何把中国人从禁欲主义、专制主义和蒙昧主义的束缚下解放出来,所以康有为以自然情欲而不是以天理善恶为人之本性的呼号(《孟子微》)、以生来平等而不是以"本然"、"气质"之性来审视人性的主张(《中庸注》),以及以"气先理后"的科学态度来反对"理先气后"之空论玄想的理性态度(《春秋董氏学》)等,本来都具有极耀眼的近代思想光辉。可是,几乎是在同一本书或同一篇文章中,这些清醒的论断却一一对号地被理学尔来的概念和范畴所消解:"性有质性,有德性。德性者,天生我明德之性,附气质之中而昭灵不昧者也。……后世称之为义理之性,或言灵魂,或言性识"(《中庸注》)、"魂气之灵则仁,体魄之气则贪。……魂魄常相争,……使魂能治魄则君子,使魄能治魂则小人"(《孟子微》),等等。这种消解,在谭嗣同身上的表现似乎特别集中。李泽厚发现,谭的整个思想体系均具有尖锐矛盾着的两面性:一方面是物质的"以太",另一方面是精神的"心力";一方面强调事物的运动发展,另一方面又在寻找永恒的实体……。至于最后不要"以太"而只赖"心力"的理论归宿则意味着其对理学思维模式的回归。而且,从龚自珍、魏源一直到孙中山、鲁迅(前期),整个中国近代进步哲学思潮,都既存在着清醒的现实主义和唯物主义倾向,也都同时有着浓厚的强调心知的唯心主义和神秘论因素。[①]

① 参见李泽厚:《中国思想史论》中,安徽文艺出版社 1999 年版(下同),第 559、579、458 页。

上述现象之所以屡现叠出，是因为以心性命理和内圣外王为学说主调的学者群，从学脉上讲已不属于真正的儒家，尽管他们怕失去儒家道统继承者的地位而不光谈“心性”也谈“田宅”、谈“理”而时或也谈“气”。但如果说“学问之道无他，求其放心而已矣”（孟子）和“无形而有理”（朱熹）等经典的佛老表述才是他们的理论核心所在，那么，将荀子一系与他们放在一起并合称为“儒家”，便显得相当勉强。事实上，恢复被理学所排斥的荀子一系，儒学依旧是一杯温吞水，实学事功与心性命理、理性智慧与宗教迷信也只好永远处在以往那种彼此消磨、相互抵消的无端循环中。人们所憧憬的“未来儒学”，在再度证明了如此儒学已难以改变的特性的同时，也暗示了类似憧憬终将难以摆脱在那些代表“近代进步哲学思潮的思想家”身上所曾经发生过的一切：“儒学虽然不纯粹是宗教，但它却包含着宗教的热情；儒学虽然不纯粹是哲学，但它却包含了哲学的理性。从哲学的角度来看，儒家是最讲实际、最重情感的；从宗教的角度来看，儒学是最宽宏、最讲理性的。这就是儒学的特点。”[①]“新新儒家”在讲了一堆荀子的好处后，末了又回到了《中庸》的“诚则明”和“明则诚”，又回到了朱熹和王阳明的方法论决定本体论和本体论决定方法论的“循环”中，并认为这两两间的交互作用，是实现“本体诠释学循环”(ontohermeneutical circle)的正确途径。这样该说又开始坚信：只有“理”才具有本体论的意义。而且，在“把在体验过程中所获得的东西‘译解’成象征性的、指向性的、图像的真实，即规则(或法则)、事实以及关于真实的属性”的过程中，伽达默尔的“理解先于知识”，也成为现代本体诠释学所要追

① 李泽厚：《为儒学的未来把脉》，载《世纪新梦》，第137页。

求的境界。[①] 理学“怪圈”的难以摆脱,使导入的荀学在一定程度上反而成为强固理学的道具了。

显然,把难以兼容的“自然道德”和“社会伦理”作强行兼容,已导致了两者共通的发育不良。理学在哲学上的残疾性,体现为迷信与理性的相互吞噬和彼此抵消:体系中有可能发展出来的科学精神,往往被其神秘因素所涣释;而理性思考的兼顾,又使纯粹的宗教思想难成正果——中国古代那么多的发明之所以无法走进科学殿堂,历代人欲定孔教为国教的宗教梦之所以难以实现,已不仅从各自方面证明了这一点,还不得不让人对导致这类结果的思维方式有所关注。

中国的心性命理学在思维取向上,习惯于以“大”概“小”、以“内”统“外”和以“无”化“有”。这大概可用来解释何以许多思想家还没能做到衣食充足便老是想着“天人合一”了。由于中国传统文化的一大支脉关注的是完善人的生命本性,开发生命的内在价值,因此,这种思维特点,就东西方而言当体现在如下对立中,即:西方讲求“知物”,以“有”(存在的“实在性”)为起始;中国讲求“悟道”,以“无”(生命的“生成性”)为开端;知物,是为了满足生命、实现价值;悟道,是为了圆满生命、完善人格。知物需要用“眼”去看;悟道需要用“心”体认。用眼看(观),是以主体与客体、内在与外在、人性与物性的分离为前提的;用心体认(悟),则是以主体与客体、内在与外在、人性与物性的融通一体为基点。[②] 两种不同的思想模式出现明显的对立和差异本身,表明双方的论理均有不完善处和

---

① 成中英:《本体与诠释》,三联书店2000年版(下同),第18—19页。

② 参见高清海:《中国传统哲学的思维特质及其价值》,载《中国社会科学》2002年第1期。

可完善处。然而，当我们拿中国传统的“辩证法”去观察世界时，又不能不承认，在如此辩证的思维网络中被彼此勾连起来的事物之间，似乎缺少了不该缺少的条件前提。这也是何以老子的辩证法只能是“无条件辩证法”而韩非《解老》、《喻老》篇的条件附加反具有特别价值的根由所在。[①] 在西方思想界，有人主张将遵守“互渗(participation)律”的思维称做“原逻辑(prelogique)思维”。该命题的提出者、法国社会学家列维-布留尔(Lévy-Brühl，Lucién)，虽无意“把原始人的智力活动归结为我们的智力活动的较低级形式”，但他建议，“我们最好是按照这些关联的本来面目来考察它们，来看看它们是不是决定于那些常常被原始人的意识在存在物和客体的关系中发觉的神秘关系所依据的一般定律、共同基础。这里，有一个因素是在这些关系中永远存在的。这些关系全都以不同形式和不同程度包含着那个作为集体表象之一部分的人和物之间的‘互渗’”。由于没有更好的术语，他于是“把这个为‘原始’思维所特有的支配这些表象的关联和前关联的原则叫做‘互渗律’”。服从于“互渗律”的原逻辑思维，“不是反逻辑的，也不是非逻辑的。我说它是原逻辑的，只是想说它不像我们的思维那样必须避免矛盾。”[②]受其启示，有学者进一步提出了“幻想思维形式”这一特别概念，认为它“表现为一种以经验知识为基础，突破传统逻辑规则，建构表象与表象之间超现实的因果联系的思维形式”，“这种超现实、超经验的因果联系结构，是靠想象、直觉、灵感、顿悟，是靠幻想，所以这种‘结构’对事物内在联系的反映又只能是抽象的，一经

---

① 参见拙著:《天人·人际·身心:中国古代终极关怀思想研究》第1篇。

② 列维-布留尔:《原始思维》,商务印书馆1981年版,第69、71页。

建立，就带有一般的、绝对的性质。”[①]武断地称中国先哲的思维模式带有“原逻辑思维”特点显然是大不敬的，但是，“幻想思维形式”所具有的“靠想象、直觉、灵感、顿悟和幻想”等手段来维护复杂的人际平衡和天人关系的做法，在中国传统思维中倒的确有经典的体现。它使人感到，即便精致如朱子学的有关说法，也已因“原逻辑思维”的“互渗”式联系而无法使人窥见中华文明成熟的实际指标。[②]

可是，当“上帝的归给上帝，恺撒的归给恺撒”这一分断趋势日渐成熟的时候，事情的转机却可能从此发生。余英时认为，仅从价值具有超越的源头一点而言，中西文化在开始时似乎并无基本不同。但若从超越源头和“人间世”之间的关系着眼，则中西文化的差异极有可以注意者在。在西方的对照之下，中国的超越世界与现实世界未尝泾渭分明。中国人基本上不在这两个世界之间划下一道不可逾越的鸿沟。西方哲学上本体界与现象界之分，宗教上天国与人间之分，社会思想上乌托邦与现实之分，在中国传统中虽然也可以找到踪迹，但毕竟不占主导的地位。佛教的“真谛”与“俗谛”截然两分，最后还是被具有中国传统特色的“平常心是道”、“担水砍柴无非妙道”的禅宗思想取代了。真谛、俗谛之间隔被打通，圣与凡之间也没了绝对的界限。宋明理学中有理世界和气世界之别，但理气仍是不即不离的，有气便有理，而理无气也无挂搭处。[③]

---

① 蔡俊生：《人类思维的发生和幻想思维形式》，载《中国社会科学》1997年第1期。

② 朱熹师生问答曰：“子晦问人物清明昏浊之殊，德辅因问：‘尧舜之气常清明冲和，何以生丹朱商均？’曰：‘气偶然如此，如瞽瞍生舜是也。’某曰：‘瞽瞍之气有时而清明，尧舜之气无时而昏浊。’先生答之不详。次日，廖再问：‘恐是天地之气一时如此？’曰：‘天地之气与物相通，只借从人躯壳里过来。’”见《朱子语类》，第60页。

③ 参见余英时：《从价值系统看中国文化的现代意义》，载《文史传统与文化重建》，三联书店2004年版（下同），第499—451页。

余氏的把握，对于理解“三教合流”过程中的中国思想状态，无疑是有帮助的。但是，当了解到朱熹的终极关怀是“无形而有理”的“理”绝对论时，这“大而全”的观念所皈依的已不再是理性所能作为的“现象界”，而实实在在地进入了超理性的宗教状态——“本体界”。因为在康德的构图中，理性只能使人知道现象界，而不是上帝所在的本体界。如前所述，饱蘸老释“道德”论的程朱陆王在周孔的意义上已然不再是儒家。但是，“合则两伤，分则双美”的历史事实，使儒家主旨在“三教合流”中被逐渐淡出的同时，道学家的宇宙关怀本身却反而凸显了宗教世界所应具有的独立性。事实上，学界关于儒学到底是哲学还是宗教的问题所引发的争论和烦恼，就本质而言，实根源于“道德”与“伦理”的人为杂糅状态和这一状态的无限界持续。从思孟开始，所谓儒家分支的心性命理派就汲汲于对本应分立的世界进行不许分立的人为缝合。结果乃如人们所看到的那样，在“天人合一”这一宏大叙事下，不同世界间的此疆彼界不仅已荡然无存，每个世界所当发挥的应有作用也在彼此抵消中不再分明和越发微弱——当道学家试图使“伦理世界”从属于“道德世界”的努力登峰造极时，上述结果也就越发明显。

然而一个无须察辨的道理是，只要人类社会存在，“伦理世界”就永远无法等同于“道德世界”；而“道德世界”的真正确立，却一定要与“伦理世界”划开界线并永远保持必要的张力和距离。从这个意义上讲，本质上已远离儒学的“理学”，才庶几能为中国的宗教创生提供自民族的文化传统资源；而且宗教能否成立，并不取决于有无西方式的“外在超越”，因为“外在超越”的实践过程事实上无法离开“内在超越”的“心路历程”，这一点，中国传统具有足够的资源，当然它需要人们对“道德伦理”这一自明的概念组合作原始意义上的进一步剥离和深度分立。这也反映了李泽厚给“现代新儒学”作社会定位和学术定性时的实际依据:“它在建构宗教性道德方面可做重要贡献,但不可能依据它来‘开出’现代的民主政治。也就是说,它可以有某种宗教性的社会功能,但不可能有现代的经济政治功能。”①

(原载《思想史研究》[日本]第5号,2005年10月)

① 李泽厚:《关于“内圣外王之道”》,载《走我自己的路》,第306页。

第二章　道德“金规则”的事实与想象

引　言

许多年来，道德“金规则”问题一直为国内外学界所关注，最近数年尤其如此。[①] 关于道德“金规则”的界说，国内学界曾给出过不少说法。赵汀阳的观点是：各种文化的伦理体系中都有着至少一个被认为在理论上无懈可击、在实践上历久常新因此非常可能是万世不移的道德原则，它被当作是一个伦理体系的基石。通常人们把这类据信为“绝对无疑的”道德原则按照基督教伦理的习惯称为“金规则”（the golden rule）。根据当代世界天主教神学家孔汉思（Hans Kuhn）等人的研究，据说不仅各种文化中都有金规则，而且这些在历史中各自独立地自发生成并且以不同方式表述出来的金规则在含义上“都惊人地相似”，几乎可以说其逻辑语义是完

---

① 参见〔美〕阿米泰·艾丘尼：《新黄金律：民主社会中的共同体与道德》（Amitai Etzioni：*The New Golden Rule*：*Community and Morality in a Democratic Society*，Basic Books，A Division of Harper Collins Publishers，1996。日本语译：《新しい黄金律——「善き社会」を実現するためのコミュニタリアン宣言》、アミタイ・エチオーニ著、永安幸正監訳、千葉：麗沢大学出版会，2001 年）。孔汉思（Hans Kuhn）等：《全球伦理：世界宗教议会宣言》，四川人民出版社 1997 年版（下同）。又，参见赵汀阳：《论可能生活：一种关于幸福和公正的理论》（修订版），中国人民大学出版社 2004 年版（下同）；王庆节：《解释学、海德格尔与儒道今释》，中国人民大学出版社 2004 年版（下同）。

全一致的。于是他们认为，这种一致性表明了金规则是放之四海而皆准的普遍必然原则。① 然而赵汀阳进一步指出，在彻底现代化的时代，金规则问题一旦失去"价值共识"这个基础，传统的普遍原则就会失去其有效性，而由于现代社会的价值共识的确因多元化潮流的荡涤已陷于崩解，于是他主张金规则的实践方法应该由以往的"由己及人"转变为现在的"由人至人"，由"己所不欲，勿施于人"变成"人所不欲，勿施于人"。②

这一"金规则"新版本，就力度而言，已给传统金规则带来了颠覆性的冲击；就意义而论，亦能为当代的伦理僵局开辟一条通往活性化的道路，至少，这是对人类伦理生活现状的一个承认。但是，王庆节的以下诘问又带来了另一重问题，即："赵汀阳以'他人观点'建构起来的道德金律固然可以帮助我们克服'主体观点'，但这种以'他人观点'为准的道德金律是否能胜任作为'普世伦理'的'元规则'呢？我想我们恐怕不能得出这一结论。为什么呢？让我们来看下面的例子。假设你我都是腐败的官员，而且你我都不以贿赂为耻，反而以之为荣。当我贿赂你时，我知道你想我以'贿赂'的方式对待你，并且假设你也会同意以同样的方式回报我。但是，我们知道，按这种方式进行的行为，无论是出于'主体观点'还是'他人观点'，都不能改变'贿赂'的不道德性。这也就是说，即便我对某一他人对我行为的所欲所求与此人想要得到的对待是相同的，遵循这一原则行事也不能保证永远是道德的。"③

---

① 参见孔汉思：《全球伦理：世界宗教议会宣言》。

② 参见赵汀阳：《论道德金规则的最佳可能方案》，载《中国社会科学》2005 年第 3 期。

③ 参见王庆节：《解释学、海德格尔与儒道今释》，第 306 页。

王庆节的反论,事实上是针对赵氏新版“金规则”所存在的无法达成“普世”效果,即难以做到包医百病的原理盲点而提出的。赵汀阳之所以也认为“这一批评的挑战是富有启发性的,而且在某个方面看来是正确的”,是因为“它试图指出任何可能设想的形式化道德原则的弱点”,而且“这种挑战与分析哲学家们喜欢的‘反例’完全不同,它不是一个具体反例而是一种逻辑的可能性,这样就具有力量”。但赵氏随即提出的反论,却非常令人瞩目,即:“王庆节的关于‘贿赂’的假想可能性对于批评金规则的正面表述比较有效,而对于反面表述,情况则有些不同,我们所讨论的是人所‘不欲’,某人 A 想要贿赂,这显然属于‘欲’而非‘不欲’,那么,是否可以把命题‘A 想要贿赂’兑换成命题‘A 不想清廉’? 或许这两个命题在真值上是逻辑等值的,但却并非意义等值。显然,受贿是个经过决定而做出的行为,而‘清廉’是个状态,是个还没有发生受贿事件的无为状态,一个人在没打算受贿的时候,他的本来状态就是清廉的,所以,只有‘受贿’才是个欲望对象,我们似乎不能把初始状态看成欲望对象。”①

如实而论,赵、王试图清楚地甄别出双方不同畛域的努力,效果并不明显。其中一个非常重要的原因,恐怕与二者所依托的判断体系彼此逼肖有关。为进一步说明这一问题,有必要对中国传统道德“金规则”的基本表述、所由以发生的事实背景和适用范围等作出适当的考察,并希望通过这种考察给中国传统“金规则”的近现代更生提供某种更切实际的思考。

① 赵汀阳:《论道德金规则的最佳可能方案》,载《中国社会科学》2005 年第 3 期。

第一节 关于中国"金规则"的概念讨论

与基督教"你若愿意别人对你这样做,你就应该对别人也这样做"(正面表述)和"你若不愿意别人对你这样做,你就不应当对别人这样做"(反面表述)的"金规则"表现形式几乎雷同,中国传统道德"金规则"的表述,是"己欲立而立人,己欲达而达人"(正面)和"己所不欲,勿施于人"(反面)。就时间顺序而言,中国"金规则"的提出要早于西方。

中国"金规则"的最早经典出处是《论语》。其正面表述来自《雍也》篇:"子贡曰:'如有博施于民而能济众,何如?可谓仁乎?'子曰:'何事于仁,必也圣乎!尧舜其犹病诸!夫仁者,己欲立而立人,己欲达而达人。能近取譬,可谓仁之方也已!'"其反面表述则出自以下三篇——《卫灵公》:"子贡问曰:'有一言而可以终身行之者乎?'子曰:'其恕乎!己所不欲,勿施于人'";《颜渊》:"仲弓问仁。子曰:'出门如见大宾,使民如承大祭。己所不欲,勿施于人。在邦无怨,在家无怨。'仲弓曰:'雍虽不敏,请事斯语矣'";《公冶长》:"子贡曰:'我不欲人之加诸我也,吾亦欲无加诸人。'子曰:'赐也,非尔所及也。'"

后来,孔门后学亦不断从各种不同情境对上述规则进行发挥。例如,《大学》已开始将其归纳为"絜矩之道":"所谓平天下在治其国者:上老老而民兴孝,上长长而民兴弟,上恤孤而民不倍。是以君子有絜矩之道也。所恶于上,毋以使下;所恶于下,毋以事上;所恶于前,毋以先后;所恶于后,毋以从前;所恶于右,毋以交于左;所恶于左,毋以交于右。此之谓絜矩之道。"《中庸》则视其为"忠恕",

并认为“忠恕违道不远。施诸己而不愿,亦勿施于人。”《孟子·梁惠王上》更从中发明出“推”和“推恩”价值,并认为古来圣贤无何神秘,只不过是因为懂得下面的道理而已,即“老吾老,以及人之老;幼吾幼,以及人之幼,天下可运于掌。诗云:‘刑于寡妻,至于兄弟,以御于家邦。’言举斯心加诸彼而已。故推恩足以保四海,不推恩无以保妻子。古之人所以大过人者,无他焉,善推其所为而已矣。”

关于上述“金规则”究竟相当于儒家的哪些德目问题,历来争论颇多。朱熹在《四书集注》《论语·公冶长》中说:“子贡言我所不欲人加于我之事,我亦不欲以此加之于人。此仁者之事,不待勉强,故夫子以为非子贡所及。程子曰:‘我不欲人之加诸我,吾亦欲无加诸人,仁也;施诸己而不愿,亦勿施于人,恕也。恕则子贡或能勉之,仁则非所及矣。’愚谓无者自然而然,勿者禁止之谓,此所以为仁恕之别。”胡适指出,“‘忠恕’虽不完全属于人生哲学,却也可算得是孔门人生哲学的根本方法”。他在用“名学”分析了《论语》、《大学》、《中庸》、《孟子》等有关这一问题的论述后,却只把该规则归结为“恕”:“这几条都只说了一个‘恕’字。恕字在名学上是推论,在人生哲学一方面,也只是一个‘推’字。我与人同是人,故‘己所不欲,勿施于人’,故‘所恶于上,毋以使下’,故‘所求乎子以事父’,故‘老吾老,以及人之老’。只要认定我与人同属的类,——只要认得我与人的共相,——便自然推己及人。这是人生哲学上的‘一以贯之’。”①

朱熹在《论语集注·八佾》中注解“夫子之道,忠恕而已矣”一

① 参见胡适:《中国哲学史大纲》第4篇:孔子,东方出版社1996年版(下同),第84页。

句时，至少在形式上将“忠”和“恕”分得还算清楚，①但上文中关于“仁”和“恕”的分断，朱子受程子的左右相当大，以至使伊始清楚的“此仁者之事”的判断最后也变得含混起来。王阳明对上述金规则的看法，至少在形式上直承了《论语》《雍也》篇中的正面表述，因此他说：

> 仁者以天地万物为一体，莫非己也，故曰：“己欲立而立人，己欲达而达人。”古之人所以能见人之善若己有之，见人之不善则恻然若己推而纳诸沟中者，亦仁而已矣。今见善而妒其胜己，见不善而疾视轻蔑不复比数者，无乃自陷于不仁之甚而弗之觉者邪？夫可欲之谓善，人之秉彝，好是懿德，故凡见恶于人者，必其在己有未善也。②

就是说，“金规则”的根本内涵是“仁”，而非其他。郭沫若早年亦主是说。③但比较而言，胡适对“恕道”的特征把握及后面将述及的他对“仁”、“恕”关系的把握，实具有发前人所未发的特别意义。这个意义，只有当我们梳理过中国传统道德“金规则”所由以发生的前提与事实必然时，才会逐渐明晰起来。

---

① “尽己之谓忠，推己之谓恕。而已矣者，竭尽而无余之辞也。夫子之一理浑然而泛应曲当，譬则天地之至诚无息，而万物各得其所也。自此之外，固无余法，而亦无待于推矣。曾子有见于此而难言之，故借学者尽己、推己之目以著明之，欲人之易晓也。盖至诚无息者，道之体也，万殊之所以一本也；万物各得其所者，道之用也，一本之所以万殊也。以此观之，一以贯之之实可见矣。或曰：‘中心为忠，如心为恕。’于义亦通。程子曰：‘以己及物，仁也；推己及物，恕也，违道不远是也。’”

② 《王阳明全集》卷8《文录》5。

③ 郭沫若认为，“孔子曾说‘吾道一以贯之’，但他自己不曾说出这所谓‘一’究竟是什么。曾子给他解释为‘忠恕’，是不是孔子的原意无从判定。但照比较可信的孔子的一些言论看来，这所谓‘一’应该就是仁了。”见郭沫若：《十批判书》《孔墨的批判》，第82页。

第二节　道德"金规则"发生的诸前提及其空洞化走向

道德"金规则"的发生前提，应该是生活原则的"亘古不易"、"万世不移"或至少在一个相当长的历史时段里如此。在中国，这种原则至少依托了三个背景：一个是曾经有过的能够为人们提供这一原则保障的社会制度，可称为"制度背景"；第二是由最基本人际关系所形成的伦理规范，可称为"亲情背景"；第三乃每个正常人均无法阙如的情感、欲望需求，可称为"性情背景"。首先，拟讨论孔子在创造"金规则"时所依据的第一个背景，即社会实然的制度条件。

三代，被中国文化传统视为历史上最好的时候。这种"最好"，用今天的感觉来把握，大概是在当时的历史条件下有三个方面的事实最大限度地满足了人们的基本需求：一是稳定的经济生活，二是密切的亲情生活，三是规范的精神生活。这三者，其实分别依托了三个实体性存在，即农耕生产、家族制度和礼乐文化。用以耕种的土地显然是不能被带走的，同时要想实现"乐业"又一定得"安居"，所以农耕生产与家族制度几乎就是一种天然璧合的关系。[①]这种璧合关系具有如此不可摇撼的正当性，因为中国早期的思想家们几乎均从不同角度在反复论证着上述生活的合理性和伟大意义（当这种论证被集中在生活的创造者身上时则颇显夸张，诸如"与天地合其德，与日月合其明，与四时合其序，与鬼神合其吉凶"

① 《孟子·滕文公上》："死徙无出乡，乡田同井。出入相友，守望相助，疾病相扶持，则百姓亲睦。"

等),并为如何保卫和递续如此美好的生活而对社会各色人等进行了在那个时代堪称周到的全面安排。这些安排,凝结成了"礼乐文化"。礼乐文化的意义和价值至少可以在与该文化相悖的行为中获得反衬式凸显。《吕氏春秋·上农》篇在生动地对比了农民和商人的不同生活方式及态度的同时,亦赋予了两者以相反的价值评判原则:"古先圣王之所以导其民者,先务于农。民农非徒为地利也,贵其志也。民农则朴,朴则易用,易用则边境安,主位尊。民农则重,重则少私义,少私义则公法立,力专一。民农则其产复,其产复则重徙,重徙则死处而无二虑。舍本而事末则不令,不令则不可以守,不可以战。民舍本而事末则其产约,其产约则轻迁徙,轻迁徙,则国家有患,皆有远志,无有居心。民舍本而事末则好智,好智则多诈,多诈则巧法令,以是为非,以非为是。"由于农民才是社会生产的主体和人口的大多数,因此,《吕氏春秋》的以上表述其实是想通过将极少数人的观念和行为斥为"异端"的方式来肯定和确立通行于大多数人中间的普遍认可的尺度。多年形成的"重农抑商"理念影响深远,致使秦始皇在《琅邪石刻》中亦郑重重申:"皇帝之功,勤劳本事。上农除末,黔首是富。"①

事实上,农耕生产、家族制度和礼乐文化的有机结合,使社会生活形成了一种准静态的平衡。这种平衡的内部结构,最早在被认为是周公政典的《周礼》中就有了明确的交代:

> 大司徒之职:……凡造都鄙,制其地域,而封沟之。以其室数制之:不易之地,家百亩;一易之地,家二百亩;再易之地,家三百亩。乃分地职,奠地守,制地贡,而颁职事焉。以为地

① 《史记·秦始皇本纪》。

法，而待政令。以荒政十有二，聚万民：一曰散利，二曰薄征，三曰缓刑，四曰弛力，五曰舍禁，六曰去几，七曰眚礼，八曰杀哀，九曰蕃乐，十曰多昏，十有一曰索鬼神，十有二曰除盗贼。以保息六，养万民：一曰慈幼，二曰养老，三曰振穷，四曰恤贫，五曰宽疾，六曰安富。以本俗六，安万民：一曰嬺宫室，二曰族坟墓，三曰联兄弟，四曰联师儒，五曰联朋友，六曰同衣服。正月之吉始和，布教于邦国都鄙。乃县教象之法于象魏，使万民观教象，挟日而敛之。乃施教法于邦国都鄙，使之各以教其所治民。令五家为比，使之相保；五比为闾，使之相受；四闾为族，使之相葬；五族为党，使之相救；五党为州，使之相赒；五州为乡，使之相宾。颁职事十有二于邦国都鄙，使以登万民：一曰稼穑，二曰树蓺，三曰作材，四曰阜蕃，五曰饬材，六曰通财，七曰化材，八曰敛材，九曰生材，十曰学艺，十有一曰世事，十有二曰服事。以乡三物教万民，而宾兴之。一曰六德：知，仁，圣，义，忠，和。二曰六行：孝，友，睦，姻，任，恤。三曰六艺：礼，乐，射，御，书，数。以乡八刑纠万民：一曰不孝之刑，二曰不睦之刑，三曰不姻之刑，四曰不弟之刑，五曰不任之刑，六曰不恤之刑，七曰造言之刑，八曰乱民之刑。以五礼防万民之伪，而教之中。以六乐防万民之情，而教之和。凡万民之不服教而有狱讼者，与有地治者，听而断之。①

在这段长文中，对于举凡土地分配制度、人际伦常规定、乡间安保内容、行政区划原则、德·行·艺要目、法律刑罚措施、宗教信仰寄托，甚至情绪情感控制等，都作出了那么具体的规定，是名副其实

---

① 《周礼·地官·司徒》。

的“全面安排”。

在这些安排中，人们首先看到的，是土地分配上的标准划一，即上文中的“家百亩”。这种土地制度，叫做“井田制”。《孟子·万章下》、《韩诗外传》卷四和很多古籍中都有着基本一致的记载。一眼望去，文中“一易之地，家二百亩；再易之地，家三百亩”的分配数量，似乎打破了这一分配标准。但实际上，正如何休所讲的：“司空谨别田之高下、善恶，分为三品：上田一岁一垦，中田二岁一垦，下田三岁一垦。肥饶不得独乐，硗确不得独苦。故三年一换土易居，财均力平。”[①]《汉书·食货志》亦云：“民受田：上田，夫百亩；中田，夫二百亩；下田，夫三百亩。岁耕种者为不易上田，休一岁者为一易中田，休二岁者为再易下田。”顾炎武在《日知录》卷十六中也说：“魏氏之行田也以百亩，邺独二百亩，是田恶也。”由于土地分配上的平均主义原则几乎成了宗法制社会的存立根本，因此孟子强调指出：“夫仁政，必自经界始。经界不正，井地不钧，谷禄不平。是故暴君污吏必慢其经界。经界既正，分田制禄可坐而定也。”[②]就历史事实而言，这种分配制度上的均等标准，才是中国古代平均主义原则所由以产生的真正温床。孔子所谓“丘也闻有国有家者，不患寡而患不均，不患贫而患不安。盖均无贫，和无寡，安无倾”[③]云者，其来源均未尝逾此。这种均平原则的力量还在于，凡是有违这一原则或有可能打破这一均衡局面的任何事物，在当时都会遭到人们的自觉抵制，诸如对“重农抑商”政策的坚守和对任何复杂劳动和科技行为的警惕（如《老子》中的“结绳记事”、“绝圣弃智”和

① 《公羊传》宣公15年何休注。

② 《孟子·滕文公上》。

③ 《论语·季氏》。

《庄子》中“桔皋”故事)等。它带来了人们物质水平的空前一致或云生活质量的高度趋同,尽管这种“一致”或“趋同”具有鲜明的低向平均色彩。

正因为这种生产资料分配上的平均导致了人们物质生活的一律化,而这种一律化又是那样普遍的贫乏和不足,以至“不饥不寒”竟成为时人物质生活上的最高标准,[①]因此在这种情况下,家族内部关系和血缘共同体,显然就要靠一些伦理规约甚至政治手段才能得到维持。《周礼·地官》对治下百姓的其他安排,便是那些方法的具体体现,因为倘百姓不这样做,则“不忠不孝”、“无行无义”之类的道德谴责和“不孝之刑”、“不睦之刑”、“不姻之刑”、“不弟之刑”、“不任之刑”、“不恤之刑”、“造言之刑”、“乱民之刑”等用以“纠万民”的“乡八刑”,就将发挥作用。

总之,“同”总是道德“金规则”所赖以推行的基本前提。孔子“金规则”得以出台,至少证明中国历史上曾经有过能够适应这一规则的趋同的价值世界,而趋同的价值世界的形成,又无法离开事实世界,即能够接纳该规则的社会经济环境、社会组织环境和社会文化环境,尽管“三代”时期这三者的结合并非后世儒者所宣扬和大众一般所憧憬的那般自然而然。但无论如何,在自然和人为的共同作用下所形成的《周礼·地官·司徒》之各类规定,毕竟已使人很难违拗。这时,当孔子说到“己欲立而立人,己欲达而达人”和“己所不欲,勿施于人”等话语时,人们至少会明白他指称的是什么,因为大家所置身其中的生活背景是一样的,所遇到的问题也相差无几,所寄予的希望亦大同小异,而趋利避害的大致走向,亦鲜

① 参见《孟子·尽心上》。

有南辕北辙之虞。但是,这种以己度人行为得以成功的前提,在上述意义上却离不开《周礼》所设定的能够反映那个时代实际情况的最高行政根据——制度,即:“惟王建国,辨方正位,体国经野,设官分职,以为民极。”就是说,官方的制度标准在“金规则”实施中的模仿意义,是无法漠视的。然而,当上述制度一旦发生松动甚至露出下世的光景时,“金规则”便开始从体制中逐渐淡出,并朝“退而求其次”的目标转移。这也是接下来要讨论的“亲情规范”和“性情欲求”问题。

作为制度以外的具有准自然性质的人际关系规范——亲情原则,表面上似乎是与社会制度无涉的家内事物,但在孔子看来,这才是社会制度所赖以确立的原理和根本所在。然而,时值春秋,“礼废乐坏”已成为孔子所直面的社会制度之变化实况。当孔子发现对季氏“八佾舞于庭”等“是可忍孰不可忍”[①]现象的愤懑已毫无作用,而要回到西周时代制度怀抱的愿望也只能在梦遇周公时才能达成时,如何保持既能恢复上代且能遗泽后世的制度的根本,就成了孔子所要着力完成的任务。孔子所谓“殷因于夏礼,所损益可知也;周因于殷礼,所损益可知也;其或继周者,虽百世可知也”[②]和“吾之于人也,谁毁谁誉?如有所誉者,其有所试矣”[③]等话语,都透露出了他对自身努力所拥有的自信。这个“自信”,就是对“孝悌”原则的坚守。这样,当有人问他“子奚不为政”时,孔子则富于人情味地向世人展示了他“伦理·政治”一体化的思想逻辑,即“子

① 《论语·八佾》。
② 《论语·为政》。
③ 《论语·卫灵公》。

曰：'书云：孝乎惟孝，友于兄弟，施于有政。是亦为政，奚其为为政？'"[①]而当齐景公问政于孔子时，他"君君、臣臣、父父、子子"[②]的直白回答，也表现了其相同的愿望；至于他的学生，则已把老师的上述思考推进到了赤裸的边界："有子曰：其为人也孝弟，而好犯上者，鲜矣；不好犯上，而好作乱者，未之有也。君子务本，本立而道生。孝弟也者，其为仁之本与！"[③]

由于孔子发现了只要人类存在，血缘亲情就永远不会发生原则性改变这一旷世真理，因此他不相信谁会有那么大的力量能够无视或改变这个真理。他在解释"三年之丧"的道理时，就曾动用了这一真理所具有的"通则"效力："子生三年，然后免于父母之怀。夫三年之丧，天下之通丧也。"[④]但由于这几乎不用明言的道德金律在他生活的时代因"臣弑君、子弑父"事件之迭起而屡遭破坏，因此，孔子开始考虑强调"大义名分"思想的重要性，认为只有这样才能使以上原理不但在"实"上，而且在"名"上均能成为通行无碍的道德原则。这也是何以子路问"卫君待子而为政，子将奚先"时，孔子开口便说"必也正名乎"[⑤]的道理。而这一金律的实践轨迹，乃如董仲舒所说的，即"父不父则子不子，君不君则臣不臣"。[⑥]

然而，流行于东周的"义利之辨"乃至"人兽之别"思潮，却从反面透露出现实社会中利益关系的日趋强势和"人之所以为人"等标准的日趋模糊。老子的"六亲不和有孝慈"说法，倒直露地凸现了

---

① 《论语·为政》。

② 《论语·颜渊》。

③ 《论语·学而》。

④ 《论语·阳货》。

⑤ 《论语·子路》。

⑥ 《春秋繁露·玉杯》。

亲情伦理关系在利益原则的侵蚀和道德说教的枯燥强化下已不断步入异化的事实。然而，一个几乎是无奈的永恒现象让孔子也不能不承认，即："吾未见好德如好色者也！"[①]

实际上，由于人类对两性关系的关心在很多情况下总表现出"死而后已"的特点，所以，对这种个体的、大而言之乃至整个人类与生俱来的天然欲求关系，中国上古时代并未表现出过多的忌讳。不宁唯是，《周礼·地官·司徒》中还用白描的手法记录了"原欲保留"色彩的"私奔"遗俗，即："仲春之月，令会男女。于是时也，奔者不禁。若无故而不用令者，罚之。"历史上，男女禁忌更早是在"男女同姓，其生不蕃"[②]的意义上被提倡的，这既是王国维在《殷周制度论》中提出"周大异于殷"者之一便是"同姓不婚"制度的确立等观点的史实来源，[③]也是曾经有过的生殖遭遇给人类留下的教训式经验。[④] 至于男女关系中不拘婚媾的"唯美主义"恋情可能会导致"伤风败俗"恶果的道德禁忌，则是后来才有的观念。[⑤]孔子虽也

① 《论语·子罕》。

② 《左传》僖公24年。

③ 参见王国维：《观堂集林》卷10。

④ 参见拙作：《异性的双向排挤与需求》，载《史学理论研究》1993年第1期。

⑤ 例如："子云：好德如好色，诸侯不下渔色。故君子远色以为民纪，故男女授受不亲。御妇人则进左手。姑姊妹女子子已嫁而反，男子不与同席而坐。寡妇不夜哭。妇人疾，问之，不问其疾。以此坊民，民犹淫泆而乱于族"（《礼记·坊记》）；"淳于髡曰：'男女授受不亲，礼与？'孟子曰：'礼也。'曰：'嫂溺则援之以手乎？'曰：'嫂溺不援，是豺狼也。男女授受不亲，礼也；嫂溺援之以手者，权也'"（《孟子·离娄上》）；"男女不杂坐，不同椸枷，不同巾栉，不亲授。嫂叔不通问，诸母不漱裳。外言不入于梱，内言不出于梱。女子许嫁，缨。非有大故，不入其门。姑、姊、妹，女子子。已嫁而反，兄弟弗与同席而坐，弗与同器而食，父子不同席。男女非有行媒，不相知名。非受币，不交不亲。故日月以告君，齐戒以告鬼神。为酒食以召乡党僚友，以厚其别也。取妻不取同姓，故买妾不知其姓则卜之。寡妇之子，非有见焉，弗与为友。"（《礼记·曲礼上》）

曾表现过对两性问题的担心，但仍能给这种最自然的关系以事实主义的尊重——孔子尽管删掉了那么多诗，[①]可幸存者中仍不免有大量描写男女情事的作品，有的直到今天，仍不乏撩人心魄的魅力。这既表现出孔子的写实主义态度，也如实地反映了当时民风背景之真实——因为孔子倘若再左裁右剪，《诗经》大概也就不存在了。重要的是，当男女间事被巧妙地与天地万物和儒家全部伦理政治构图进行了因果性链接时，这种永恒的关系还被赋予了哲学上的源头意义——这在据说是由孔子撰写的《易大传》中已被径直表述为以下逻辑关联，即“天地絪缊，万物化醇。男女构精，万物化生”[②]和“有天地，然后有万物；有万物，然后有男女；有男女，然后有夫妇；有夫妇，然后有父子；有父子，然后有君臣；有君臣，然后有上下；有上下，然后礼义有所错。夫妇之道，不可以不久也，故受之以恒。恒者，久也”[③]等说教。孔子的这些思想，显然还直接或间接地影响到了他的后学。子思在《中庸》中说：“君子之道，造端乎夫妇。及其至也，察乎天地。”顾炎武在解释这段话时也讲：“王道之大始于闺门。妻子合，兄弟和，而父母顺，道之迩也卑也。郊焉而天神假，庙焉而人鬼飨，道之远也高也。……故曰君子之道造端乎夫妇，及其至也察乎天地。”[④]由于男女的自然结合才奠定了不言自明的最基础人伦，因此告子才道出了“食色，性也”[⑤]的真理，亦因此《礼记·礼运》也提出了“饮食男女，人之大欲存焉”的箴

① 据说，《诗经》在经他删定之前曾有三千余首，三百零五首，是孔子剪裁以道德尺标——“诗无邪”的结果。参见《论语·为政》、《史记·孔子世家》等。

② 《周易·系辞下》。

③ 《周易·序卦》。

④ 《日知录》卷9。

⑤ 《孟子·告子上》。

言。从孔子将男女关系定位为其伦理政治构图中的出发点和原初根据这一点看,将这些“真理”和“箴言”视为道德“金规则”的另一表现形式,应该是符合事实的,尽管比起其他“金规则”来,该金律的通行更容易为人所接受,也更易于产生心照不宣的效果。孟子在一次对齐宣王的劝导谈话中,不但没有对人情的“好恶”本性进行批判,还给它赋予了明确的道德金律属性甚至具体实践方法,尽管这在孟子的整个表述中属于鲜明的例外:

王曰:“寡人有疾,寡人好货。”对曰:“昔者公刘好货。诗云:‘乃积乃仓,乃裹糇粮,于橐于囊,思戢用光,弓矢斯张,干戈戚扬,爰方启行。’故居者有积仓,行者有裹粮也,然后可以爰方启行。王如好货,与百姓同之,于王何有?”王曰:“寡人有疾,寡人好色。”对曰:“昔者大王好色,爱厥妃。诗云:‘古公亶甫,来朝走马,率西水浒,至于岐下。爰及姜女,聿来胥宇。’当是时也,内无怨女,外无旷夫。王如好色,与百姓同之,于王何有?”①

日本近世思想家伊藤仁斋(1627—1705),也曾给孟子的上述观点作过“金规则”式的理解。他说:

孟子固曰:乐民之乐者,民亦乐其乐;忧民之忧者,民亦忧其忧。乐以天下,忧以天下,然而不王者未之有也。观夫自古以来人君好色好货者,不顾人之怨,不察人之怒,夺民之妇女,掠民之货宝,专悦己之耳目,而不能与民同好恶。祸门已开,怨府以成。而王者之心则不然。民之所欲,与之聚之,所恶勿施。己欲立而立人,己欲达而达人。己好色,则推斯心以及

① 《孟子·梁惠王下》。

民；己好货，则推斯心以及民。其心何等公平，何等宽仁，实天地之心！故先王置媒氏以合民之男女，内无怨女，外无旷夫，又深嫉聚敛之臣，掊克在位则有让。故与民同好恶，则好色好货，皆为王道，亦奚疑？①

伊藤仁斋对于这种君民间建立在价值共识和行为对等原则基础上的道德关系，显然深以为然。在他看来，上述原则本来就应该是现成的道德金律；而且，如果国君真能按孟子所说的那样去做，哪怕“好色好货”，亦未尝不是“王道”！

道德说教，一般只能被视为一种软权力。然而，从以上考察看，儒家的道德说教所能发挥的作用恐怕不是一般的软权力所能比拟。惟此，它不但试图给人们的伦理观念和行为提供一系列自然而共通的规则，而且人们在儒家式的说教中也早已习惯了这种规则。事实上，不管是古代还是今天，中国人很少有人愿意被孔子说成“不忠不孝”或被孟子骂为“不仁不义”。

原始儒学具有如此力度的道德贯通力量，在相当意义上取决于它与社会制度、日用人伦和人情本旨间的无隙密接和零距离保持。在“三代”，由于制度本身就是生活，因此，人们对制度的服从在本质上说乃是对生活原则的服从；即便制度出现问题，天然的人间伦常、自然的性别对待和趋利避害的全部行为，亦足以使人感到对这些规约的遵守与对自己生命本性的服从之间，已没有更本质的差异可言。在这种情况下，“将心比心”的观念和行为便不再出于强迫，而是发自内心的自主选择。例如遇死丧之事，除了庄子那

① 伊藤仁斋：《童子问》，载日本古典文学大系97《近世思想家文集》，东京：岩波书店1978年版（下同），第224页。

种"妻死鼓盆而歌"的怪异存在外,人际哀情基本上还是相通的。这时,给丧者家属在心理上以同情般的关照,就显示出了人的君子情怀和教养来。孔子在这方面曾有过经典的表现:"子食于有丧者之侧,未尝饱也。于是日哭,则不歌";[①]《礼记·曲礼》则把孔子的行为作为后世的模仿对象而规范化了,即"邻有丧,舂不相;里有殡,不巷歌"。

以上种种,不但反映了道德金律的实践本质,还极大地凸显了这种实践活动的身边细微特征。就是说,"金规则"的实施对象,主要是实践者身边的浅显卑近事物而不是其他。对没有具体对象的大而无当事物进行"推己及人",便只能产生"博而寡要"的"宏大叙事",其终亦复难免乎"无补世事"之诮。对此,孔子在"金规则"的正面表述中其实早已论及,即"能近取譬,可谓仁之方也已"。但是,这种务实的"仁"却也因"恕"范围的扩大化,而使孔氏"金规则"内部从此埋下了矛盾的伏笔。胡适巧妙而富于暗示地展示了这种变化。他说:"'恕'字只是要认得我与人的'共相'。这个'共相'即是'名'所表示。孔子的人生哲学,是和他的正名主义有密切关系的。古书上说,楚王失了一把宝弓,左右的人请去寻他。楚王说:'楚人失了,楚人得了,何必去寻呢?'孔子听人说这话,叹息道:'何不说人失了,人得了?何必说楚人呢?'这个故事很有道理。凡注重'名'的名学,每每先求那最大的名。'楚人'不如'人'的大,故孔子要楚王爱'人'。故'恕'字《说文》训仁。《论语》记仲弓问仁,孔子答语有'己所不欲,勿施于人'一句,可见仁与恕的关系。"[②]就是

① 《论语·述而》。

② 参见胡适:《中国哲学史大纲》第4篇:孔子,第84页。

说,孔子所讲的"恕",已经暗示了"仁"范围的扩大。事实上,这种暗示不久便先后催生出两个实践者:一个是墨子,一个是孟子。

据《淮南子·要略》载,墨子少年时代"学儒者之业,受孔子之术"。墨子后来虽处处与儒家作对,但人们同时也注意到,他对于儒家的中心观念"仁"和"义"却没有提出过批评。相反,《墨子》一书中倒常常讲仁人和义人。他把仁义之人的行为称做"兼爱",显然是受孔子"恕"论影响的结果,因为他眼里应该被爱的对象,是"人"的总称——"人民",[①]而应该进入爱之视域的,也是他所能看到的最大的空间——"天下"。[②] 杨时(龟山)在《上伊川先生书》中讲:"墨氏之兼爱,固仁者之事也。其流遂至于无父,岂墨氏之罪兮!"[③]言下已流露出对孔子的微辞。相比之下,孔子"能近取譬"的"仁",当初对孟子的影响不可谓小,他对"金规则"的外推式理解(爱有差等说)也当根源于此。所以他骂墨子(兼杨朱)说:"杨氏为我,是无君也;墨氏兼爱,是无父也。无父无君,是禽兽也。"[④]但后来孟子在别处所表达的所谓"金规则",却渐渐只剩下"恕"的外推理想,而不再顾及孔子"能近取譬"的"仁"的原则。《孟子·滕文公上》记载的一则故事很能说明问题:"滕文公为世子,将之楚,过宋而见孟子。孟子道性善,言必称尧舜。世子自楚反,复见孟子。孟子曰:'世子疑吾言乎?夫道一而已矣。'"对"世子"的疑惑,朱熹在《集注》中是这样解释的:"时人不知性之本善,而以圣贤为不可企

---

① 《墨子·非命上》。

② 《墨子·兼爱下》。

③ 参见《永乐大典》卷8268。

④ 《孟子·滕文公下》。

及;故世子于孟子之言不能无疑,而复来求见,盖恐别有卑近易行之说也。孟子知之,故但告之如此,以明古今圣愚本同一性,前言已尽,无复有他说也。"世子的疑惑至少表明,"金规则"实施范围上的大众一般印象,应该是"卑近易行"之物,而不是让世子感到遥不可及的圣君贤相和抽象难知的心性命理。事实上,孟子已经将道德"金规则""外推"到了"天边"——当"恻隐之心"成了"仁之端"、"仁之端"成了"善"、"善"成了"性"、而"性"又通了"天"时,孟子的"金规则"所包含的范围,已远非孔、墨所能比拟了。冯友兰说他想做"宇宙的公民",除了以上缘由外,亦应与他自己的如下表白有关,即:"万物皆备于我矣。反身而诚,乐莫大焉。强恕而行,求仁莫近焉。"[①]然而,这种表面看来是对孔子"能近取譬"这一"仁之方"的回归行为("求仁莫近焉"),事实上已因"强恕"意志的介入而使"恕"本身开始丧失了自然而然的前提。于是乎,很严肃的"己欲立而立人,己欲达而达人",到了孟子这里,则变成了"人皆可以为尧舜"[②]的随意期许;而只有人世间才应拥有的道德"金规则",也被"强恕"成了"宇宙金律"。其"强恕而行"的原因,有各种各样,但"强恕而行"的结果,却无异于从根本上做起了摧毁"金规则"的准备,尽管这一过程直到理学家们的登场才走向极致。

正如前面已少许述及的那样,无论是"理学"还是"心学",都试图将"金规则"问题解释为"仁"。单从字面来看这好像并没错,因为孔子是这样提倡的,孟子似也无出其右。但是,倘深入观察就会

---

① 《孟子·尽心上》。

② 《孟子·告子下》。

发现，“孟子之仁”已不再是“孔子之仁”，而成了“孔子之恕”的无边界延伸。由于这种延伸已严重地脱离了实际，即严重地脱离了“金规则”所赖以成立的“能近取譬”或“浅显卑近”原则，所以杨伯峻坚持认为，司马迁当年对孟子“迂远而阔于事情”的评价“一点也没冤枉他”。[①]

然而，“迂阔”者总是代不乏人，至于宋明而尤甚。北宋张载有一段名言，叫做“为天地立志，为生民立道，为去圣继绝学，为万世开太平”[②]——这显然也是要做宇宙的公民的。张载本以礼为教，不言理而言礼，遇事多就世间纲纪伦物上落脚，其“气一元论”甚至被今人尊为“唯物主义者”。[③] 但上述道白，却一直为程朱理学家们称颂不已。对此，先有人指出了其中所蕴涵的墨子“兼爱”趋势：“西铭发明圣人之微意至深，然而言体而不及用，恐其流，遂至于兼爱”（杨龟山）；后又有人点明了张载的孟子承继本色：“西山真氏曰：张子有言为天地立心，为生民立极，为前圣继绝学，为万世开太平。又曰：此道自孟子复千余岁，若天不欲此道复明，则不使今人有知者，即使人有知者，则必有复明之理，此皆先生以道自任之

① 杨伯峻：《孟子译注・导言》，中华书局 1960 年版，第 14 页。

② 张载这段格言至少有这样几个版本——《张载集・张子语录・语录中》：“为天地立志，为生民立道，为去圣继绝学，为万世开太平”；《明道录・卷之五》：“为天地立心，为生民立命”；《近思录・卷二・为学》：“为天地立心，为生民立道，为去圣继绝学，为万世开太平”；《张载集・附录・朱轼康熙五十八年本张子全书序》：“为天地立心，为生民立命，为往圣继绝学，为万世开太平”，等等。其中，“为天地立志”，到了程朱手上变成了“为天地立心”；“为生民立道”到了程颢手上又变成了“为生民立命”；“为去圣继绝学”到了朱轼手里更变成了“为往圣继绝学”。而流行版则是四者的综合，即朱轼所记者。

③ 参见张岱年：《张载：十一世纪中国唯物主义哲学家》，《张岱年全集》第 3 卷，河北人民出版社 1996 年版。

意。”至于程朱，他们都在极力把张载与墨子做分离处理的同时，众口一词地将张载与孟子进行“链接”，当评价张载著作《订顽》(即《西铭》)时，便尤其如此：

明道程子曰：订顽之言，极纯无杂，秦汉以来，学者所未到。订顽一篇，意极完备。乃仁之体也。学者其体此意，令有诸已。其地位已高，到此地位，自别有见处，不可穷高极远，恐于道无补也。订顽立心，便可达天德。学者须先识仁，仁者浑然与物同体，义、礼、智、信，皆仁也。识得此理，以诚敬存之而已。不须防检，不须穷索，若心懈则有防。心苟不懈，何防之有？理有未得，故须穷索，存心自明，安待穷索，此道与物无对，大不足以名之。天地之用，皆我之用，孟子言万物皆备于我，须反身而诚，乃为大乐。若反身未诚，则犹是二物有对，以己合彼，终未有之，又安得乐？订顽意思，乃备言此体，以此意存之，更有何事，必有事焉而勿正，心勿忘，勿助长，未尝致纤毫之力，此其存之之道，若存得便合有德，盖良知良能，元不丧失。以昔日习心未除，却须存养此心，久则可夺旧习，此理至约，惟患不能守，既能体之而乐，亦不患不能守也。西铭某得此意，只是须得子厚如此笔力，他人无缘做得。孟子以后，未有人及此，得此文字，省多少言语，要之仁孝之理备乎此。

又，

伊川程子曰：孟子之后，有原道一篇，其间言语固多病，然大要尽近理，若西铭则是原道之宗祖也。原道却只说道，元未到西铭意，思据子厚之文醇然，无出此文也。自孟子后，盖未见此书。……旷前圣所未发，与孟子性善养气之论同功，二者亦前圣所未发。

朱熹也赞美张载说:“孟氏以来,一人而已”,[①]甚至通过对张载的赞美来凸显自己的学脉由来和终极关怀:“性、情、心惟孟子横渠说得好。仁是性,恻隐是情,须从心上发出来。横渠曰‘心统性情者也’,性只是合如此底。又曰:性只是理,非是有这个物事,若性是有底物事,则既有善亦必有恶,惟其无此物只是理,故无不善”,“‘心统性情’,性情皆因心而后见,心是体,发于外谓之用。孟子曰‘仁人心也’,又曰‘恻隐之心’,性情上都下个心字。‘仁人心也’是说体,‘恻隐之心’,是说用,必有体而后有用,可见‘心统性情’之义”,“伊川‘性即理也’,横渠‘心统性情’,二句攧扑不破。”[②]朱熹当年为建立“道统”曾将周敦颐抬出,后世即以为茂叔才是“宋儒之首”;邵雍也曾被理学家赋予过甚高的地位。但实际上正如李泽厚所讲的:“周、邵都不过是开端发引,真正为宋明理学奠定基础的,是提出‘心统性情’、‘天理人欲’、‘天地之性’与‘气质之性’、‘德性所知’与‘见闻之知’和《西铭》这些宋明理学基本命题和基本原则的张载。”[③]

察理学家对张载的评说,至少有三点值得注意:一、他们都认为自己是张载而从根本上讲是孟子的继承者;二、他们都继承了孟子而很少是孔子的“仁”的思想;三、他们从孟子之“仁”中所继承的,主要是“仁之体”(心性命理),而少涉“仁之用”(卑近关怀),只是在攻击墨子时才偶尔提一点后者的作用。就是说,他们的关怀,不但早已游离了孔子金律中“仁”的体用不分本旨,而且由于“仁之体”的形而上原则所具有的空灵特征所能笼盖的范围已远远

---

① 俱见《永乐大典》卷 8268。

② 《张载集·张子语录·后录下》。

③ 李泽厚:《中国思想史论》上,第 226、227 页。

超过他们所攻击的墨子“兼爱”疆域，因此理学家似乎终于找到了“己欲立而立人，己欲达而达人”的至大，而且是一劳永逸存在——“天人合一”。可是，他们之能够拥抱宇宙或与天地万物圆融为一，大概只能归因于在“心想事成”的愿望中抛弃了具有可操作性的基本条件和可能。西方哲学中的维也纳学派认为，形上学的性质只是概念的诗。现代新儒家冯友兰则认为这样的贬斥没有意义。他甚至还给了理学家的想象以今人的肯定：“哲学，尤其是形上学，若是试图给予实际的信息，就会变成废话。”①可是，道德“金规则”的施行所需要的却恰恰都是“实际的信息”。何况，“形而下”又何尝不是哲学的重要部分组成甚至是基础构成呢？可从道学家们的议论中，人们已找不到这个基础了——“仁者，以天地万物为一体也，莫非己也”等理学家之言说如此(程颐)，心学家亦不甘人后。陆九渊说：“宇宙便是吾心，吾心即是宇宙。”②这话上承孟子的“万物皆备于我”，下接王阳明的“心外无物”，可谓其来有自，其去有踪。而阳明子的下列表述，堪称登峰造极：“大人者，以天地万物为一体也。其视天下犹一家，中国犹一人焉。若夫间形骸而分尔我者，小人矣。大人之能以天地万物为一体也，非意之也，其心之仁本若是”、“明明德者，立其天地万物一体之体也。亲民者，达其天地万物一体之用也。”③显然，“仁”的“体”、“用”分立已越来越明确，而且就二者关系而论，乍看似乎是“用”从于“体”，可当注意到“用”的实施对象也是“天地万物一体”时，“用”则已经消逝在“体”当中而不复存焉。某种意义上可以说，“仁”的形而上化，至此已荡涤了道

① 冯友兰：《中国哲学简史》，第5页。

② 《象山先生全集》卷22。

③ 《王阳明全集》卷26续编1《大学问》。

德"金规则"所赖以存立的事实基础，成了并没有人类关爱之实质内涵的逻辑推理和心理游戏。冯友兰的如下议论，倒极真实地道出了问题的实质，即孟子的"仁"更关心的不是"道德境界"，而是"超道德境界"，并认为可以跟孟子为偶的更典型的"超道德境界"提倡者，是老子和庄子。[①] 而"道德金规则"一旦失去了"道德境界"，也就无从谈起了。

然而毕竟，朱子和王阳明还自称为儒，既如此，便总不免要有些对类似于儒的做法的提倡，如朱子的"格物"而后"致知"和阳明的"事上磨炼"等。但是，他们在儒家道德"金规则"根本观念前提的"仁"的问题上，却多失孔子本旨而编织出了无数个"宏大"命题。由于"外延越大，内涵越少"，遂使当时乃至日后的"作达者"们已全然不知"真儒"为何物，而只会空谈心性了。据说，"李卓吾讲心学于白门，全以当下自然指点后学，说人都是见见成成的圣人，才学，便多了。闻有忠节孝义之人，便云都是做出来的，本体原无此忠节孝义。学人喜其便利，趋之若狂，不知误了多少人。"[②]顾炎武指出："孔门未有专用心于内之说也"，"性也、命也、天也，夫子之所罕言，而今之君子之所恒言也"，"昔之清谈谈老庄，今之清谈谈孔孟。未得其精而遗其粗，未究其本而先辞其末。不习六艺之文，不考百王之典，不宗当代之务，举夫子论学论政之大端一切不问，而曰'一贯'，曰'无言'。以明心见性之空言，代修己治人之实学。股肱惰而万事荒，爪牙亡而四国乱，神州荡覆，宗社丘墟"。[③] 显然，孔子

---

① 参见冯友兰：《中国哲学简史》第1、7、9、10、28章。

② 顾宪成：《顾端文公遗书》卷14《当下绎》。

③ 分见《日知录》卷18《内典》、《亭林文集》卷3《与友人论学书》、《日知录》卷7《夫子言性与天道》。

提倡的"金规则"实践，在这里已失去了共通条件，失去了制度凭依，更失去了日用人伦的卑近关怀，所以李泽厚认为，到理学成了正宗之后的明清时代，"平时袖手谈心性，临危一死报君王"，更成了理学家的典型态度和理学的典型后果：由于鄙弃事功，脱离现实，高谈性理，满足于心灵修养的所谓境界，结果一遇危难，便束手无策，只能以"一死"的牺牲来表达平日的修养。[①] 其教训当然是深刻的，人们清楚地看到，宋因此而灭亡了，还有明朝和清朝。如此而谓"孟子言语句句是事实"，人们已不知程子是怎么总结出来的。[②] 而更为重要的是，中国道德"金规则"本身，已不光在现代转型问题上需要人们大动脑筋，对于曾经有过的"金规则"究竟在多长的时间范围内和多大程度上发挥过历史作用，都成了一个需要重新研究和认真对待的问题。

第三节 "金规则"遭遇废止的制度原因与思维症结

"金规则"的明确提出和渐失其"金"，均始自东周。随着实力可以改变地位的事例屡现叠出，地方分权主义开始抬头，政治上贵与贱的对立关系，开始朝经济上的富与贫和军事上的强与弱等对立关系方面转移——"霸道"代替"王道"的趋势已然无法阻遏。其实这些变化的出现并非突然，因为人们很早就看出了"井田制度"（经济）、"宗法制度"（政治）和"礼乐制度"（文化）的式微迹象，只不过后来酿成的一系列摧毁性事件在春秋战国时代才全面登场罢

① 李泽厚：《中国思想史论》上（《中国古代思想史论》），第 274 页。
② 参见清·仿宋大字本《读论语孟子法》。

了。这三大制度的崩坏，就本质而言乃决定于世相发生的五大变化，即：公田私田化、公社农民小农化、礼制法制化、分封制度郡县化、世卿制度官僚化。这样，迄今为止的社会道德原则便不能不相应地发生改变。在这方面，政治家的行动速度显然比伦理学家要快。事实上，政治本身对前代道德的有用部分提供过一个时间并不算短的选择机遇。在这方面，荀子曾适时地将"礼乐"与"刑政"进行了"合金"处理，不但在学问上"三为祭酒，最为老师"，人也成为政治上的实践者——"兰陵令"。[①] 相比之下，孔、孟的命运便差了许多。他们的精神固然令人生敬，但社会带给他们的遭遇和评价，却除了"造次颠沛"，就是"迂阔事情"。来自政治方面的这种选择，在商鞅一人身上表现得经典而集中。《史记·商君列传》用极生动的笔触记录了这一过程：

> 公孙鞅闻秦孝公下令国中求贤者，将修缪公之业，东复侵地，乃遂西入秦，因孝公宠臣景监以求见孝公。孝公既见卫鞅，语事良久，孝公时时睡，弗听。罢而孝公怒景监曰："子之客妄人耳，安足用邪！"景监以让卫鞅。卫鞅曰："吾说公以帝道，其志不开悟矣。"后五日，复求见鞅。鞅复见孝公，益愈，然而未中旨。罢而孝公复让景监，景监亦让鞅。鞅曰："吾说公以王道而未入也。请复见鞅。"鞅复见孝公，孝公善之而未用也。罢而去，孝公谓景监曰："汝客善，可与语矣。"鞅曰："吾说公以霸道，其意欲用之矣。诚复见我，我知之矣。"卫鞅复见孝公，公与语，不自知厀之前于席也。语数日不厌。景监曰："子何以中吾君？吾君之欢甚也。"鞅曰："吾说君以帝王之道，比

---

① 参见《史记·孟子荀卿列传》。

三代，而君曰：'久远，吾不能待。且贤君者，各及其身显名天下，安能邑邑待数十百年以成帝王乎？'故吾以强国之术说君，君大说之耳。然亦难以比德于殷周矣。"

商鞅的故事中至少透露出这样两个信息：一、道德的原则只通行于"帝道"、"王道"时代而不适宜"霸道"的需求；二、"霸道"的动力背景是"功利主义"，而功利主义盛行的代价，也只能是道德主义的退出。

在成与败的意义上，商鞅变法显然是成功的。刘歆《新序》论曰："秦孝公保崤函之固，以广雍州之地，东并河西，北收上郡，国富兵强，长雄诸侯，周室归籍，四方来贺，为战国霸君，秦遂以强，六世而并诸侯，亦皆商君之谋也。"①然而，这些立竿见影的效果，从根本上讲乃取决于前述"五大变化"实现程度的高低。而这"五大变化"的最根本变化，是"井田制"的变化。据《汉书·王莽传》载，亟欲恢复井田制度的王莽，对商鞅的变法行为极为愤慨，说："古者，设庐井八家，一夫一妇田百亩，什一而税，则国给民富而颂声作。此唐虞之道，三代所遵行也。秦为无道，厚赋税以自供奉，罢民力以极欲，坏圣制，废井田，是以兼并起，贪鄙生，强者规田以千数，弱者曾无立锥之居。"单说"废井田"之弊，显然无法解释商鞅这样做的真实原因，所以杜佑《通典》讲："秦孝公用商鞅。鞅以三晋地狭人贫；秦地广人寡，故草不尽垦，地利不尽出。于是诱三晋之人，利其田宅，复三代无知兵事，而务本于内；而使秦人应敌于外。故废井田，制阡陌，任其所耕，不限多少，数年之间，国富兵强，天下无敌。"但由于井田之废，在很大程度上实现于土地买卖原则的导入，

① 《史记·商君列传》裴骃集解。

所以《文献通考》卷一《田赋考》一《历代田赋之制》又不得不承认土地买卖所导致的“共同体”困厄：“井田受之于公，毋得粥卖，故《王制》曰：‘田里不粥。’秦开阡陌，遂得卖买。又战得甲首者益田宅，五甲首而隶役五家，兼并之患自此起。民田多者以千亩为畔，无复限制矣。”马端临还认为，“三代井田之良法坏于鞅”。[①]

实际上，井田制的废弃趋势，并非开始于商鞅变法。因为早在春秋时期，齐国的“相地而衰征”、鲁国的“初税亩”、晋国的“作爰田”和楚国的“量入修赋”等，即已露出了商鞅时代的井田废止端倪，所以这不是本章所要讨论的问题的关键。这里的关注点，乃在于与井田制废弃联袂而至的系列连锁反应。“唯利是图”的时代氛围，使以往“己所不欲，勿施于人”的道德“金规则”已不再适用，[②]“己欲立而立人，己欲达而达人”亦已演变成了“己欲立而损人”和“己欲达而害人”的处世原则，[③]它证明了司马迁对当时“贵诈力而贱仁义，先富有而后推让”[④]之世相把握的准确性。这种对“金规则”作出根本性“破坏”及其“报应”的所谓极致性标志，乃是秦王朝的确立和十五年“二世而亡”。的确，人们曾充满真诚地以为秦灭亡的根本原因缘于道德的解体，所以，刘歆在《新序》中谈到商鞅时曾不无遗憾地说：“然惠王杀之亦非也，可辅而用也。使卫鞅施宽

---

① 《文献通考·自序》。

② 据《公羊传》、《穀梁传》和《史记·秦本纪》记载，秦人曾趁晋文公重耳死而未葬之际对晋发动偷袭，遂酿成著名的“郩之战”。因晋国人悲愤填膺，秦师竟“匹马只轮无返者”。秦人这种偷袭行为故意选在别国要办丧事的时候，这与孔子“邻有丧，舂不相；里有殡，不巷歌”的推己察人心态之间，已判若云泥。

③ 据《史记·仲尼弟子列传》记载，子贡为保全鲁国免遭别国侵犯，乃出使诸邦，结果，“子贡一出，存鲁，乱齐，破吴，强晋而霸越。子贡一使，使势相破。十年之中五国各有变。”

④ 《史记·平准书》。

平之法，加之以恩，申之以信，庶几霸者之佐哉！”[①]贾谊在总结秦亡教训的《过秦论》中也讲过以下名言：“秦以区区之地，千乘之权，招八州而朝同列，百有余年矣。然后以六合为家，殽函为宫，一夫作难而七庙堕，身死人手，为天下笑者，何也？仁义不施而攻守之势异也。”[②]可是，由于土地所有制度的改变，致令不少“三代”道德提倡者因失去了旧梦重温的前提而每每左右为难。司马光曾就风俗问题上疏曰：“昔秦废井田而民愁怨，王莽复井田而民亦愁怨。……世俗之情，安于所习，骇所未见，固其常也。……及夫风化已失，流俗已成，则虽有辨智弗能谕也，强毅不能制也，重赏不能劝也，严刑不能止也，自非圣人得位而临之，积百年之功，莫之能变也。”[③]《元史·刘秉忠/张文谦/郝经列传》则就历史上的土地制度变易之难，指出了事实根据：“古者治世均民产业，自废井田为阡陌，后世因之不能复。”马端临在《文献通考·自序》中，进一步从“封建”与“井田”的连带关系及其“复辟”困难的历史实情角度作过如下综合表述并指出了读书人不顾实际的道德空想最终于事无补的道理：“秦汉以来，官不复可授田，遂为庶人之私有，亦其势然也。虽其间如元魏之泰和、李唐之贞观，稍欲复三代之规，然不久而其制遂隳者，盖以不封建而井田不可复行故也。三代而上，天下非天子所得私也，秦废封建，而始以天下奉一人矣。三代以上，田产非庶人所得私也，秦废井田，而始捐田产以予百姓矣。秦于其当与者取之，所当取者与之，然所袭既久，反古实难。欲复封建，是自割裂其土宇以启纷争；欲复井田，是强夺民之田亩以召怨讟。书生之论所以不可行也。”

---

① 《史记·商君列传》裴骃集解。

② 《史记·秦始皇本纪》。

③ 《续资治通鉴长编》卷196。

事实上，从“汉承秦制”和“萧规曹随”等历史过程看，后世对秦朝制度的继承已不止于经济制度层面，还有政治制度、法律制度和伦理制度上的承绍和沿革。所以谭嗣同才愤然说：“故常以为二千年之政，秦政也，皆大盗也；二千年来之学，荀学也，皆乡愿也。惟大盗利用乡愿，惟乡愿工媚大盗，二者交相资，而罔不托之于孔。”[①]而“罔不托之于孔”的说法却反面验证了这样一个事实，即：日后儒家的道德提倡，表面装饰已多于作用发挥。当伦理原则凝聚了社会制度和人情的基本可能性时，道德“金规则”才是有作用的，否则，便是无处落脚的“游魂”，而且事实表明这种“游魂”还极易为百无一用的“心理玄想”和“欺人之谈”创造条件。由于前述之“五化”过程最终使国君变成摆脱了血缘、地缘和宗法礼数的无可制御的“极权者”，所以，如何有效地控制这个道德“金规则”的表面敷衍者和实际破坏者，便成为汉儒“屈君则伸天，天之道也”[②]和宋儒“未有天地之先，毕竟是先有此理”[③]等说法所由以产生的心理需求。但由于这些类似于赌咒的愿望最终并不起实际作用，所以余英时说：“居最高位者……在制度上超越世人，君临天下，总是不可否认的事实。尽管汉儒抬出‘天’来限制皇帝的权力，宋儒抬出‘理’来压制皇帝的气焰，都未见有显著的作用。所以讨论中国历史的特质，我们首先要注意这个相当特殊的政治传统，这不是价值问题，而是事实问题。”[④]

---

① 谭嗣同：《仁学》，载《谭嗣同全集》，株式会社大安 1966 年版，第 53—54 页。

② 董仲舒：《春秋繁露·玉杯》。

③ 朱熹：《朱子语类》卷 1，[宋]黎靖德·王星贤点校，第 1 页。

④ 余英时：《关于中国历史特质的一些看法》，载《文史传统与文化重建》，三联书店 2004 年版（下同），第 140 页。

实际上，这种尴尬所由以发生的关键，乃在于知识界错把“后王”视为“三代”，错把“超道德”看成了“道德”，用余英时的概念表述之，即缘于“事实问题”与“价值问题”的相互错认。“金规则”在“道德”与“政治”未尝有过实质性分离的“三代”尚且离不开“制度”的支撑和保障，指望丧失了制度凭依的“超道德”说教来解决现实社会中的政治与道德问题，其可操作性尚存几何，本身便是一个十分值得怀疑的事情。“超道德”的空论和玄想，固然可视为知识界“体”“用”分断、“知”“行”切离的客观后果，但这种后果实际上又反过来加速度地促进了这种分离。这一点，在道学家对世间万物的“合一”呼号中已得到了夸张式反证。在这种情况下，再泥守道德“金规则”的问题出发原点——“己”并由此发散自身与外物间的“对等原则”，便极易堕入“心想事成”的泥淖，成为虚构主义者甚至狂想家。在“得君行道”已鲜存可能的南宋和明清时代，制度下面的“金规则”实践，无疑已成为隔世梦想；而“亲情伦理”通则，也在上述“体”、“用”分断中因被抽去了具体实践的内核而蜕变成了抽象的观念论游戏：“知是心之本体，心自然会知：见父自然知孝，见兄自然知弟，见孺子入井自然知恻隐，此便是良知不假外求。若良知之发，更无私意障碍，即所谓‘充其恻隐之心，而仁不可胜用矣’。然在常人不能无私意障碍，所以须用致知格物之功胜私复理。即心之良知更无障碍，得以充塞流行，便是致其知。知致则意诚”，“如今人尽有知得父当孝、兄当弟者，却不能孝，不能弟，便是知与行分明是两件”，“此已被私欲隔断，不是知行的本体了”。[①] 王阳明一直努力践行的“知行合一”理想之所以最终难以遂行，黄宗羲

① 《王阳明全集》卷1《语录1》。

的洞见实不可不察，即这实际上与“阳明倡良知之说，即心是理，即知是行，即工夫是本体，直探圣学本源”[①]和“圣人之学，心学也，心即理也”[②]等“知行观”有关。换言之，“行”和“工夫”其实已湮没于对“知”和“本体”的沉思冥想中了。而当说到本为人人共通然却极度敏感的“欲望情感”问题时，则“性是未动，情是已动，心包得已动未动。盖心之未动则为性，已动则为情，所谓心统性情也。欲是情发出来底。心如水，性犹水之静，情犹水之流，欲则水之波澜”[③]的说教和“学者须是革尽人欲，复尽天理，方始是学”、“圣贤千言万语，只是教人明天理，灭人欲”[④]等一大堆禁忌，则又劈头斫下，让人感到那自然鲜活和充满生机的本能世界已成为宋明儒的最大禁区，而“不食人间烟火”的空中楼宇，才应该是“学者”们的安身立命之所！事实上，张载“德性所知，不萌于见闻”[⑤]的言说和程颐“闻见之知非德性之知，物交物，则知之非内也；今之所谓博物多能者是也。德性之知，不假见闻”[⑥]等高头讲章，早就决定了道学家的基本理论走向；而对“仁”的本体化处理，最终亦只能使他们堕入释老之“空”“无”，它为后人怀疑当时社会上还有没有“金规则”意义上的道德，提供了十分充足的理由：

> 问：“后世学问，日趋高远，而与论语之旨相背驰者，何故而然乎？”曰：“居高者视卑，故其言不得不卑；居卑者视高，故其言不得不高，自然之符也。是故道德盛则议论卑，道德衰则

---

① 黄宗羲：《明儒学案》重刻序。

② 黄宗羲：《明儒学案》卷10。

③ 《朱子语类》卷5，第93页。

④ 《朱子语类》卷13，第225页；《朱子语类》卷12，第207页。

⑤ 《正蒙·大心篇》。

⑥ 《二程遗书》卷25《伊川先生语》11。

议论高。犹权衡之量物,随其轻重,互相低昂。道德一分衰,则议论一分高;道德二分衰,则议论二分高;道德愈衰,则议论愈高。及乎议论愈高也,道德蔑如矣。佛老之废人伦,宋儒之失中行,是已。"①

戴震亦认为,圣人要实现"以天下为一家,以中国为一人"的目标,绝非空想堪能,而是"必知其情,辟于其义,明于其利,达于其患,然后能为之"。② 但到了宋明儒时代,由于道学家把"理欲"截然二分,凡事只问是否合乎"天理",结果,"举凡民之饥寒愁怨、饮食男女、常情隐曲之感,咸视为人欲之甚轻者矣"。他于是感慨道:"古之言理也,就人之情欲求之,使之无疵之为理;今之言理也,离人之情欲求之,使之忍而不顾之为理。此理欲之辨,适以穷天下之人尽转移为欺伪之人,为祸何可胜言也哉!"而尤其令人可怕的是,宋明儒竟惯常于以老、释之言"傅合于经,遂曰六经、孔、孟之言;其惑人也易而破之也难,数百年于兹矣。人心所知,皆彼之言,不复知其异于六经、孔孟之言矣!"③所以"三教合流"成为心性命理学的当然归宿,实非偶然。

《史记·太史公自序》记载过孔子下面一句话:"子曰:'我欲载之空言,不如见之于行事之深切著明也。'"道学家远离周孔本旨的做法,在承绍原儒精神的后学那里,曾引起过激烈的反弹。顾炎武说:"孔子之删述六经,即伊尹、太公救民于水火之心,……故曰:载之空言,不如见诸行事……愚不揣,有见于此,故凡文之不关六经

① 伊藤仁斋:《童子问》,载日本古典文学大系97《近世思想家文集》,第206页。
② 《孟子字义疏证》卷上。
③ 《孟子字义疏证》卷下。

之旨、当世之务者,一切不为。"[①]又,钱大昕讲:"夫儒者之学在乎明体以致用,诗书艺礼皆经世之言也。《论语》二十篇、《孟子》七篇,论政者居其半。当时师弟子所讲求者,无非持身、处世、辞受、取予之节,而性与天道虽大犹不得而闻。儒者之务实而不尚空谈如此。"[②]对此,前揭伊藤仁斋有关道德"金规则"的实践态度似尤具启发意义。

伊藤仁斋,是十七世纪末到十八世纪初活跃于近世日本的大儒,也是试图全面回归中国古典本真内涵的日本"古学派"奠基人之一。对于歧见颇多的中国古典道德"金规则",仁斋亦首先在概念上做了许多追根溯源的功夫:

> 程子曰:推己之谓恕。愚以为推己非恕,乃用恕之要,盖恕以后之事也。程子所谓推己者,即己所不欲勿施于人之意。盖因夫子子贡问答云尔。然使恕字有推己之义,则及乎子贡问曰"有一言而可以终身行之者",而夫子唯曰"其恕乎"可也,而不可复曰"己所不欲勿施于人"也。既曰"其恕乎"而又曰"己所不欲勿施于人",则其意既重复。故知恕字之义,本非推己之意。夫子答仲弓问仁曰:"己所不欲勿施于人。"子贡曰:"我不欲人之加诸我也,吾亦欲无加诸人。"若使恕字有推己之义,则夫子子贡直可以恕字命之,而不可敷衍其词若此甚繁也。观夫子答子贡曰"其恕乎",而于其下曰"己所不欲勿施于人",则知推己即行恕之要,而本非恕字之义也。且《中庸》曰:"忠恕违道不远",而其下续之曰"施诸己而不愿,亦勿施于

① 《亭林文集》卷4《与人书三》。

② 《潜言堂文集》卷25《世纬序》。

> 人”,则见推己之道,非徒可施之于恕,亦可施之于忠。不可独以推己训恕字益明矣。[①]

这里,仁斋只将“恕”理解为实践“金规则”之“要”而不是“己所不欲勿施于人”本身,已表现出想将该规则的正解朝“仁”的方向靠近的明显意图(如对“仲弓问仁”的特殊引用)。从形式上看,他的观点似乎与朱熹和王阳明没有差别,然就内实而言,却判如云泥霄壤。这样说,是因为仁斋的解释才是对孔子“能近取譬”之“仁之方”的回归,这种回归的根本精神也恰恰表现出“崇卑近”而“黜高远”这一原始儒家的务实主义情怀。他说:

> 盖难知难行高远不可及之说,乃异端邪说;而易知易行平正亲切者,便是尧舜之道,而孔子立教之本原,论语之宗旨也。[②]
>
> 学问无厌卑近。忽卑近者,非识道者也。……凡事皆当求诸迩,而不可求于远。求于远,则不中矣。学者必自耻其道之卑近,敢为高论奇行以高世。或至穷异以为神,援天以为高。诸子百家异端之徒特甚。皆不知实德故也。苟不羞道卑近二字,则道可进,学可明,而不至于违道之远也。[③]

这里,“议论”被说成是“高远不可及之说”。这也是仁斋把“议论”和“德行”(道德)之对比,同“高远”与“卑近”的对照连接起来的逻辑与事实根据。在仁斋看来,只有“卑近”和“实”的道德,才是“不可须臾离也”的东西。[④] 它与人类主体永远都是亲近的和相互结

---

① 伊藤仁斋:《语孟字义》卷之下,载日本思想大系 33《伊藤仁斋·伊藤东涯》,第 143 页。

② 伊藤仁斋:《童子问》,载日本古典文学大系 97《近世思想家文集》,第 204 页。

③ 同上书,第 210—211 页。

④ 伊藤仁斋:《语孟字义》卷之下,载日本思想大系 33《伊藤仁斋·伊藤东涯》,第 122 页。

合的。它可以比喻为直接围绕着人类的“时空”，“人囿于其中，而不得须臾离焉”[①]；也可以譬况为人们脚下的“大地”（“忽卑近者，非识道者也。道其如大地乎”）；[②]它像百吃不厌的“五谷”，[③]更似喷涌无尽的“源泉”（“犹源泉之混混，虽为洄为洑，为渊为湍……”）。[④] 总之，它与人同呼吸，共命运。人可以通过自身的行为亲自践履之，并在它的环绕下生存。仁斋甚至认为，“闺门之修”，便是“至极之道”和“至极之理”：“至极之理，常存乎至近之中也。盖妻子之好和，兄弟之和乐，家道之至近者也。然尧舜之光被四表，格于上下，其实以此为本焉。则闺门之修，岂非至极之道乎？”[⑤]相反，倘若在“忽卑近”的行事和高远议论上求道，在仁斋看来，则不啻秩序的根本颠倒。对此，黑住真教授指出，仁斋的“高远—卑近”对照，也就是“虚—实”对照。其要义在于，异端邪说是专事“议论”的高远、虚无之物，而尧舜孔子之道才是以“道德”为中心的卑近实在的东西。[⑥]

由于“仁”的“能近取譬”本旨正是在后儒的曲解中被毁坏，因此，仁斋对孔子之“仁”的恢复行为便充满了战斗性和拨乱反正意义：

盖古人之学，专以德行为本。后人之学，先以穷理为主。

---

① 伊藤仁斋：《童子问》，载日本古典文学大系97《近世思想家文集》，第206页。

② 同上书，第210页。

③ 同上书，第203页。

④ 同上书，第217页。

⑤ 同上书，第233页。

⑥ 黑住真：《近世日本社会と儒教》第2部，东京：ぺりかん社2003年版，第252、253页。

是仁之所以难识也。[1]

宋儒以仁为性，予深以为害于道者。若从于宋儒之旨论之，……仁义礼智之德，终为虚器，而无复用力于仁者矣。[2]

二公（朱子、象山）皆不由天下所同然之道德，而专求之于己之心与事物之理，此其所以不能无诡于孔孟也。[3]

实际上，由于“仁”才体现了“圣人之道”的本旨，而“圣人之道，专以待人接物为务，而不居然以守心持敬为事”，因此，仁斋认为，真正的“仁”只有通过“忠恕”才能得以确凿的体现，即“存养在仁义，待人在忠恕。苟忠立恕行，则心弘道行，可以至于仁”。这里，虽说仁斋主张“仁自是仁，恕自是恕”，[4]但为了实现孔子“能近取譬”的“仁之方”，他又尽力去控制“恕”的滋蔓放大趋势而将“恕”也赋予了崇尚“卑近”的品格，即“虽忠恕之功，亦不能不以仁义为本；然至于待人接物，必以忠恕为要”。正是在这个意义上，他指责了那些因忘记“忠恕”固有的实践品格才滋长了自私和空想的狭隘者与懒惰者，认为由于他们不知卑近实践而只会明哲保身，才使“金规则”最终无法通行：“后世学者，知独善其身，而其功不遑及于人。故视忠恕，泛然若非紧要者，此后世之所以不及于古人也。”[5]

仁斋虽未曾从经济政治和文化的连带关系中来把握“金规则”

---

① 伊藤仁斋：《童子问》，载日本古典文学大系97《近世思想家文集》，第215页。

② 伊藤仁斋：《语孟字义》卷之下，载日本思想大系33《伊藤仁斋·伊藤东涯》，第131页。

③ 伊藤仁斋：《童子问》，载日本古典文学大系97《近世思想家文集》，第248页。

④ 伊藤仁斋：《语孟字义》卷之下，载日本思想大系33《伊藤仁斋·伊藤东涯》，第143页。

⑤ 同上书，第144页。

的可行规律，[①]但后儒好高骛远和放弃实践的观念与行为，亦足以让仁斋窥见“金规则”在后世中国的命运。尤其是当他发现与尧舜孔子之道所谓“易知易行平正亲切者”和“卑近”说法相对的“难知难行磅礴广大不可窥测”[②]的“虚无之说”实来自老释学说时，“金规则”难以遂行的命运，在仁斋看来便具有了不可逆性：

> 佛老之教，及近世禅儒之说，高唱空虚难凭之理，好为高远不可及之说。[③]
>
> 若以理为万物之本原焉，则自流入于老佛之学，与圣人之旨，实天渊矣。……既归于理，则自不能不陷于虚无。[④]

在这种情况下，孔子的“仁”又如何不云遮雾障、“难知难识”？这也是仁斋大讲“苟以理求仁，愈远而愈难知也”[⑤]的重要原因。

德行先于议论、实先于虚的仁斋图标，曾深深地影响了近世日本另一位重要的思想家——“古学派”集大成者荻生徂徕（1666—

---

① 仁斋只将道德“金规则”的通行前提设定于舜时代命“契”制订的“五伦”基础上，而没太考虑和顾及世事的综合变化很难会使人际关系中存在一个恒久不变的道德金律，并且受孟子影响，有时还颇显天真——舜时代的“五伦”为：“使契为司徒，教以人伦：父子有亲，君臣有义，夫妇有别，长幼有序，朋友有信”（《孟子·滕文公上》）；仁斋的理解是：“自有生民以来，有君臣，有父子，有夫妇，有昆弟，有朋友。相亲相爱，相从相聚。善者以为善，恶者以为恶，是者以为是，非者以为非，万古之前如此，万古之后亦如此”，“问：‘后世恐难行王道。’曰：‘子为不井田，不封建，则不可行王道乎？将为悉除后世之法，以复三代之旧乎？’曰：‘然。非邪？’曰：‘非也。王道岂在法度上乎？所谓王道者，以不忍人之心，行不忍人之政而已，何难之有？’”（伊藤仁斋：《童子问》，载日本古典文学大系97《近世思想家文集》，第205、225页。）

② 伊藤仁斋：《童子问》，载日本古典文学大系97《近世思想家文集》，第204页。

③ 伊藤仁斋：《语孟字义》卷之下，载日本思想大系33《伊藤仁斋·伊藤东涯》，第123页。

④ 伊藤仁斋：《童子问》，载日本古典文学大系97《近世思想家文集》，第236、237页。

⑤ 同上书，第216页。

1728)。徂徕对"圣人政治"的超级重视,已经相当直露地在"制度"的意义上否定了道学家的"道德"乃至"超道德"想象;而针对宋明儒拟通过改变人的"气质"来强制世人适应他们虚拟出来的金律等做法,徂徕更提出了"气质不变"的鲜明主张——这一点,则不啻泯除了道学继续迷惑视听的哲学依据。[①] 而尤为重要的是,由荻生徂徕所提出的"气质者,天之性也"、[②]"性人人殊"[③]的说法和"至道固不悖人情,人情岂必皆合道乎"[④]的主张,以及其弟子太宰春台所明示的要尊重"各类人情"之伦理原则等,[⑤]似乎在几百年前就已为东亚地区新版"金规则"的问世,埋下了重要的伏笔。

第四节 关于"金规则"的"新版本"

可见,迄于东周,旧版"金规则"就已经开始了其"若隐若现"甚至"不绝如线"的命运,并且这种命运已随着道学家对"仁"的不断歪曲而日渐式微。实际上,道学家想要确立的,乃是一种超制度和超道德的"原理主义"、"道德主义"和"理想主义",一言以蔽之曰即"观念论"意义上的"金规则"。在实现上述目的的表述中,他们似乎一直在用传统来支持自己的体系,有时甚至假古人之论,歙呼张目,咄咄逼人。但由于他们"在引用旧事物时并没有尊重旧事物,旧事物总是被支离破碎地随便利用"(赵汀阳语),所以,中国的考

---

① 参见拙著:《日本近世新法家研究》第2章第1节,中华书局2003年版(下同)。

② 荻生徂徕:《辨道》,载日本思想大系36《荻生徂徕》,第204页。

③ 荻生徂徕:《辨名》上,载日本思想大系36《荻生徂徕》,第214页。

④ 《蘐园五笔》,载《荻生徂徕全集》第1卷,第537—538页。

⑤ 参见太宰春台:《经济录》卷1,载日本思想大系37《徂徕学派》,第24页。

据学派和日本古学派的纷纷崛起，各派学人"回到原典"和"尽废宋儒注脚"等旨在克服道学家经典解释随意性和主观性的呼吁，也就无可怪焉。

道学家的上述特征，就他们所生存的那个时空而言，倒颇有点"后现代"的意味。然而，"与现代性相比，后现代主要只不过是一种表述方式，加上某些表现性的或表演性的实践方式——由于是表演性的，也就是象征性的，所以本质上还是属于表述。这些表述方式和表演性的实践方式都不足以形成制度，不足以建立一种从根本上有别于现代社会的新制度"、"没有制度，只有表述，这一点决定了后现代不是一种独立的生活，甚至不是一种独立的思想。"①由于道德"金规则"是伦理学的问题，而不是心理学的问题，因此，解决伦理学问题的前提，是社会现实、政治制度和人际伦理能否互为诠释和互相支持而不是其他。从这个意义上讲，比起"可知"来，"可行"永远都是"第一义"的。这既是"民日用而不知"的道理所在，也同时证明："伦理学问题的解决不能依靠心理学，无论是康德式的善良意志还是孟子式的良心，而只能指望一种政治学的解决"，因为一旦失去了政治学的前提，"己所不欲，勿施于人"这一"表面上似乎表达了对他人的善意"的"金规则"，就会堕为"非常典型的主体观点霸权"，即"它的出发点仍然是'己'，它只考虑我不想要的东西就不要强加于人，根本没有去想他人真正想要的是什么，这意味着，我才有权利判断什么东西是普遍可欲和什么事情才是应该做的，我的心灵才算是个有资格作决定的心灵，而他人的心灵

① 赵汀阳：《没有世界观的世界》。赵氏在谈到今天后现代学者"引用"而并未"尊重旧事物"的情形时说："中国的后现代作品对文化大革命资源或其他传统的利用"，便属于这一类行为。中国人民大学出版社 2003 年版，第 220—221 页。

和思想根本不需要在场，我可以单方面决定普遍的价值选择，这就是主体性的霸权”。[①]

那么，道学家“观念论”意义上的道德“金规则”是否因此就获得了实现呢？回答是否定的。首先，在道学家所构建的学说体系中，宗教与哲学、认识论与伦理学、价值问题与事实问题均处于一种“脱不得脱，合又不得合”的相互纠缠和彼此抵消状态中。价值问题与事实问题前面已经提及，此不赘言；如果说西方的道德“金规则”只有寄身于宗教时才能得以保全，那么中国的宗教感觉在与哲学的相互抵消中却向无力量承此重任；至于在认识论与伦理学问题上人们观念中尚存的“朱熹—康德”同质化误解，却一如李泽厚所分析的那样：道学家“与康德由先验知性范畴主宰经验感性材料相比较，形式结构相仿，内容实质相反。宋明理学是由先验的‘天理’、‘天地之性’主宰经验的‘人欲’、‘气质之性’以完成伦理行为。前者（康德）是外向的认识论，要求尽可能提供感性经验，以形成普遍必然性的科学知识；后者（宋明理学）是内向的伦理学，要求尽可能去掉感性欲求，以履行那‘普遍必然’的伦理行为。……前者把认识论和伦理学截然两分，要求互不干涉，保持了各自的独立价值；后者却将二者混在一起，于是纠缠不清，实际上认识论在宋明理学中完全屈从于伦理学。”[②]其次，就道学家学说所起的实际作用而言，其道德理论的失败也显示了一种必然。不要说戴震在《孟子字义疏证》中对道学家扼杀人性、涂炭生灵的控诉句句是实，“即使在纯理论或行动中具有优秀表现的人物（例如刘宗周），只要

---

① 参见赵汀阳：《论道德金规则的最佳可能方案》，载《中国社会科学》2005年第3期。

② 李泽厚：《中国思想史论》上，第231页。

一翻阅他们那些涉及社会生活的种种议论（如刘的《人谱类记》），便怵目惊心地可以看到这些理学家们是那样地愚昧、迂腐、残忍……，他们几乎无一例外地要求用等级森严、禁欲主义……等等封建规范对人进行全面压制和扼禁。”[①]这显然与“将心比心”、“角色互换”和“对等互惠”的道德“金规则”是完全不同，甚至是背道而驰的两码事。余英时曾对道学家的“宏大叙事”作过如下“追问”：“《西铭》立说的对象究竟是谁？什么样的人能够真正做得到‘天地之塞吾其体，天地之帅吾其性’呢？理论上说，《西铭》普遍肯定了‘人’有参与宇宙创化的作用，因此对于每一个人都应该是同样有效的。但就实践一方面说，也和‘人皆可以为尧、舜’一样，似乎只有少数具有高度精神修养的人才能逐步走近《西铭》所揭示的境界。”[②]道学家用脱离实际的“极少数例”来压迫常规生活下的“大多数”的行为，凸显了以下事实，即无视制度，曲解亲情，消灭欲望；也暴露了以下逻辑，即“作为决定者，试图以‘我’为准，由‘我’来定义知识和标准，按照‘我’的知识、话语、规则把‘与我异者’组织为、理解为、归化为‘与我同者’。……一切以我的观点为准，实际上就是对他人的否定，是实施了一种无形的暴力，一种试图化他为我的暴力。”[③]正因为这些事实和逻辑均体现了道德金律之大忌，所以，赵汀阳的新版“金规则”，才显示出它积极的建设性意义。

新版“金规则”由于立足于对价值观冲突的解决动机，因此它具有鲜明的现代“后启蒙”色彩。现代社会已经“以‘进步/落后’的

---

① 李泽厚：《中国思想史论》上，第256—257页。

② 余英时：《朱熹的历史世界》上，三联书店2004年版，第153页。

③ 参见赵汀阳：《论道德金规则的最佳可能方案》，《中国社会科学》2005年第3期。

技术指针替代了传统的'好/坏'人性标准,以'新/旧'的时尚指针替代了传统的'卓越/拙劣'的品质标准,而且还因此导致了无法止步永不停息的'推陈出新'运动",因此,面对"没有一致价值观时代"的"现代"而提出"人所不欲,勿施于人"的新版"金规则",才可望因"无人被排挤"原则的实现而呈现出的"每个人都得到尊重"的景观。[①] 但是,宋明时期所发生过的问题似乎未能就此得到本质上的解决。首先,"人所不欲,勿施于人"固然不再依赖旧版"金规则"的"价值共识"前提和"对等性"原则,但人们从中却无法看到能够保证每个人的价值选择又不至走向无政府状态的制度保障。现代社会既已发展成为价值多元的空间,这就给制度提出了如何与之同构对应并且不断调整和改进的大课题。宏大叙事早已为当代人所深刻忌讳,但绵密到可以为每一个人立法的制度,又永远不要被指望会出现在这个世界上。由于王庆节以"他人观点"为准的道德金律是否能胜任作为"普世伦理"之"元规则"的担心并非全无道理,因此在这方面,新版"金规则"似乎还有待于提出更具体的解决方案。其次,道德的问题绝不能单靠道德本身来解决,它只有与政治规则相衔接并实现两者正面而积极的相互诠释,才有可能得到切实的维护。即便是带有浓重后现代色彩的法国解构主义大师福柯(Michel Foucault),在谈论真理时也无法不强调如下真理,即"一切揭示真理的活动都依赖于政治条件"。[②] 然而如本章开头部分所引用的那样,无论是新版"金规则"还是它的反对意见,人们在讨论这一问题时所依托的判断标准,却仍旧是道德,甚至是超道德

---

① 参见赵汀阳:《论道德金规则的最佳可能方案》,《中国社会科学》2005 年第 3 期。

② 参见福柯:《求知之志》,载《福柯集》,上海远东出版社 2003 年版,第 291 页。

的，因为从"本来状态"之"清廉"和"欲望对象"之"受贿"的对置式描述中，人们不禁会想起朱子学道德链条上的"本然之性"和"气质之性"，想起"未发"和"已发"，想起"性"和"情"，想起这几组范畴内部的尖锐对立和转化艰难。腐败认识的三阶段在现代化今天应该被排列为：不敢腐败→不能腐败→不想腐败。其中，"不想腐败"作为官员或公务员行为的最高境界，应该是经历过严格的法律（不敢）和严密的制度（不能）之管理和约束后才可达到的层次，尽管历史上的道学家总是要求人们直接做到"不想"。当看到王庆节的反对意见中竟了无政治法律制度对受贿行为的惩处和制约痕迹时，[①]道德的感召自律式提倡，最终只能成为"超道德"的空论。它无法不令人想起荻生徂徕几百年前的揶揄，即："心无形也，不可得而制之矣。故先王之道，以礼制心。外乎礼而语治心之道，皆私智妄作也。何也？治之者心也，所治者心也。以我心治我心，譬如狂者自治其狂焉，安能治之？故后世治心之说，皆不知道者也。"[②]毕竟，在道德"金规则"与政治法律制度的关系问题上，中国亦是自有古训的，即："禁令，治之大权也；赏罚，治之大威也；信义，治之大宝也；仁恕，治之大道也；政事，治之大舆也。权、威不立，则信义、仁恕适以病国；宝、道不诚，则禁令、赏罚反以厉民；政事不修，则宝、道无所载，而权、威无所施，故善为治者，必自政事始。"[③]就是说，"金规则"问题，与其说是清议问题，不如说是实践问题；与其说是

① 如王庆节认为，"道德金律"作为"普世伦理"应该是"示范伦理"而非"规范伦理"，甚至反对"刑政"的介入。参见王庆节：《解释学、海德格尔与儒道今释》，第248—250、307—311页。笔者以为，这种说法虽有古典价值，而少具现代意义；不乏理想主义，却有违当下实际。

② 荻生徂徕：《辨道》，载日本思想大系36《荻生徂徕》，第205页。

③ 《颜元集·颜习斋先生言行录》卷上《禁令》第10。

理想问题，不如说是现实问题；它既是道德问题，也是制度问题；虽是伦理问题，更是政治问题。

美国社会学家阿米泰·艾丘尼（Amitai Etzioni）教授对"金规则"的反思，适足参考。面对人拥有了过度自由后现代社会所出现的"自由"与"秩序"、"权利"与"责任"之间的空前失衡和传统"金规则"宣布失效等事实，艾丘尼提出了为求取平衡而重新构架"共同体"的学术倡议。这里的"共同体"指的是：家族、近邻与朋友、宗教、民族、工作单位、专业团体以及政治共同体等无数社会组织。艾丘尼把"共同体主义者"（communitarian）所要完成的基本课题表达为：求取个人自律与集团秩序之间的平衡、权利与责任之间的平衡、国家制度与市场以及市民社会之间的平衡等。[①] 在上述前提下，艾丘尼进一步将"共同体主义者"全部工作目的凝结为所谓"新黄金律"（the new golden rule），即："你应该像要求社会尊重和支持你的自律那样，去尊重和支持社会的道德秩序。"[②]他认为，倘若人们都能按照这种双向支持的"金规则"行事，那么行为者所在社会便有可能走向"良好社会"。在他的分析框架中，"共同体主义者"在把"良好社会"的建立条件措置于社会制度法规的同时，也强调了公民自我监督的重要性；[③]在尊重自由主义者和个人主义者

---

① 参见阿米泰·艾丘尼：《新黄金律》日译本，第 431、433 页。

② 同上书，第 10 页。

③ 艾丘尼指出："现在，自由社会的秩序依据着法律，而通常占支配地位的看法认为，法律本身就是由检察官、警官、法院和监狱来提供支撑的。但是，如果对人类社会每天发生的无数事情我们都要一一进行是否合乎社会习惯的监督，那么全部人口的半数恐怕都要变成监督者才行。正像古希腊的柏拉图所指出的那样，这些监督者亦需要配置监督监督者的监督者。可那样做的最终结果，只能使这里更近乎警察国家，而难以称为最良好的社会了。"参见阿米泰·艾丘尼：《新黄金律》日译本，第 133 页。

之必要选择的同时，更着力说明了英、美等国家是如何通过政府介入来实践“共同体主义者”的主张和见解的。[①] 由于共同体主义者所提出的“金规则”主要通过“不排斥多元主义的共通善”等“中心价值”来得以展现，而价值的最终判定者又每每呈显为“个人”→“个别共同体”→“作为道德框架的社会全体价值”→“不同社会间的道德对话”→“地球共同体”这一序列，[②]因此，大而空、貌似超越且仅凭想象式模拟便以为能够解决任何问题的普遍道德标准，在艾丘尼看来除了可与个人主义结合外，与共同体主义反而无缘。尤其当排斥任何“个别共同体”文化限定的“普遍主义原理”本质日益凸显时，共同体主义与康德所代表的旧版黄金律——“人是目的而非手段”这一命题之间，便明确划清了界限。艾丘尼在矫正康德空想的“金规则”偏颇时指出：“与其（康德）形成对照的是，共同体主义者的一般立场，建立于与特定共同体之共通善相结合的基础

---

① 艾丘尼对过分的所谓“自由”持鲜明的否定态度：“（那种所谓‘自由宁多毋少’的）观念，没有看到下面的社会学事实，即没有看到从高水平社会规制的某种状态朝能够更大幅度地进行选择的状态作出移动后所产生的后果。也就是说，个人自由的扩大一旦达到某一点，不但其行为者的负担会随之加重，还将使给这种自由提供终极支撑的社会秩序因之而崩溃。”他于是对英、美等国政府对共同体主义的关注和实践行为表现出了极大的热情：“近年，我们迎来了 Communitarianism 即新的共同体主义在许多领域中的隆盛气象。这是一件令人高兴的事。在政治领域，共同体主义被广泛引用，在英国和德国，该主义还被作为指导其各自国家政府的社会哲学而发挥着核心作用。同样，共同体主义也成了催生美国‘新民主主义’及其政府的重要因素，并且连稳健的保守主义也开始接受起共同体主义来。1996 年的舆论调查显示，美国权力者中的58%都接受了共同体主义者的见解。共同体主义者所主张的见解，正在得到多数人的赞同。即便是那些不赞同者，也没有表示出对个人主义或社会保守主义任何一方的明确支持态度。”分见阿米泰・艾丘尼：《新黄金律》日译本，《序章》，第 6 页，《日本語版への序文》，第 1 页。

② 参见阿米泰・艾丘尼：《新黄金律》日译本第 4 章：中心価値の共有、第 8 章：価値の最終判定者。

上,惟此,比起普遍价值,它毋宁更倾向于特殊价值。”然而在“自由”与“秩序”、“权利”与“责任”的平衡达成意义上,“通过各种普遍原理与特殊原理的结合来构建完整的符合共同体主义者规范的原理表达体系,便不但是可能的,而且是极其必要的。”[①]在这一目标下,包括艾丘尼在内的由五十八位著名专家学者共同签名的“共同体主义者纲领——权利与责任”,还为打破道德金规则所面临的时代窘境并实现“新黄金律”,提出了一系列具有可操作性的路径和方法,即:首先,从家族的重建开始,以期给新生代提供一个安定的能够形成其基础道德教养的场所;其次,要严格把守道德教育的第二道防线——学校,要求这种教育必须展开于一个人“从幼儿园到大学”的全部成长过程;第三,要实现“政治的净化”,坚持“社会正义”,使“权利”永远保持其道德上的“正当性”;第四,反对“国粹主义”,树立“人类共同体”信念,珍视“家庭环境”、“社会环境”和“自然环境”,等等。其所强调的诸如“相互扶助”的意义、“和解精神”的弘扬、“互敬之心”的培养和“共生共存”的真谛等道德实践的“中心价值”,[②]在今天的“金规则”探索中,无疑为人类社会呈显了某种方向性指针。

然而毕竟,人们迄今还未能真正确立起古代中西方世界曾经有过、并且形式与内涵几乎完全一致的道德黄金律。惟此,中国学者提出的新版“金规则”便具有了不容忽视的重要性。这不单是因为中国逐渐完善和发展起来的民主制度,将会给价值多元的每个价值主体最大限度地实现自身价值提供更好的保障,还因为新版

---

① 参见阿米泰·艾丘尼:《新黄金律》日译本,第354页。
② 参见上书,第431—451页。

"金规则"为今人从某一共同体中提取传统美德并尝试性地赋予其"金规则"价值，提供了可能性。当然，中外学界对道德金规则的探讨也反向证明了以下自诩、简单模拟和乐天感觉，对于今天的中国其实并无意义。余英时说：康德的伦理哲学强调人必须把人当作目的，不是手段；又说：除非我愿意我行事的根据成为普遍的道德法规，否则我将不那样做。这是西方近代的观念。但中国儒家的思想向来便是如此。康德的道德法则更合乎孔子的"己所不欲，勿施于人"。比基督教的"己所欲，施于人"的金律(Golden Rule)更为合理。所以伏尔泰有时引孔子的话来代替基督教的"金律"。人人把人当人，这是现代自由社会的普遍信念。民主理论也建筑在这个观念上面。近代西方人常讲的人是生而平等的、生而自由的这些话无非都是从这一基本观念中所衍生的。所以仅就人的尊严一点而言，中国文化早已是现代的，不必经过俗世化才能产生。[①]

(原载《思想史研究》[日本]第6号，2006年5月)

---

① 余英时：《从价值系统看中国文化的现代意义》，载《文史传统与文化重建》，第460页。

第三章 法家“契约诚信论”及其近代本土意义

引 言

20世纪末叶兴起于中国大陆的“诚信”问题讨论，至少受到了两大原因的驱使：一是，当市场经济日益成为我国经济生活之主要形式时，人们突然发现人的经济行为中倏忽间出现了“诚信”真空。这对于讲了几千年诚信的中国人来说，不亚于失语症突发和集体记忆丧失——它的瘟疫效应是显在而巨大的，以至交易活动中的人各自危几乎成了大陆中国人在相当一段时间里的真实心态。二是“世贸组织”（WTO）的加入，使人们痛切地感到中国脱胎于计划经济乃至自然经济体制的整个道德体系，在世界一体化的格局面前，已出现了严重的不适应态和国际脱轨现象，其中至为明显的，也正是“诚信”问题。当然，受损失的不是人家，而是我们自己。问题是，几千年都自视健全的中华诚信体系，真的在资本价值体系面前就如此不堪一击？对此，在政府通过行政手段开展旷日持久的“打假”运动的同时，大陆思想界也作出了不少理论上的回应。一种观点在充分肯定自孔子甚至从《周易》即已开始的儒家诚信传统的同时，坚信这一传统仍具有现实意义并将在未来的社会生活中继续发挥其根本的指导作用；[①]另一种观点则认为，由于儒家诚信观所赖以建立的宗法社会结构已不复存在，因此，它与当今市场经济条件下中国人观念世界的严重冲突，表明对产生于"德性经济论"背景下的诚信观的继续提倡，必将构成中国实现现代化的严重道德障碍，国人的诚信危机就是最好的证明；[②]至于第三种观点，说得就更加直白，即中文的"诚信"虽与西方对应词的字面意思接近，但不具备西方法律语言中的特定或引申的含义。因为今天人们所谈论的诚信原则所依据的道德体系显然是西方的而不是中国的。[③]

应该说，曾经在熟人社会中发挥过重要道德功用的儒家诚信观，在地缘血缘纽带基本被打破了的今日中国，其用武之地确已日现局促。而且随着时间的推移，这一难以操作和非实用的诚信体系，将作为"田园牧歌"的标本被收入人类文明的博物馆，而更多呈显其淳朴自然的观赏价值。然而，就整个中国道德而言，"诚信"真的就只是在字面意义上与西文相似？中国传统中真的就没有即便在今天仍远未过时的诚信理念？中国传统的诚信体系真的就无法实现近现代转换？如果承认中国人几千年来一直以长于"实用理性"而著称，并且承认这偌大的文明古国曾经为人类创造了无数的辉煌，那么，直欲将富于智慧的中国人归谬为"傻瓜"的逻辑推断，显然是有违事实的，也是难以让人接受的。这样讲的一个理论前

---

① 参见唐秋贤等：《〈论语〉中的诚信思想及其现代意义》，载《齐鲁学刊》2003年第2期；马秋丽：《〈易经〉中的诚信思想初探》，载《信阳师范学院学报》2000年第2期。

② 参见陈丽君等：《中西方关于诚信的诠释及应用的异同与启示》，载《哲学研究》2002年第8期；曹刚：《儒家德性经济论》，载《湖南师范大学社会科学学报》2001年第3期。

③ 参见苏亦工：《诚信原则与中华伦理背景》，载《法律科学》1998年第3期。

提是，儒家的形上文化并不等同于中国文化，儒家的形上精神也无法等同于中国精神。因为在传统中国，除了心性命理派，还有实学事功派；除了儒家的理想主义，还有儒家的现实主义；除了名教的名实相违，还有法家的循名责实。迄今的有关道德理论和诚信思想研究，尽管已提出了很多令人深思的问题，但也有许多更质实的东西被忽略或无视了。本章拟就这一被忽略和无视的部分做一点工作，并企望以下探讨能对同类问题的认识和解决有所帮助。

第一节　“信”的盲目乐天与“不信而信”

在中国，“诚信”的较早期指代，是《易经》中的“孚”字。《左传》中“小信未孚，神弗福也”的“孚”，就带有原始的诚信含义。“诚”和“信”虽可互训，但内涵是不尽相同的，而且就时间而言，应该是“信”在先而“诚”在后。对“信”的提倡，孔子是相当积极的。有学者统计，《论语》中仅提到“信”字的，就有 38 处之多。孔子讲信，既重说教，也重践行；既重内在自省，也重外在交接，体现了对信的中庸式把握。但是，到了后学曾子和思、孟，信的上述特征开始出现重内轻外的“一边倒”倾向，“诚”于是乎登场。仅《孟子·离娄上》一篇，“诚”就集中出现了 7 次；至于曾子的《大学》和子思的《中庸》，就更是不厌其烦，语之多多。这里，“诚”的精神载体是道德的“心”，其哲学依据是“性善论”，其保障方法则是自律。由于该论把人“心”赋予以先天善根的源头意义，“恻隐之仁”、“羞恶之义”、“辞让之礼”与“是非之智”又都从善而生，所以，人只要能把这善根留住或者把因后天诱惑而走失的“心”寻回，人生的意义便呈圆满。

因此孟子说:"学问之道无他,求其放心而已矣。"他相信,人只要能"明乎善",就是真诚和值得信赖的;他更相信,人若有诚心,对方则必为所动,反之,便"未有能动者也"。顺着这一逻辑走下去,"诚"一旦确立,"信"便是当然的。这也是孟子"爱人者人恒爱之,敬人者人恒敬之"等依靠发乎其心的"爱"和"敬"来换取对方同等诚挚与回报的人际交往准则的生成根据。与孔子之"信"尚有内外之别等特征不尽相同,思孟学派的"诚",显然已演变为侧重主体自我修养的自主性道德规范。在这里,"诚"主内,"信"属"诚";"诚"是根本,"信"是枝叶;"诚"自然"信","信"未必"诚"。诚、信合一固然好,如必择其一,当舍"信"而存"诚"。孟子所谓"大人者,言不必信,行不必果,惟义所在"云者,①说的就是这个道理。因为在孟子的逻辑里,"义"的根本,无非是自身的"羞恶之心"。这才是真"信",所以他反复强调,"有诸己之谓信"。

孟子的"诚"论,在中国人的精神生活中,确实有一定的影响力。问题是,当人们追问"诚"的立论根据时,总不免会生发出许多茫然。由于"诚"源自性本善,所以在孟子看来,人天生的善德几乎不可能和不应该是不"诚"的。就是说,其立论的出发点其实没有离开"诚"的道德预设和创设者的主观愿望。倘用逻辑语言来表述之,那就是:因为人是诚信的,所以人是诚信的。它显然因违背了逻辑上的因果律而成了语义学上的"同义反复"。这至少带来三个无法绕行的实质性问题:一是,由于孟子最终将主观求证视为人能否诚信的根本依据,而"心"的变动不居又实在使诚信的评价指标难以把握,所以,孟子诚信观的确立,说到底,是诚信感觉的确立而

---

① 这与孔子的"言必信,行必果"主张,显然有所不同。

不是诚信标准的确立;[①]二是,诚信的当然性,使德目本身容易被归谬为没有创设原因的无前提立论;三是,由于诚信本身的心理原则大于物理具体,所以极易使诚信标准丧失其现实生活中的可操作性,也丧失了德目本身的确指含义。边沁讲:"一种设想的约定,由于被那些设想它的人描述得如此不严格而且用词如此不一致,它可以被说成具有任何决定性的意义。"[②]

其实,孔子"始吾于人也,听其言而信其行;今吾于人也,听其言而观其行"的人生经验,在道出内在诚信具有不确定性的同时,也提出了"言"(主观)"行"(客观)一致如何可能的名实监察问题,更隐约地指出了由"不信"而"信"这一对人伦日用极具可操作性的诚信固有规律,尽管这一经验的得出起因于他本人曾有过的盲目诚信的教训。因此,比较而言,孟子对诚信观的发展,显然已丧失了孔子时代的客观意义,其极致走向,似乎也只能使他去做"宇宙的公民"(冯友兰语),而无法做好社会的公民。[③]

有惩于此,荀子乃顺着孔子"信"的客观方向,作了大跨度的迈进。该迈进的刺目体现,就是通过孔子诚信观题中应有的客观"礼义"对诚信施以外在的标准强化;而强化的前提之一,便正是"不信

---

① 日本江户思想家荻生徂徕的讲法不无揶揄:"外乎礼而语治心之道,皆私智妄作也。何也?治之者心也,所治者心也。以我心治我心,譬如狂者自治其狂焉,安能治之?故后世治心之说,皆不知道者也。理无形,故无准。"见《辨道》,载日本思想大系 36《荻生徂徕》,第 205 页;又:"'诚于中形于外',学者难其解者,缘孟子性善所锢已。"见《辨名》上,同上书,第 226 页。

② 参见边沁:《政府片论》,商务印书馆 1995 年版(下同),第 152 页。

③ 孟子的"尽心→知性→知天"和"天爵"大于"人爵"等观点,都表明了他的这一理论倾向。

而信”。由此才能理解何以荀子会提出与孟子适相对垒的“性恶论”主张。其内在逻辑表现为：由于被孟子作了极致发挥的内在“仁论”和“性善论”并未使人的诚信道德发生实质性好转，因此，要想强调外在“礼义”对诚信所具有的标准意义，就必须以社会人的实际状况为前提，即利害场中的人是不可信的。而不可信的根源，乃在于人性本恶。如果承认诚实守信是善德，那么，只有外在礼义才能为这种善德的培养，提供切实的保障和符验，否则便是空话：“凡论者贵其有辨合，有符验。故坐而言之，起而可设，张而可施行。今孟子曰：‘人之性善。’无辨合符验，坐而言之，起而不可设，张而不可施行，岂不过甚矣哉！”（荀子）显然，在这个诚信体系中，信是从属于礼义的，所以他常把“信”附诸“礼”后，指出“宜于时通，利以处穷，礼信是也”，也明确提出了礼义为首，忠信为次的观点，即“夫义者，内节于人，而外节于万物者也；……然则凡为天下之要，义为本，而信次之”。荀子对“信”的次位安置，绝不是说信不重要，这实际是在说明，礼义的客观标准一旦确立，便不由人“不信”。这种当然的逻辑联系，显然与孟子的“诚自然信”推理，正好相反。

荀子“不信而信”的诚信观，不失为对中国诚信体系发展的一大推进。然而，礼在规矩的意义上毕竟属于道德的范畴。它的外在标准虽能使人的不信行为因受到客观约束而有所收敛，但道德的非强制性和非契约性特征，使不信者的惩罚反馈并非立竿见影，它能给人带来的利益损失也绝非履及剑及。在荀子生活的现实社会中，对诚信的遵行之所以会出现了因人而异的现象，也正是因为礼是道德的。由于道德的高下在当时往往依“君子”、“小人”的社会地位来确定，因此其对等级制度下各色人等所能发挥的约束作用显然不可能一样。当来自于高贵地位和身份的道德压力转化成道德的优越感和“面子”时，拥有这些名分的贵族在守信方面自然要比那些赤贫至贱者自觉得多。这样我们才能理解，为什么荀子会说出“由士以上则必以礼乐节之，众庶百姓则必以法数制之”的话来，以及《礼记》中何以会出现“礼不下庶人，刑不上大夫”等同类表述。显然，在如此社会中建立起来的人际诚信关系，存在着明显的等级色彩和事实上的不平等。孟子内在诚信观的心性依据，虽因缺乏客观规矩而鲜具可操作性，但“见大人则藐之，勿视其巍巍然”的无贵无贱心态，却为平等意义上的诚信观确立，提供了某种原理上的支持；而随着战国时期“礼制法制化”过程的逐步完成，荀子的虽是客观礼义但毕竟还属于道德范畴的诚信观，也日益露出了约束力丧失的光景。因此，如何赋予诚信行为以平等意义，如何使诚信的外在规约手段更符合“礼废乐坏”的时代要求，这些再实际不过的问题，便全部摆在了法家的面前。

第二节 “刑名参同”与契约式诚信的建立

司马迁“贵诈力而贱仁义，先富有而后推让”的描述，道出了战国时代人际关系的实情。就是说，随着“礼废乐坏”情状的日益加深，即便是礼义的约束，也不能救正诈欺公行、礼让扫地局面于万一。人们已经无法把握每个人的表面态度和内心想法、漂亮言辞与实际行为之间还有几分一致可言。于是，卜筮之学大盛，方术之士辈出，兵符玺印簇现。老子时曾经指出的“信言不美，美言不信”情形，至此已成为信用世界的普遍现象。显然，再靠人内在的慎独式诚信来应对复杂的人际关系，首先是不可能的；而外在的“君子协定”，对于维护礼义道德下的诚信观念，也实在是于事无补。[①]法家最早看到了这些问题。关于前者慎到指出：“能辞万钟之禄于朝陛，不能不拾一金于无人之地；能谨百节之礼于庙宇，不能不弛一容于独居之余。”道理很简单，即“人情每狎于所私故也”；关于后者，韩非亦明言：“言已应则执其契，事已增则操其符。符契之所合，赏罚之所生也。”这就明确地提出了“契约”对于解决诚信危机问题所具有的关键意义。

慎到所点出的“人情”概念，引人注目。在“每狎于所私”的人情里，慎到并没有刻意强调“礼”意义上的上下尊卑之别。换言之，无论是大人还是平民、君子抑或小人，就人的实情而言，都是“私”的存在，而私的一般特点，则是“趋利避害”。《管子》“凡人之情，得所欲则乐，逢所恶则忧，此贵贱之所同有也”的表述，形象地概括了人情所具有的普遍特征；韩非所谓“人情有好恶”和“喜利畏罪，人莫不然”等总结，亦复如此。“人情论”作为一种事实判断，显然有别于儒家的“人性论”，因为人们很少见到法家往人情上粘贴“善”或“恶”之类的价值标签。[②] 重要的是，由于儒家“人性论”视角下的人的善恶甄别往往与当事者地位的高下成正比，所以法家对人的判断，首次使所有人在“人情”面前获得了某种程度上的人格平

---

① 孔子在春秋时即指出的“是可忍，孰不可忍”现象，到了战国时期，已登峰造极。顾炎武的总结和推断，再现了礼乐制度的全面崩溃情形：“春秋时，犹尊礼重信，而七国则绝不言礼与信矣；春秋时，犹宗周王，而七国则绝不言王矣；春秋时，犹严祭祀，重聘享，而七国则无其事矣；春秋时，犹论宗姓氏族，而七国则无一言及之矣；春秋时，犹宴会赋诗，而七国则不闻矣；春秋时，犹有赴告策书，而七国则无有矣。邦无定交，士无定主，此皆变于一百三十三年之间。史之阙文，而后人可以意推者也。不待始皇之并天下，而文武之道尽矣。”（《日知录·周末风俗》）

② 参见拙作：《江户日本与真正的“儒法之争”》，载《读书》2003 年第 7 期。

等。韩非所谓“好利恶害,夫人之所有也”,说的就是这个道理。它甚至衍生出了类似于今天“法律面前人人平等”的命题:《管子》——“上亦法,臣亦法”、“法令者,君臣之所共守也”、“君臣上下,贵贱皆从法,此谓大治”;《韩非子》——“法不阿贵,绳不挠曲……刑过不避大臣,赏善不遗匹夫……一民之轨莫如法”。正因为法的一律与人情的平等是一种同构对应关系,所以韩非说:“法通乎人情,关乎治理也。”平等,大概也只有平等,才是建立人际诚信关系的真正前提。因为很难相信在“以强凌弱、以众暴寡”的“强弱”“众寡”之间还会存在什么真正的诚信。[①] 然而,人际间的“不信”,毕竟是当时的实情。对治国者而言,若要建立新的诚信体系,光提出“凡治天下,必因人情”(韩非)和“法律面前人人平等”的原则是不够的,它需要甲乙双方(或数方)在“同利相求”的前提下借助某种公正而公开的外在手段把“不信”转化为“信”,把原则落实到具体,并通过具体手段的落实把各色人等连接成整体。法家所寻出的这个手段,就是“契约”,其具体操作方法,乃是“赏”和“罚”。

契约,是双方(或数方)当事人订立的有关权利和义务的协议。其目的是通过协议对签约者的道德或法律约束来实现双方(或数方)的共同意向。显然,诚信既是契约得以确立的道德底线,也更是法律底线。契约论研究者指出:在典型的契约中,立约者们所做的是一个交换的行动(an act of exchange)。商业上的契约行为把这个特点表现得最为清楚。立约的双方把自己所有的东西,与对

① 卢梭曾不无挖苦地揭露过不平等前提下的诚信特征,即:“无论是一个人对一个人,或者是一个人对全体人民,下列的说法都是同样地毫无意义:‘我和你订立一个负担完全归你而利益完全归我的约定;只要我高兴的话,我就守约;而且只要我高兴的话,你也得守约。’”见卢梭:《社会契约论》,商务印书馆 2003 年版(下同),第 16 页。

方交换。两者都是为了达到自己的目的才这样做。当立约者为了达到自己的目的而与别人进行交换之前,理论上他一定要对他将让渡出的东西具有拥有权他才能这样做,否则这个契约行为就无法生效。所以从原则上说,契约与市场是二而一、一而二的东西。契约行为也就是市场行为。[①] 由于契约最早出现于政治家与平民之间,即"契约是由国王和人民缔结的",[②]所以,《商君书》曾经指出:"信者,君臣之所共立也","人情而有好恶,故民可治也。人君不可以不审好恶。好恶者,赏罚之本也。夫人情好爵禄而恶刑罚,人君设二者以御民之志,而立所欲焉。夫民力尽而爵随之,功立而赏随之,人君能使其民信于此明如日月,则兵无敌矣。"慎到进一步强调,要达成这样一种信用,当事人之间就必须订立契约,因为"书契,所以立公信也"。作为儒法间桥梁的荀子,也认为契约当是立信的重要依据,即:"合符节,别契券者,所以为信也。"韩非则对契约手段作了学理和法理上的阐释。他认为,契约得以成立的原理,系于"刑名相符"和"循名责实",所谓"同合刑名,审验法式"、"用一之道,以名为首,名正物定,名倚物徙"、"上以名举之,不知其名,复脩其形;形名参同,用其所生;二者诚信,下乃贡情"云者,说的就是这个道理。他甚至把该原理视为当权者必不可少的统治术:"术者,因任而授官,循名而责实,操杀生之柄,课群臣之能者也,此人主之所执也。"表面看上去,以上表述颇有些专制蛮横的味道,但实际上,由此而建立的新型诚信关系,至少凸显出两大特点:一,诚信所赖以建立的两大依据——"名"和"实",都是公诸天下的客观标

① 参见石元康:《社会契约与个人主义》,载《思想史上的个人、社会与国家国际学术研讨会论文集》(上),香港中文大学中国文化研究所,2003 年 10 月。

② 参见边沁:《政府片论》,第 152 页。

准，它们既有督课“签约者”的规约作用，也有法律监督的苛责功能，因为在有约的情况下而当事者还不忠于契约，笃行约定，那么，相应的惩处便在所难免；反过来，则相应的奖励也就如期而至，即“不信者有罪，事有功者必赏，则群臣莫敢饰言以惛主”。二，契约式诚信，强调的是权利与义务的并存关系。在这种情况下，臣对君的人身依附关系大为松弛，因为“主卖官爵，臣卖智力”和“臣尽死力以与君市，君垂爵禄以与臣市”等上下级关系一经结成，以往维系主从之间的纽带——“义”，便自然被契约纽带——“利”所代替。而君臣间这层买卖关系一旦被挑破，君主对臣下便不应再有什么超功利强控的道德理由，否则，就成了君主单方面的失信或者毁约。其实，法家所构建的这套理论，并非没有现实依托。战国时期的实际情况是“邦无定交，士无定主”。士阶层之所以能够“朝为合纵，暮倡连衡”，自由流动于各国政权之间，有些人还取得了巨大的成功，与契约所提供的价值实现平台和来去自如的人身自由，有着深刻的关联。实际上，秦孝公的“求贤令”本身，就是一个莫大的诚信契约，他的承诺条件是：“宾客群臣有能出奇计强秦者，吾且尊官，与之分土。”[①]天下士人成就于秦者，不可谓少，商鞅和李斯便是其中的代表。而商鞅对秦国兵农所立下的契约——“斩敌一首，赐爵一级”和“戮力本业而复其身”等，竟使落后的边陲小国敢于萌生“囊括四海、并吞八荒”之心，并为秦首次完成“六王毕，四海一”的统一伟业，奠定了雄厚的基础！这与法家所创立的契约式诚信体系，实在无法分而视之。

---

① 《史记·秦本纪》。

卢梭指出,“合法的约定”,“是以社会契约为基础的”。[①] 其实换言之,契约也是法律所赖以展开和发挥功能的基本和主要形式。契约体系之所以能在秦国得到落实,是因为秦有着极为细密和相对完备的法律体系。在契约面前,难以凭依的儒家道德诚信,显然无法落脚。荀子称秦国“无儒”和秦昭王慨叹“儒无益于人之国”云者,[②]看来是符合实际的。秦,是法家理论缔造的帝国。在这个国度里,人们的政治、军事和经济关系以及人的各类职能几乎都被各类契约所锁定,它的细密程度是难以想象的,因为当看到类似于韩昭侯政权管帽子的不能“典衣”,而管衣服的不许“典冠”等规定遍布于秦国时,当读到“有弃灰于道者”亦要受罚等法令条文时,人们便不能不为之惊叹咋舌。除了《商君书》、《史记》和《韩非子》中的有关记载外,1975 年出土于云梦睡虎地的《秦律》竹简,为后人提供了一睹秦帝国完备法系的绝好机会。在这部法典中,除了政治、军事等领域的契约外,最引人瞩目的,则是充满理性精神的工商法条文。

秦帝国的“上农除末”令,历来被视为其限制工商业发展的政治纲领。然而,来自政府的行业限制,多半出于经济种类的平衡和政权统治的安定等考虑。倘若秦的工商业并不发达,甚至不过分发达,限制也就失去了前提和必要性。秦历史上就是一个以工商业闻名的国家。据《史记·货殖列传》载:“及秦文、孝、缪居雍,隙陇蜀之货物而多贾。”吕不韦以一介商人竟能位迁丞相而少有阻拦等现象,不能不令人深思。从秦始皇因巴蜀寡妇“清”“擅其利数

---

① 卢梭:《社会契约论》,第 40 页。

② 分见《荀子》之《强国》、《儒效》篇。

世,家亦不訾”而“为筑女怀清台”以为褒奖的故事和《秦律》中的类似激励条文中,人们也无法读出秦对工商业的毁灭诛除迹象。秦的工商业政策,如有学者所言,只不过是管理日趋严格和规范性不断加强罢了。[①] 而这一点,反而是符合工商业发展的自身规律的,即:市场经济区别于自然经济的重要标志之一,就是工商法的完备和契约基础上的诚信确立。而秦与工商业者间所达成的契约,也正好体现在货币管理、物价标准、度量衡统一、技术求精、产品质量和会计结算等方方面面的法律规定中。无论是《秦律十八种》、《效律》、《秦律杂抄》,还是《法律答问》和《封诊式》,这些细密的法律规定,体现在云梦秦简的各类文书中,说明《梁父刻石》所录“治道运行,诸产得宜,皆有法式”等文字,并非诬妄。[②] 其中,“刑名参同”和“依律赏罚”等考课机制的导入,对于市场经济的规范化、有序化和诚信体系的建立,提供了切实而具体的保证。例如,为了保证交易公平,以抵制欺诈和非标准行为,《效律》规定:“衡石不正,十六两以上,赀(指罚——引者注)官啬夫一甲;不盈十六两到八两,赀一盾;甬(桶)不正,二升以上,赀一甲”、“升不正,廿分升以上;黄金衡羸(累)不正,半朱(铢)以上,各赀一盾”;《工律》还进一步将严格考课度量衡具体管理人员的标准执行情况纳入了相关条文中。至于其对产品质量的检查所反映出来的生产责任落实与考课情况,就更是严格认真,甚至为了保证这种考课的真实性,律法还规定,不许匠人个人检查其产品合格与否,否则将受到相应处罚。《徭律》上说:“度攻(功),必令司空与匠度之,毋独令匠。其不审,以律

---

① 参见朱奎泽:《云梦秦律:经济运作的理性精神》,载《兰州铁道学院学报》2003年第2期。

② 参见《史记·秦始皇本纪》。

论度之。”①

由于工商业者在进入生产和流通领域之前对国家的有关规定有着契约式的认可——这几乎是他们从事这项工作的前提条件，所以，他们对上述法规的服从和诚信，便应该被理解为对自己承诺的服从和诚信。正惟如此，违规受罚是合理的，其效果，便应是《商君书》所说的“皆务自治奉公”。重要的是，“天下之吏民，无不知法者。吏明知民知法令也，故吏不敢以非法遇民，民不敢犯法以干法官也。吏遇民不循法，则问法官，法官即以法之罪告之，民即以法官之言正告之吏。吏知其如此，故吏不敢以非法遇民，民又不敢犯法。如此，则天下之吏民，虽有贤良辩慧，不敢开一言以枉法；虽有千金，不能以用一铢”，②因此，人在接受赏罚之前，就已经知道自己将会见赏还是被罚，执法者官吏乃至国家也就树立起了自己的威信，而威信作为一种无形的权力，又反过来强化了法律的威严。秦民之所以会形成“甚畏有司而顺”的风俗，③就是因为“其政严，其赏罚信”。④ 在这种情况下，《吴子》所描述的“其民不让”习惯，也就不足为奇了：既然大家都按“同利相求”的契约行事，而且在日常生活中尚平等而不尚尊卑、尚事功而不尚出身，儒家的“让”及其与之相关的大部分道德说教，便自然失去了模仿意义；而儒家的“心性”诚信和难以操作的“礼义”诚信倒不得不“让”位给了法家的“契约”诚信。

① 参见睡虎地秦墓竹简整理小组编：《睡虎地秦墓竹简》，文物出版社 1990 年版，第 69、70、43—45、79—86、47 页。

② 《商君书・定分》。

③ 《荀子・强国》。

④ 《吴子・料敌》。

因此,无论从哪个角度看,秦都不失为一个普及了契约式诚信的法制国家。在卢梭的眼里,"凡是实行法制的国家——无论它的行政形式如何——我就称之为共和国;因为唯有在这里才是公共利益在统治着,公共事物才是作数的。一切合法的政府都是共和制的。"[①]这种说法虽不尽符合秦帝国的政体和国体实际,但秦人贴近"人情"而不是"人性"的务实和理性精神,却是无论如何也抹杀不了的,尤其当后世儒生充满"憎法"心理的情绪化批判夺人耳目的时候,这份理性的警觉,就显得尤为重要。法家理论的实际运营情况乃如某些西方学者所指出的那样:秦帝国时期法家理论在日常生活中的应用,并不像人们根据史籍记载的个别事件或后世儒家作者的责难所设想的那样教条,而是比较通情达理的。[②]

第三节 法家"契约诚信论"的本土近代意义

法家的创制,在中国历史上影响深远。"法家起于战国中叶,……秦人用之以成统一之业。汉承秦规,得有四百年秩序的发展。盖汉代政治家萧何、曹参,政论家贾谊、晁错等,皆用其道而规画天下。及其末流,诸葛亮以偏安艰难之局,犹能使'吏不容奸,人怀自厉',其得力亦多出法家。信哉卓然成一家之言!直至今日,其精神之一部分,尚可以适用也。"然而,如此合理的社会政治制度,怎么会导致秦帝国的"二世而亡"呢?应该说,迄今所有的原因分析,在某一特定的意义上都是有道理的。带着近代西方具有良

① 卢梭:《社会契约论》,第49页。
② 参见崔瑞德、鲁惟一:《剑桥中国秦汉史》,中国社会科学出版社1992年版。

好监督机制的“立宪政体”视角，梁启超指出，法家政治理论能否成为“政治论之正则”之所以值得怀疑，是因为“法家最大缺点，在立法权不能正本清源”，即：“法何自出？谁实治之？则仍曰君主而已。夫法之立与废，不过一事实中之两面。立法权在何人，则废法权即在其人，此理论上当然之结果也。”[①]然而，如果读过《商君书·画策》中的一个观点，则梁氏的困惑其实并不新鲜，即“国皆有法，而无使法必行之法”。法家的真正问题，出在它不得不先后提出的两个“第一”——“法律第一”和“君主第一”上。其中，“法律第一”体现了它的理论真实，而“君主第一”则表现为政治真实。理论真实只有通过政治真实，才能开辟出实现自身的道路，尽管在这一过程中理论真实将付出惨重的代价，甚至会一时走向自身的反面。[②] 秦朝的“二世而亡”，容易让人产生把“统治者”通过“应用法家学说”，可以“将所有权力集中到自己手上”的做法与法家的初衷和最终目的混为一谈的错觉。[③] 如果真的是这样，《商君书》适才的问题意识便无从产生，慎到也就不会对当局提出“立法而行私，是私与法争，其乱甚于无法”的警告了。在人们已惯常于千百年来“予一人”政治的传统氛围中，法家假君主之力而付出的、其终也刚好是为了否定“人治”的种种努力，毕竟对中国的统一、吏治的清明、功利主义的兴起和契约体系的挺立，做出了最初的贡献。有些贡献，即便与近代西方的某些理论相比，亦绝不逊色，所以梁启超

---

① 梁启超：《先秦政治思想史》，载《饮冰室合集》第9册，中华书局1989年版(下同)，第148页。

② 参见拙作：《“心治”、“身治”与“法制”：析法家政治思想中不可解的内在矛盾》，载《史学集刊》1993年第2期。

③ 参见斯塔夫里阿诺斯：《全球通史：1500年以前的世界》，上海社会科学院出版社1998年版，第286页。

说:“法家……最晚出,正当列强对抗竞争极剧之时,故其中一派以‘富国强兵’为职志,其嗅味确与近世欧美所谓国家主义者相类,无庸为讳也。”[①]李泽厚也认为:“自宋代以来的所谓法家或重视功利、主张变革的现实思想家、政治家所真正面临的‘法家’内容,毋宁是一个日趋走向近代的新历史课题”,“以黄宗羲为代表的这批思想家倒真可以说是具有某种近代意义的‘法家’,他们鲜明地提出了与儒学传统不同的‘有治法而后有治人’的原则,从君臣理论到重要制度都相当具体地开始形成一整套思想。这就并不是如某些学者所说的‘不超出儒家政治的陈词滥调’,而是符合时代动向的真正的新声音。”[②]显然,他们是针对法家原理所具有的准近代意义说这番话的。而本章所要提出的问题是:法家“契约诚信论”在中国本土的近现代转化,如何可能?

“近代”和“现代”,在英文中是一个词,即 modernization,一般指 17—18 世纪欧洲步入市民社会和资本主义形成以后的历史时段。这种时空定位,使近代化本身带有强烈的西方化色彩,一定意义上甚至可以说,所谓近代化,就是西方化。[③] 近代化过程中的科技发展、商贸发达和政治进步固然重要,但更重要的,恐怕还是人际关系的日趋合理化,即建立在平等基础上的契约诚信关系的普及化和常然化。无论什么国度,也不管如何性质的社会,诚信,总是受人欢迎的,所以孔子说:“言忠信,行笃敬,虽蛮貊之邦行矣;言不忠信,行不笃敬,虽州里行乎哉?”西方资本经济所具有的诚信意

① 梁启超:《先秦政治思想史》,载《饮冰室合集》第 9 册,第 156 页。

② 李泽厚:《中国思想史论》上,第 283、286 页。

③ 参见拙作:《日本近代化论在“时空”定位上的两难》,载《日本学刊》2003 年第 6 期。

义，是世界经济一体化的重要道德和法律前提；一些发展中国家对"WTO"的积极加入本身，也证明这些国家对契约式国际诚信体系的道德认可和法律遵守愿望。但是，一个民族或国家能否真正在诚信舞台上有良好的表现，很大程度上取决于它们曾经有过的文化背景和历史习惯。人们不难看到，中国主要形成于法家思想中的契约式诚信体系与西方的相关体系之间，无论在政治前提、人情基础，还是手段方法上，都具有极大的相似性，许多日本学者喜欢把中国的荀子和韩非比作西方近代自由主义的某些创始人，并非没有道理。[1]

首先，法律体系的建立，是近代契约得以形成和落实的政治依据。卢梭曾分别谈到过法律和契约的不可分割意义，认为"法律是政治体的唯一动力，政治体只能是由于法律而行动并为人所感受到；没有法律，已经形成的国家就只不过是一个没有灵魂的躯壳，它虽然存在但不能行动。因为每个人都顺从公意，这还不够；为了遵循公意，就必须认识公意。于是就出现了法律的必要性"；[2]他还提出，"国家成员之间的约定乃是政治共同体的基础"，"社会契约的成立乃是一种特殊的公约，由于这一公约每个个人就和所有的人订了约"，[3]"只要抽掉了公共约定，国家就会消灭而一点也不需要改变它的全部内容。……什么是向主权者宣战？那就是攻击公共约定以及由它所得出的一切；因为国家的本质就仅仅在于这一点"。[4] 按照霍布斯的逻辑，国民对法律契约的严守，应该既体

---

① 参见拙著：《日本近世新法家研究》序章。

② 参见卢梭：《社会契约论》译注：《日内瓦手稿》，第44—45页。

③ 参见卢梭：《社会契约论》译注：《山中书简》第6、31页。

④ 参见卢梭：《社会契约论》译注：《纽沙代尔手稿》，第19页。

现了国家的特征——“国家是由契约而产生的”；也表达了国民对法律的服从意愿，即“与国家缔结契约的同时也就表达了人们的服从意愿”。由于“服从国家不是一时的冲动”，因此，上述契约一旦达成，人们对契约的服从，便只能是理性的服从而不是道德情绪化的皈依。所以霍布斯十一条自然法中的第三条便是：“所定信约必须履行”。[①] 由于这种现实而外在化的规定几乎成了人的正义感的产生根源，所以有学者指出：“霍布斯的贡献集中到一点，就是把政治哲学从神学的道德人格中解放出来”。[②] 如前所述，秦法，具有“天下吏民无不知”的鲜明特点。正惟如此，我们几乎没有理由不将其看作是秦“国家成员之间的约定”或“公共约定”，也不能不说秦正是这样一个以法律为灵魂的国家；而且，由于中国的道德人格更多表现为儒者的“心性论”传统，所以，韩非“释法术而心治，尧不能正一国；去规矩而妄意度，奚仲不能成一轮”等主张，便不啻于把中国的政治哲学从儒者的道德想象中解救了出来。这种工作是相当艰难的，“立法工作之所以艰难，倒不在于那些必须建立的东西，反而更在于那些必须破坏的东西。”[③]法家在立法过程中对儒家的严厉批判和打击招来了嫉恨，以至于引发了儒生们的全面反攻和两千多年的骂不绝口。

其次，从虚假道德的人回归到真实功利的人，通过对人的本质的重新确认来建立符合人本性的政治制度，是近代化的又一个必要前提——即所谓“私意识”的觉醒和功利主义的确立。霍布斯把人的自然欲望、虚荣和自利视为人的本性，并认为人的最终目的无

---

① 参见霍布斯：《利维坦》，商务印书馆 1985 年版(下同)，第 133、108 页。

② 参见陈乐民、周弘：《欧洲文明的进程》，三联书店 2003 年版，第 117 页。

③ 参见卢梭：《社会契约论》，第 65 页。

非是为了寻求快乐、逃避痛苦和保全生命。卢梭也曾表达过几乎相同的意见:“人性的首要法则,是要维护自身的生存,人性的首要关怀,是对于其自身所应有的关怀。”[①]由于人的本质表现为上述存在,所以卢梭对人性善恶的判断显然已不再是价值判断,而成为地道的事实判断:“辨别好坏最有效的也是最简捷的方法,就是想一想自己愿意要什么,不愿意要什么。”[②]然而霍布斯担心,倘若放纵这些自然权利,人不但不能实现保全生命的最终目的,反而会使人与人之间陷入战争。所以,如何通过某种关系使人的天赋权利转换为社会状态中的人的自由,进而使每个社会成员都能保证其生命财产的安全,便成为霍布斯不能不认真思考的重要问题,这个问题,就是契约的问题。[③] 用卢梭的话说就是:“‘要寻找出一个结合的形式,使它能以全部共同的力量来卫护和保障每个结合者的人身和财富,并且由于这一结合而使得每一个与全体相联合的个人又只不过是在服从其本人,并且仍然像以往一样地自由。’这就是社会契约所要解决的根本问题。”[④]由于“服从本人”的实质在于服从人们普遍具有的功利欲望,所以,即便是反对自然法和契约论并认为它们不过是抽象观念和原则的边沁,也给功利主义以极大的重视。他有一个著名的论断,即:“除了功利的原则外,又能够是别的什么呢?这种原则为我们提供了我们需要的理由,只有这个原则不用依赖任何更高的理由。这个原则本身就是解决任何实践

① 参见卢梭:《社会契约论》,第 5 页。
② 同上书,第 95—96 页。
③ 参见霍布斯:《利维坦》,第 128—138 页。
④ 参见卢梭:《社会契约论》,第 19 页。

问题的唯一和完全充分的理由。"[①]其内在逻辑可梳理为:趋乐避苦是人的根本天性,人类一切行为的最终目的都不过是为了寻求幸福——个人的目的是谋求个人幸福的最大化,而社会的目的则不过是谋求社会幸福总量的最大化而已。边沁认为,调节这两者之间的关系,将主要依赖国家的力量和法律的规定。但这要有一个前提,即国家和法律本身一定得是功利原则的产物。如果国家和法律不符合功利原则,边沁主张,就必须对之实行功利主义的批判和改造。其内在逻辑表现为:以人的行为根本动机为基础论证功利乃人之天性;将功利标准引入政治领域,确定政治生活的基本原则;以政治的基本原则为依据,探讨政府形式和运作等现实政治问题。所以,尽管在自然法和契约论上边沁与霍布斯等人存在有一定的分歧,但他们在政治理论的自由主义性质上并无本质上的区别。[②] 从中国的功利主义传统看,其实荀子和韩非都极早就提出过类似的原理:由于人的无所不好,所以才引出了荀子维护国家和个人利益的"礼乐刑政"制度;亦由于非常了解"好利"和"皆挟自为心也"是人情的本质,所以,韩非的"凡治天下,必因人情"说,也早已成为法家"援功利入政治"的社会治理原则。韩非将君臣关系直露地定性为买卖契约关系的表述,堪称政治领域功利性原则运用史上的登峰造极之作。在这里,抛却功利条件的"何必曰利"和"仁义仁政"道德,曾经引起过法家学派的高度警觉和深刻忌讳。

第三,近代化进程中的法律契约,由于脱离了血缘和地缘的羁绊,因而使公正、公平原则,能够通过最简单的手段进行操作,使可

---

① 参见边沁:《政府片论》,第 158 页。

② 参见王彩波等:《西方近代自由主义传统:从霍布斯到约翰·密尔》,载《社会科学战线》2004 年第 1 期。

操作性无疑被增强了。霍布斯指出:“在‘利维坦’中,‘主权’是使整体得到生命和活动的‘人造的灵魂’;官员和其他司法、行政人员是人造的‘关节’;用以紧密连接最高主权职位并推动每一关节和成员执行其任务的‘赏’和‘罚’是‘神经’,这同自然人身上的情况一样。”[①]显然,霍布斯是把法律契约的执行手段“赏”与“罚”视为国家机器能否灵活运转的“神经”来看待的。这种与韩非子以“赏罚”为执法者不可须臾或缺的“二柄”论几乎完全相同的表述,凸显了契约式操作原则所具有的超时空共性——趋利者必喜赏,畏罪者必恶罚,而且法律契约如不想失去它应有的制约力,将永远无法脱离这两个基本原则,所以霍布斯讲:“这种契约之所以有约束力,并不是由于其本质(因为最容易破坏的莫过于人们的言辞),而不过是由于畏惧毁约后所产生的某种有害后果而来的。”[②]然而,如何才能保证法律契约在制订和执行上的公正性?中西方思想家都有过试图在立法者与执法者之间寻求“隔离”方法的研究和探讨。卢梭主张,为了发现能适合于各个民族的最好的社会规则,就需要有一种能够洞察人类的全部感情而又不受任何感情所支配的最高的智慧;它与我们人性没有任何关系,但又能认识人性的深处;它自身的幸福虽与我们无关,然而它又很愿意关怀我们的幸福;立法者这一职务缔造了共和国,但又绝不在共和国的组织之内;它是一种独特的、超然的职能,与人间世界毫无共同之处;因为号令人的人如果不应该号令法律的话,那末号令法律的人也就更不应该号令人;否则,他的法律受到他的感情所支配,便只能通常地贯彻他

① 参见霍布斯:《利维坦》,第1页。

② 同上书,第99页。

自己的不公正，而他个人的意见之有害于他自己的事业的神圣性，也就只能是永远不可避免。为了强调这一点，卢梭甚至把莱格古士在为他的城邦（斯巴达）制订法律之前先行逊位的行为推崇为立法者应当效仿的楷模！[①] 法家显然没有在立法者君主身上做过太多的干预——中国历史的实际情况也不允许它施行这种干预，但是，韩非主张立法者和执法者应以"去好去恶"的心态来保证立法和执法的公平与公正，并在形而上的高度使理、法、人情三位一体，即"法通乎人情，关乎治理"等理性探索，倒是给上述问题的解决提供了哲学上的启示，即如何建立《商君书》所说的"使法必行之法"。[②]

法家理论有以上准近代特征，就难怪步入近代的中国人喜欢拿管、商、申、韩对西方的法律契约原则作连类格义了。史华兹在中国思想的自身发展规律上也发现了这一点，他说：十九世纪以前所发展的中国传统思想，在可称作政治—经济的哲学领域内提供两种基本选择：一是儒家正统的主线，另一就是其根源是常与法家相一致的。[③] 话语的依托背景，深远而广大。汪士铎（1802—1889）即讲："道学家其源出于孟子"、"以心性理气诚敬为支派，以无可考验之慎独存养为藏身之固，以内圣外王之大言相煽惑，以妄自尊大为仪征"；[④]魏源（1794—1857）在叹问"心性迂谈可治天下乎"的同时，乃径颂法家，说"兼黄老申韩之所长而去其所短，斯始

---

① 参见卢梭：《社会契约论》，第 49—52 页。

② 参见拙著：《日本近世新法家研究》附论二：《关于先秦时期的"人情论"》。

③ 参见本杰明·史华兹：《寻求富强：严复与西方》，江苏人民出版社 1989 年版，第 6—7 页。

④ 《汪悔翁乙丙日记》卷 2，见沈云龙编《近代中国史料丛刊》第 13 辑，台北：文海出版社 1967 年版。

之为庖丁乎！"[①]在儒家的"无可考验"面前，法家的"刑名参同"以及这种理论所具有的近代道德意义，获得了前所未有的凸显。严复(1853—1921)指出："是故居今而言救亡学，惟申、韩庶几可用。除却综名核实，岂有他途可行？贤者试观历史，无论中外古今，其稍获强效者，何一非任法者耶？"[②]他甚至讲，西方人所以会获得成功，就在于他们取法了中国尚契约、守诚信的法家："尚贤则近墨，课名实则近于申商，故其为术，在中国中古以来，罕有用者，而用者乃在今日之西国！"[③]西国未必如此，但东国却果然如此。人们不无惊奇地发现，日本近世古学派，正是通过法家的理论才摧毁了在日本统治达一二百年的朱子学体系。这一"脱儒入法"运动，奠定了日本早期近代化的自国基础，成为明治维新时期"脱亚入欧"论的理论先导和实践先驱。[④] 明治天皇对该传统的承绍不爽行为，曾一度被陈其元(1811—1881)以悲天悯人的笔调记录下来："日本为海东小国"，"今其国王……禁书摒儒，有同嬴政。……朱、陆之学并以沦胥，不知其国之明理者如何痛哭流涕也！"[⑤]

而时至今日，恐怕也没人能够否认，在早已跻身于现代化国家行列的新加坡，法家思想理论曾发挥过怎样的关键作用。1962年1月，李光耀应邀在马来亚大学法律学会做了题为《法律与秩序》的演讲。他说："我认为，一个国家在进行发展时所需要的是纪律多于民主。民主洋溢，会导致无纪律和秩序混乱的局面，对发展产

① 《默觚下·治篇一》，见《魏源集》，中华书局1976年版(下同)，第36—37、45页。

② 严复：《与熊纯如书》21，载《严复集》第3册，中华书局1986年版(下同)，第620页。

③ 严复：《天演论》卷上导言17《善群》按语，载《严复集》第5册，第1357页。

④ 参见拙作：《徂徕学与日本早期近代化的思想启蒙》，《历史研究》2002年第5期。

⑤ 陈其元《庸闲斋笔记》卷5《日本人斥陆王之学》，中华书局1989年版，第110页。

生不利的影响。在一个稳定的既成社会里,法律是秩序的开路先锋,有良好的法律,才会有良好的秩序",因此在这个问题上,"我们所处的社会和政治情况,却使我们有必要断然摒弃英国的模式。"[①]新加坡的民主政治就根本而言,乃立足于"亚洲价值",这毋庸讳言。但是,这"亚洲价值"却并不像有人所鼓噪的是什么"儒家伦理规范"。因为李光耀曾明白地指出:"人性本恶,这很遗憾,但我们必须设法抑制人性中的邪恶。"他认为,英国的法律体制诚然产生了许多保护人权的制度及相信被告当然无罪前提的思想,但是这是英国经过了两三百年的文明教化后,才孕育出来的法律制度,这套规范"谦谦君子及行为端庄的淑女"的法律规范,以及在教育程度极普遍与人民已养成自动自发道德的英国社会,都绝不是在刚刚独立后的新加坡可以比拟的。所以"适用法律对象"的"云泥之别",也就是新加坡人民的"守法品质",才让李光耀拒绝采行西方自由主义式的法律观。有学者指出,李光耀这种"人性本恶"的直言,正是中国法家思想对人性认知的出发点,也是整个法家立论的基础。因此,李光耀认为只有打击不法,方能维持社会秩序、巩固国家体制。也就是不相信礼教的做法,不承认人民会有自动守法的精神。李光耀认为新加坡必须要再等两百年,才可以适用英国的法律思想,现阶段必须采行这种不信任人民的严刑峻罚,显示出李光耀的基本出发点,是走法家而非儒家的道路。[②] 说"人性

---

① 参见畅征:《小国伟人——李光耀》,学苑出版社 1996 年版,第 156、157 页。

② 参见陈新民:《李光耀的法治观:以中国法家思想来验证》,载《国家政策论坛》第 1 卷第 4 期,台北 2001 年 6 月。见 http://www.npf.org.tw/monthly/00104/theme-101.htm。

本恶”是法家思想的理论基础固然有误，[①]但说法家认为“人情好利”，虽君子小人皆然，却是实情；说法家的法律契约精神建立在“不信而信”的基础上，也是事实。在宗法伦理使公私根本没有界限的儒家文化氛围里，对待无所制限的个人好利行为的唯一有效方法，就是加强法治建设和确立契约式诚信体系，哪怕民主建设会出现暂时性的因噎废食。

新加坡的“轻罪重典”实况，也让很多人联想起秦当年的情形。的确，法家在理论上有过以下主张，即“学者之言，皆曰轻刑，此乱亡之术也，凡赏罚之必者，劝禁也”(韩非)。秦后期的皇帝集权和滥施刑罚，曾经使人民对当局产生了绝望情绪，历史学家甚至把它视为秦灭亡的主要原因。但遗憾的是，那显然属于非正常时期的政治状态——王朝浇季之时的刑而无效势必带来法律绵密和权威行为的非理性。惟其非正常，秦亡原因便无法成为在法律国家取消规矩和权威的理由和借口。因为理论上讲，主权的行为其实是共同体和它的各个成员之间的一种约定。它是合法的约定，因为它是以社会契约为基础的；它是稳固的约定，因为它有着公共的力量和最高权力作为保障。[②]

日本和新加坡的经验，对于中国的国民道德建设之所以意义重大，是因为它们对近代化与“亚洲价值”的有机结合普遍给予了高度重视。在中国人的眼里，法家所具有的“准近代化”特征及其合理主义内核，毕竟不是舶来品和西洋货，而是纯土生土长的中国观念。土生土长，并不意味着其原理就一定落后。钱穆认为：“秦

① 参见韩东育：《日本近世新法家研究》附论二：《关于先秦时期的“人情论”》。

② 参见卢梭：《社会契约论》，第40—41页。

时的中国，早已是相当于近代人所谓的现代国家了。”[①]也有学者指出：“在东亚大陆，始于秦始皇统一的近代化运动，到清代在海陆双向的外压下走向高潮，而最终完成于明治维新。”[②]惟此，对它的开发和适时更生所能带来的本土效应，将是任何外来价值都无法比拟的。康有为早年曾讲：“欲救中国，不可不因中国人之历史习惯而利导之。”[③]在中国，由于儒家伦理的长期笼罩，使政与教、公与私这些在西方早已做过分割手术的领域之间，远未树起一道鲜明的界标。于是，良好的契约秩序无从建立，有法不依和难以参验的人和事，亦随处可见——它导致了公德系统的日渐式微甚至无从寻觅的恶果。梁启超指出：“我国民所最缺者，公德其一端也。……试观《论语》、《孟子》诸书，吾国民之木铎，而道德所从出者也。其中所教，私德居十之九，而公德不及其一焉。……若中国之五伦，则惟于家族伦理稍为完整，至社会、国家伦理，不备滋多。此缺憾之必当补者也，皆由重私德轻公德所生之结果也。”[④]由于这种感觉发生于中国近代以后，所以梁漱溟说：“公德恰为中国人所缺乏，往昔不大觉得，自与西洋人遭遇，乃深切感觉到。”[⑤]然而，类似的集体记忆丧失，并不能证明我们从来就没有过公共道德。在法律可以国际接轨而道德却难以尽行移植的今天，通过具有近代转化可能的法家原理来取代不再中用的部分儒术，将为中国的国民道德建设开辟出一个自民族的广阔空间。因为“只要人

① 参见钱穆：《国史大纲》，三联书店2001年版，第356页。

② 参见杨际开：《宋恕反理学思想的内在理路》，《二十一世纪》(网络版)2004年2月号，总第23期，见 http://www.cuhk.edu.hk/ics/21c/index2.htm。

③ 梁启超：《南海康先生传》，载《饮冰室合集》第1册，第67页。

④ 梁启超：《论公德》，《饮冰室合集》第6册，第12—13页。

⑤ 参见《梁漱溟学术精华录》，北京师范学院出版社1988年版，第251页。

民（原著为‘臣民们’）遵守的是这样的约定”——借用卢梭的话说——那么“他们就不是在服从任何别人，而只是在服从他们自己”。

（原载《古代文明》创刊号，有删改）

比　较　篇

第四章　徂徕学与日本早期近代化的思想启蒙

引　言

日本的近代化开端于"明治维新"。这样说的根据在于，近代化的几个硬指标，诸如商贸的发展、工业的进步、政治上的立宪和思想上的解放等，都比较集中地登场于明治舞台。显然，上述指标的实现，极大程度上仰仗于"兰学"、"洋学"的东渐和西学影响下的思想启蒙运动，尤其是后者。[①] 但是，如果不认为日本的近代化完全是传自西洋的舶来品，又如果认真翻阅启蒙思想家西周的《百一新论》和福泽谕吉的浩瀚论稿，就会发现，这一思想启蒙运动，除了来自欧美的"外启蒙"外，实际上还包括对内在固有的，且事实证明已构成社会发展之严重阻碍的旧思想、旧理论的批判和挣脱这一"内启蒙"成分。"内启蒙"源于对自身文化的内在反省和推陈出新，而推陈出新的实现，却是一个相当漫长的过程。明治维新，是用二十几年的时间重复了西方二百多年的历史。这种令人瞠目的

---

① 参见佐藤昌介：《洋学思想的特质与封建批判论》，载日本思想大系 64《洋学》上，东京：岩波书店 1976 年版；绪方富雄：《兰学与日本文化》，东京：东京大学出版会 1971 年版(下同)；平石直昭：《福泽谕吉的明治维新论》，《福泽谕吉年鉴》(27)，东京：庆应义塾大学出版会 2000 年版(下同)；叶渭渠：《日本文明》第 7 章，中国社会科学出版社 1999 年版(下同)；杨宁一：《明治时期日本人的自我认识》，载《历史研究》2000 年第 3 期等。

疾速转变而且是成功和极少反复的转变表明，一定程度上，明治维新已经是日本自文化漫长阵痛后的结果了。维新的最大意义，主要表现为给以上结果的进一步发展扫清了旧制度的障碍并提供了新制度的保障。它是“自下而上”与“自上而下”的结合而不是单纯的“自上而下”；是历史与现实的相互依存而不光是现实需要的一厢情愿。只是，比较起对明治时代的社会变化和思想启蒙运动的关注程度，国内学界对维新孕育期的相关研究，却颇显不足。即便注意到该研究的重要性，也多半从资本主义的经济与新儒家思想的结合等角度，给江户时代“义利”不可调和的世态以令人难以信服的解释。[①] 这样讲，还因为与明治维新相比，近代中国所缺乏的，便正是近代化改革所必需的充分孕育过程，而奉孔教为“国教”的戊戌变法也显然是失败的壮举。谭嗣同曾以“望门投止思张俭”的诗句，来状摩民众之于改革是如何人同此心，心同此理。但康有为晚年却不这么认为。他说：“追思戊戌时，鄙人创议立宪，实鄙人不察国情之巨谬也。程度未至而超越为之，犹小儿未能行而学逾墙飞瓦也”。[②] 康有为的开悟，偶合了马克思的一个判断，即：“无论哪一个社会形态，在它们所能容纳的全部生产力发挥出来以前，是绝不会灭亡的；而新的更高的生产关系，在它存在的物质条件在旧社会的胎胞里成熟以前，是绝不会出现的。所以人类始终只提出自己能够解决的任务，因为只要仔细考察就可以发现，任务本身，只有在解决它的物质条件已经存在或者至少是在形成过程中

---

① 参见王家骅：《儒家思想与日本的现代化》序章：“儒家资本主义”论争、第 4 章第 1 节：涩泽荣一的“义利合一”说，浙江人民出版社 1995 年版(下同)。

② 《不忍》杂志第 5 期《国会叹》，上海广智书局 1913 年版。

的时候，才会产生。”[①]日本的这个“胎胞”，就是“锁国”期的“江户时代”(1603—1867)。实际上，在这二百多年的时间里，随着日本经济环境的巨变，日本人的传统思想自身，也发生了面目全非的变化。如果说，明治思想家的工作实现了日本人近代观念的质变，那么，它的量变过程，却存在于维新发生之前。而尤为重要的是，这种变化，并非来自海外刺激，而是“文化内视”的结果。它比较典型地体现在“徂徕学派”发生发展的始末经纬中。

第一节 徂徕学理论的现实基础与荀学扬弃

徂徕学，是发生于日本江户时代中、后期，由古学派思想家荻生徂徕(1666—1728)及其弟子所创立的思想流派。日本学界普遍认为，徂徕学的重要意义，在于其思想体系中所蕴涵的早期近代化特质，在于它直接和间接地影响了“明治维新”。这种舆论，最先体现在学者将徂徕学的“功利”概念与英语中的“utility”相对接，将徂徕学比作代表西方功利主义(utilitarianism)的“盎格鲁·撒克逊”、“实利派”[②]和英国的功利主义思想家托马斯·霍布斯等人的观点上，[③]并认为是兼顾义利的荀学奠定了徂徕学的传统思想基础；[④]丸山真男则具体描述了具有近代“非连续性思维”的徂徕学是如何将自然与人、伦理与政治拥有共同原理的朱子学“连续性思

① 马克思：《政治经济学批判》序言，载《马克思恩格斯选集》第2卷，人民出版社1972年版，第83页。

② 参见山路爱山：《荻生徂徕》拾贰文豪第3卷，东京：民友社1894年版。

③ 参见井上哲次郎：《日本古学派之哲学》，东京：富山房1902年版，第528、529页。

④ 参见岩桥遵成：《徂徕研究》第2篇。东京：名著刊行会1969年。

维”一步步解体的全过程，认为徂徕学“通过儒教的内部发展，其思想自行分解，进而从自身内部萌生出了完全异质的要素”。[①] 这种“完全异质”的行为，被今中宽司直接指称为“脱儒”：“徂徕为使自己的学说不脱儒教阵营而做出的超常努力，反向证明了徂徕学业已逸脱儒教阵营的事实”，“徂徕的‘气质不变化’说，最终使学说本身继续依托于儒教范畴，变得不再可能”。[②]

徂徕学虽具近代化特征，但荻生徂徕和弟子太宰春台(1680—1747)本人并没有受到过兰学和西学的任何影响。孙弟子海保青陵(1755—1817)虽对兰学小有接触，但兰学对他的影响，至多只停留在某种“氛围”的层次上，青陵的“四元行”说所援引的古希腊“土·空气·水·火”论，不过是“他著作中所能见到的唯一的西洋知识而已”。[③] 而且，与著名兰学者桂川甫周接触的最大意义，乃在于他对“闲余之谈”的宋明理学从此产生了绝望情绪和对中国古典中务实主义道理根据的倾心皈依。[④] 所以源了圆说：“青陵知的武器，主要是中国古典……青陵通过口耳之学吸收的某些西欧知识，在其学说体系中并未占据重要位置。构成其学说中心的，仍然是适才提到的中国古典思想”。[⑤]

实际上，徂徕学近代观念的产生，就现实而言，源于江户时代

---

① 参见丸山真男：《日本政治思想史研究》第1章，东京：东京大学出版会1998年版。

② 参见今中宽司：《徂徕学之基础研究》，东京：吉川弘文馆1966年版，第417、437页。

③ 参见塚谷晃弘：《解说：江户后期经世家的两种类型——本多利明与海保青陵》，载日本思想大系44《本多利明·海保青陵》，第423、435页。

④ 海保青陵：《万屋谈》，载《海保青陵全集》，第395页。

⑤ 参见源了圆：《先驱的启蒙思想家蟠桃和青陵》，日本的名著23《山片蟠桃·海保青陵》，东京：中央公论社1971年版(下同)，第51页。

的社会实际;从理论上看,则支持于传统的思想资源。而被徂徕学派用于完成早期近代化启蒙任务的中国古典思想,也并不存在于"重义轻利"、"存理灭欲"的原始儒家和新儒家的理论体系中。这显然与"日本的近代思想启蒙源自'兰学'和'洋学'的冲击"[①]以及"明治维新的成功缘于'义利'可以调和的儒家资本主义"[②]等简单明快的说法之间,发生了事实上的差别。由于徂徕学派的舆论及其广泛而深刻的社会影响所能提供给我们的相关解释,完全是另外一副面貌,所以,对该学派的认真梳理本身,便具有了正本清源的意义。

徂徕学派的三位代表人物——荻生徂徕、太宰春台和海保青陵,生活在起自元禄、终于明治之前的日本早期近代化的胎动期。1666 年 2 月 16 日,荻生徂徕出生于江户(今东京)一个伺医的家庭。当时,父方庵的医护对象,是上野国馆林藩主、日后的五代将军纲吉。启蒙阶段,曾一度入林门(指朱子学者林罗山的后人林凤冈门下)求学。十二岁时,父亲触怒官府,罪当流徙。徂徕乃随父亲一道被流放至上总国南总(今日本千叶县境内),直到二十五岁,才蒙赦归里。很难低估这十二三年的流放生活对荻生徂徕人生观的形成和学问观的萌生,具有怎样重要的意义。按照徂徕本人的说法,自己对世事的看法和学术上的成就,"全赖南总之力"。[③] 其实,徂徕流谪期间的感受与后来近十四年的仕宦生涯中的感受,在

① 参见佐藤昌介:《洋学思想的特质与封建批判论》,载日本思想大系 64《洋学》上;绪方富雄:《兰学与日本文化》;平石直昭:《福泽谕吉的明治维新论》。

② 参见王家骅:《儒家思想与日本的现代化》序章:"儒家资本主义"论争,第 4 章第 1 节:涩泽荣一的"义利合一"说。

③ 荻生徂徕:《送冈仲锡徙常序》,载《徂徕集[抄]》,日本思想大系 36《荻生徂徕》,第 494 页。

内容上是有很大差异的，但徂徕最终还是把这些不同归结成了一个共同——“南总之力”，却让人感到，徂徕流谪期间所看到和所发现的，乃是世人的本来面貌和社会治理本身所应遵循的根本原则。究竟是什么，让徂徕曾经沧海并一“情”定终身呢？

首先，南总体验，使他再明晰不过地看清了全无遮掩的赤裸裸的“民情”或曰“人情”。这种“情”，就是利己的意识和为了利己而产生的与“私”有关的全部观念和行为。[①] 荻生徂徕日后的“君子·小人”观和“义·利”观，与这种认识有着深刻的关联：“小人，亦民之称也。民之所务，在营生。故其所志在成一己，而无安民之心”。[②] 在他看来，“小人谓民也”[③]的“小人”，并不是轻蔑的称呼，而是利己而真实的存在。即“小人之志在温饱，君子则否。所事天职也，不可不敏焉”。[④] 君子与小人的唯一区别，只在于所从事职业的不同而已。它本身并不关涉什么道德高下问题。《论语·里仁》篇中“君子喻于义，小人喻于利”的道德说教，是有悖于事实的。因为即便是君子，又何尝不好利也？即便是小人，又何尝不好义也？

> 盖民以营生为心者也，其孰不喻利焉。君子者，奉天职者也。理其财，使民安其生焉。……故义者士君子之所务，利者民之所务。故喻人之道，于君子则以义，于小人则以利。虽君子岂不欲利乎？虽小人岂不悦义乎？所务异也。[⑤]

---

① 参见荻生徂徕：《太平策》，载日本思想大系36《荻生徂徕》，第449—450页。

② 荻生徂徕：《辨名》下，同上书，第254页。

③ 荻生徂徕：《论语征》庚，载《荻生徂徕全集》第2卷，东京：河出书房新社1978年版(下同)，第592页。

④ 荻生徂徕：《论语征》甲，同上书，第495页。

⑤ 荻生徂徕：《论语征》乙，同上书，第520页。

由于庶民百姓素以“营生”为心，以“温饱”为务，因此，如何能过上安逸幸福的生活，便成为他们当然的理想和志向。正惟如此，已经游离于柴米油盐等具体生活琐事的君子，却断不可忘记他们的天职乃在于如何保障庶民生活的日常所需——“安民”，即如何使老百姓过上安逸而满足的日子：“君子从大体，小人从小体。故士以先王之道为已任，其心在安民……德政无它，安民而已。民安其生，是谓安民”。[①] 这里，徂徕实际上已把君子和小人相对化了。值得注意的是，这相对化的前提，显然不是价值判断，而是事实判断。而事实判断的根据，乃是不言善恶、只言有无的“人情论”。他认为，这种“人情论”的原始基准，存在于“三代以前”的经典和诸子书中。

徂徕从南总归来后的第一部学术著作《译文筌蹄》，明显地渗入了来源于实际生活的上述思考。他说：“予读三代以前书，人情世态，如合符契。以此人情世态作此语言，更何难解之有也？”[②]他在《送冈仲锡徙常序》一文中，再度重申了“学术本乎人情”的切身感受，认为“田农樵牧海蜒民之与处”的“十二年”生活，才使他“所读皆解，如身亲践”。[③] 这种通过实践而触摸到的真知，显然不同于宋明理学所做的“心性”工夫。所以他大声疾呼：“学宁为诸子百家曲艺之士，而不愿为道学先生！”何则？“诸子百家九流之言”，“皆道之裂已，亦莫有不由人情出焉”。[④]

“人情论”的学术视角，同样决定了徂徕对市井工商的基本看

---

① 荻生徂徕：《蘐园三笔》，载《荻生徂徕全集》第 1 卷，第 523 页。
② 荻生徂徕：《译文筌蹄·题言》，载《荻生徂徕全集》第 5 卷，第 17 页。
③ 荻生徂徕：《徂徕集[抄]》，载日本思想大系 36《荻生徂徕》，第 494 页。
④ 荻生徂徕：《学则》，同上书，第 258 页。

法。他用中国古代的传统舆论，来支持人们追求富有的观念和行为："夫治天下，先丰而富之，方谓根本。管仲有言：'衣食足而知荣辱'。孔子亦云：'富而后教'……善治国者，自古以然"。何况"古君子仕则禄，隐则耕以代禄。隐而无田者，尚或为工商而不以为羞，如太公望是也"。[①] 有这样的思考做前提，他虽然慨叹武士的困穷与尚侈商风有关，对"举国皆商人"[②]的现象亦主张要适度加以限制，但同时更表现出对这种时代大势的认可和顺应态度。他看到，"开辟(设立江户幕府)"以来，才百年余，人间就已经变成了唯金钱是视的世界。自然，生活上优于大名者，是"仕舞屋"之"町人"，"所谓诚享今世南面王乐者，即此辈也"。[③] 然而，崇尚华美奢侈，是人情的自然表现，之所以称"古者俭约而民惠，尚奢而民苦，今也俭约则民痛"云者，就是因为"好华美者，乃人情之常也"。由于是"人情之常"，所以，非但士农工商如此，只要是人，即便"圣人"亦难脱此情："呜呼，圣人亦人耳"，[④]"谓圣人毋意者，无私意也。若全无意者，乃禽兽类为尔！"[⑤]

把上述观念归结到理论上，则不言善恶和肯定利欲，便自然成为徂徕学"人情论"的本质特征。原因之一，就在于"人情"本身是不待"思虑"或称思虑发生前人的基本欲求和欲望。荻生徂徕认为，"大抵心、情之分，以其所思虑者为心，以不涉思虑者为情"、"故

① 荻生徂徕：《政谈》卷2、《徂徕集[抄]》、《复芳幼仙》，载日本思想大系36《荻生徂徕》，第303、523页。

② 参见荻生徂徕：《政谈》卷2、《太平策》，同上书，第331、475页。

③ 参见荻生徂徕：《太平策》、《政谈》卷2，同上书，第475、316—317页。

④ 荻生徂徕：《太平策》、《政谈》卷2、《辨名》上，同上书，第476、313、229页。

⑤ 荻生徂徕：《蘐园随笔》，载《荻生徂徕全集》第1卷，第477页。

心能有所矫饰，而情莫有所矫饰”。[①] 从这个意义上讲，人情，就是人的实情，是人在没有任何价值附加时的真实存在状态。所以徂徕说：“人者，人情也”。由于“人情”每每表现为“人欲”，所以，“人欲”之不可去，犹“人情”之不可无：“人欲者，人之所必有而不可去者也。程、朱乃言‘人欲净尽，天理流行’，岂不妄哉！”惟此，理想的政治，就应该是“道”合乎“人情”而不是相反，即：“至道固不悖人情，人情岂必皆合道哉！”[②]显然，徂徕的“人情论”，已成为与“理学”的“心性论”之根本——孟子“性善”说和荀子“性恶”论这一“人性”理论适相对垒的学说体系。

应该说，孟子的“性善”说和荀子的“性恶”论，对于甄别人与动物、人与人质量的差异，了解和接近人的内在心理结构，从哲学的角度抽象和概括人的本质特征，不失为一种积极的探求。问题在于，人性论，是将对人的本质确认定位在“人之初”，换言之，这种确认本身，带有鲜明的先天色彩和想定成分。由于先天·想定式原则与想定者本身的价值体系相密结，因此，无论“性善”还是“性恶”，在价值判断与事实判断面前，二者都把价值判断奉为圭臬；在人的内在修养和外在约束之间，则主要从内在的“心性”中寻找本质原因（荀子虽强调外在“礼”的重要性，但他仍把心视为最根本的存在）；而在道德尺度与利益尺度面前，二者又均呈明显的道德主义和理想主义倾向。

对于这样一套几乎成了绝对真理的“心性”论和承绍该论的“理学”说教，徂徕的推论和剖判是无情的：“心无形也”，“善恶皆以

① 参见荻生徂徕：《辨名》下，载日本思想大系 36《荻生徂徕》，第 242 页。

② 荻生徂徕：《蘐园八笔》、《蘐园九笔》、《蘐园五笔》，载《荻生徂徕全集》第 1 卷，第 380、391、314 页。

心言之者也”。如此，则奠基于心性善恶论基础上的“理”，自然也不过是“无形”、“无准”的想象中物而已。[1] 重要的是，拿这种近乎虚诞的假说来“治国安民”，无异于率民而路也：

> 后世儒者不识先王之道，乃逞其私智，以谓为善而去恶，扩天理而遏人欲也。此见一立，世非唐虞，人非圣人，必恶多而善少，则杀气塞天地矣。故通鉴(纲目)之于治国，性理之于修身，人与我皆不胜其苛刻焉。遂使世人谓儒者喜攻人，岂不悲哉。[2]

显然，与之相反的“人情论”，其所依托者，是后天原则，而不是先天原则；是事实判断，而不是价值判断；是现实主义而非理想主义。就是说，建立在先验论基础上的儒家的“原理主义”(心性论)、“道德主义”(善恶论)和“理想主义”(圣人论)，从一开始，便与徂徕学发生了本质的冲突。这种冲突，带来了一个无法绕行的问题，即：在社会治理层面上，用什么来取代事实证明已不能发挥实际约束作用的儒家自我管理原则——“以心治心”？

饶有兴味的是，在人性论上拼命反对荀子“性恶”说的荻生徂徕，在政治理论上，却成为荀子“礼论”的忠实继承人和捍卫者。他认为，政治的根本原则，当系于“礼”，而不是“心”。因为“心无形也，不可得而治之矣。……何也？治之者心也，所治者心也。以我心治我心，譬如狂者自治其狂焉，安能治之？”[3]那么，什么才够得上是公共、切实而有效的管理手段呢？他认为，只有“礼乐刑政”堪为。即便“治心”，也应像《尚书·仲虺之诰》所说的，要“以礼制

① 荻生徂徕：《辨道》，载日本思想大系 36《荻生徂徕》，第 204、205 页。
② 同上书，第 203 页。
③ 同上书，第 205 页。

心”。由于“心”在德目上多落实为“仁”，在政治上多表现为“仁政”，因此，要确立“礼”和“礼治”的政治地位，就必须实现由内到外，即由仁到礼的重大转移。徂徕指出，“其(后儒)解仁，或以天理，或以爱，专归重于内，而止于成己，岂不悲乎!”[①]与此相反，“礼乐者，德之则也。故舍礼乐而语规矩者，无寸之尺，无星之秤耳”、[②]“礼乐之于治天下也，至要至切。莫有复过此者焉”。[③] 重要的，是“礼乐刑政”的来源:“圣人之制礼，本于人情矣”。[④]

礼的优位，标志着政治优位观的确立；而外在规矩(礼)对内在道德(仁)的脱却，则为公私分治、政教分离，埋下了第一块基石。元禄十五年(1702 年)十二月，在江户发生了一场骇人听闻的仇杀事件。“赤穗浪士”四十六人，为了给主子报仇，割去了吉良义央的头颅，而后集体等候官府的处置。面对“杀人犯法”的政治理念与“效忠主人”的义士之举间所发生的激烈冲突，室鸠巢这位笃实的朱子学者，对浪士的行动无条件地进行了赞美，并迅速写出《赤穗义人录》，[⑤]以为弘扬。对此，徂徕的反应却正好相反。在对幕府的咨询所作的奉答中，他这样讲道:

> 义者洁己之道，法者天下之规矩也。以礼制心，以义制事。今四十六士为主报仇，是知士者之耻也。虽为洁己之道，其事亦义，然限于党事，毕竟是私论也。……今定四十六士之

---

① 荻生徂徕:《辨名》上，载日本思想大系 36《荻生徂徕》，第 215 页。

② 荻生徂徕:《答东玄意问》，载《徂徕集[抄]》，同上书，第 543 页。

③ 荻生徂徕:《蘐园随笔》，载《荻生徂徕全集》第 1 卷，第 471 页。

④ 荻生徂徕:《复安澹泊》，载《徂徕集[抄]》，日本思想大系 36《荻生徂徕》，第 540 页。

⑤ 参见日本思想大系 27《近世武家思想》，东京:岩波书店 1974 年版(下同)，第 343—370 页。

罪，以士之礼，处以切腹自杀，则上杉家之愿不空，彼等不轻忠义之道理，犹为公论。若以私论害公论，则此后天下之法无以立。①

案件的处理结果，也正像徂徕所建议的那样，是浪士们的集体剖腹。徂徕在三十几岁时所萌生的这一思想倾向，到了五十岁，乃以《辨道》和《辨名》这两部著作的完成而结出了最初的果实。

徂徕的公私分治和政教分离主张，在强调政治优位的同时，却也给不危害"礼乐刑政"的"私德"留下了宽容自由的空间。有这样两个小故事，让人回味。其一——"尝过东壁，时东壁方携妓来狎，会徂徕入，仓皇不知所为，遂诡曰：家妹幼宦某侯，近赐暇归居家。徂徕既觉之，明日遣使致鲜鱼，以贺才子配佳人。"其二——"以滕元启能写字，置之塾中使写书。尝与徂徕侍婢私，徂徕觉之而不问焉。元启知其见觉也，遂出亡。久之徂徕过市，见元启之行卖印肉，即使从者将来，元启奔匿店后，追索之，复置塾中，待之如故"。② 徂徕的做法，与其说是道德上居高临下的宽容，还不如说是对"人情"和时或以"人欲"表现出来的"人情"所抱持的一种理性自觉，其如前面所征引者："人欲者，人之所必有而不可去者也。程朱乃言人欲净尽而天理流行，妄矣哉！"

徂徕的弟子们，继承了人性论批判的传统。太宰春台认为，孟子、荀子外表的人性论对立并不能证明两者间有什么本质上的不同："孟子与荀卿，性说虽异，其违圣人旨意处，罪当同等。非谓孟子是而荀子非也。"他更将孟子性善论之根源——仁义礼智，逐个

---

① 荻生徂徕：《徂徕拟律书》，转引自丸山真男：《日本政治思想史研究》，第75页。

② 原念斋：《先哲丛谈》，东京：有朋堂书店1928年版(下同)，第338—339页。

提出品判，指出，“人心本无羞恶”，“义”如何出自？“本无辞让”，“礼”如何出得？而“是非之心”实乃“取舍之心”，与“智”又有何关涉？从而得出“四端”之中除“恻隐之心”外，其余都是谎言的结论。[①] 该结论的得出，实缘于以下铁一般事实的不可摇撼，即：“夫人心有欲，见色则悦之，见财则欲之，贤愚所同也”，[②]“若无此欲，则槁木死灰矣，与死人同”。[③] 针对孟子排斥私利、疏于功利的性善学说，徂徕孙弟子海保青陵，则干脆对以往的“人性”重新作解并给这种新解赋予了现实合理主义、即“人情论”的肯定：“凡人之性也，爱己者也。……无不爱己之人，即无不成善人之理”，[④]“人之所好，未有急于名利者”。[⑤] 在此基础上，青陵更将儒家伦理思想中的主要德目均贴上“利”的标签，使儒家的原本意旨在青陵手上发生了180度的大转向：“人之性也，皆以利己为愿。惟此，圣人乃立孝悌忠信以至于仁义礼智诸名目，意欲使人行之而遂其愿也。故自孝以下皆为利己之方也已”。[⑥] 经由这种再解释，青陵等于把“善”的先验内在性化为虚诞，转而使后天的外在性被放大，被凸显。这样，“善”便不再等于“慈”，而“善政”也就与“慈悲政治”划清了界线。于是，所谓“善”，当指法政之公平和买卖计算之严密，而绝非以往妄施恩惠的所谓“慈善”与“善政”也审矣。至于青陵对“智者”的大胆要求，不要说在当时，即便是今天，也令人瞠目不已。

---

① 太宰春台：《圣学问答》卷之上，载日本思想大系37《徂徕学派》，第71、77—81页。

② 太宰春台：《斥非附录》之《内外教辩》，同上书，第423页。

③ 太宰春台：《圣学问答》卷之下，同上书，第106页。

④ 海保青陵：《老子国字解》，《海保青陵全集》，第871页。

⑤ 海保青陵：《枢密谈》，同上书，第161页。

⑥ 海保青陵：《善中谈》，同上书，第476页。

他说:“智者,为富国而宜置娼妓!”[①]对概念的全面置换和全新诠释,使奠基于人性论之上的朱子学最高范畴——理,亦最终被青陵现实合理主义的根本命题所取代、所荡涤,即:理者利也。显然,青陵的所谓“人性”,已经转变成了彻头彻尾的“人情”。

第二节 徂徕学“人情论”的理论依托

从“人情论”的角度切入徂徕学,是“二战”后有关日本近世思想史研究的学术倾向之一。丸山真男曾注意到“人情论”对于理解徂徕学所具有的特别意义。[②] 近十数年来,此关注再度抬头。黑住真认为,只有从“人论”这一本根角度来系统把握徂徕学,才能获得接近其学说本旨的要义。[③] 稍后,泽井启一对如何把握徂徕学“人论”中的“情”,作了进一步的阐释。指出,要理解徂徕的“情”,重点应放在如何把握作为感情发动的“情”本身未必含具“善”还是“恶”这一问题上。它与“人性”本无善恶的理解相连动。[④] 这些研究至少表明,“人情论”是徂徕学的理论出发点,不言善恶,则是徂徕学“人情论”的根本特征。这对于徂徕学乃至江户中后期日本思想界的把握和认识,当具有特别重要的意义。本章拟进一步提出

---

① 海保青陵:《经济话(抄)》,载日本思想大系 44《本多利明·海保青陵》,第 406 页。

② 参见丸山真男《日本政治思想史研究》第 2 章第 3 节。

③ 参见黑住真:《关于荻生徂徕的人论》,载《中国古典研究》第 32 号,中国古典研究会 1987 年。

④ 泽井启一:《荻生徂徕的天与人情》,载《东洋的思想与宗教》第 5 号,1988 年 6 月。中国学者王青在博士论文《荻生徂徕的“道”与“人性”“人情”》(1997 年 3 月 27 日·一桥大学)中,亦对徂徕学“人情”问题提出过有益的见解。

的问题是："人情论"的学术流脉，即真正的思想资源和学说依托何在？

按理说，在政治理论上成为荀子"礼论"忠实继承人和捍卫者的荻生徂徕，在哲学上也应该与荀子的"性恶论"保持一致才是。然而，徂徕的选择却出人意表。当我们仔细观察徂徕和他弟子们的"人情论"根源时，却实实在在地遭遇到了法家，特别是法家集大成者韩非的有关理论。

按照徂徕本人的说法，第一个把"性"、"情"分开的，是荀子，即："'隆情隆性。'性、情之分始见。"[①]又，"'性者，天之就也'。天之所赋，自然而成也。'情者，性之质也。'生禀之形质也。'欲者，情之应也。'情之感应也。"[②]但由于荀子为"性恶论"所缚，且以"人情"为"不美"，故人情论自始至终也没有成为其理论体系所赖以展开的终极根据。荀子在这个问题上的唯一意义，在于对"性"、"情"、"欲"的首次甄别和分而处之。这一分别的本质意义，直到他的弟子、法家的集大成者韩非出现时，才真正得以显现。这样讲的根据在于，中国思想史上首次尝试以"人情论"推倒"人性论"，并建立起系统完备的"人情论"理论体系的，正是韩非及其政治哲学。

法家的一贯舆论是，大凡人者，均"好利恶害"和"趋利避害"，这就是"人之实情"——"人情"。由于人情的上述特点是客观自然而非想定自然，是后天的反应而非先天的预设，所以很少见到法家往人情身上贴"善"或"恶"一类的价值标签。"人情论"的超善恶特质，由此定音。韩非的人情论之所以见称为"好利说"而非"性恶

① 荻生徂徕：《读荀子》之《儒效篇》，载《荻生徂徕全集》第3卷，第486页。

② 荻生徂徕：《读荀子》之《正名篇》，同上书，第514页。

论”，道理似亦在此。既知人情好利，则所有的治国原则、大政方针乃至铺规里法，都应自觉地建立在对“人情好利”之现实“必然”的充分认识的基础上，而不是建立于某种“应然”而非现实、惟此也极易流为虚幻的假设的基础上。如此冷彻和洞穿世事的观察与思考，使韩非在中国历史上首次提出了熔铸法家理念的政治命题——“凡治天下，必因人情”。[①] 在这一“人情论”体系面前，先验的原理主义、道德主义和建立在如此原理主义与道德主义基础上的虚幻的理想主义，次第失去了往昔耀眼的光环。显然，与孟、荀的人性论相比，韩非人情论之所重，是后天，而非先天；是事实判断，而非价值判断；是政治学，而非伦理学；是必然，而非应然。徂徕学的“人情”说，也正是在反对先验预设原则的“非原理主义”、“非道德主义”和“非理想主义”层面上，实现了与韩非子的对接。

韩非说：“夫安利者就之，危害者去之，此人之情也。”[②]徂徕云：“以利害为心，凡人之情也”，“避害就利，凡人之心皆尔”。[③] 这种表述，反映了两者在人情问题上的高度一致特征，即事实判断原则和事实肯定主义倾向。徂徕甚至以为，“圣人之道”的最终结果，也无非是对人情的彻底实现罢了：“夫圣人之道，尽人情而已矣。不尔，何以能治而安之哉？”[④]这种意义上的“人情”，也常常被徂徕表述为“物情”。他在解读韩非时说：“‘实之情’。应万物之

---

① 《韩非子・八经》。

② 《韩非子・奸劫弑臣》。

③ 荻生徂徕：《答东玄意问》，《徂徕集[抄]》，日本思想大系36《荻生徂徕》，第543页。

④ 荻生徂徕：《学则》，同上书，第258页。

始。实者,物也”、“‘归之其情’,即物情也。归之物情,则君不与焉”。[1]“情”又作“诚”或“实”。这种人情本身,即具有重大的实用价值和可操作性。在韩非看来,“性”论是虚说,是非情、不诚、不实之论,自然,也是“无用之辨”。他认为,“性、命非人所学也”,主张“有术之君”,要“不随适然之善,而行必然之道”。[2]惟此,韩非对那些基于人性论而鼓吹仁义道德的“学者之言”保持着高度的警觉,告诫执政者要“举实事,去无用,不道仁义之故,不听学者之言”。[3]韩非的实用主义原则,在徂徕笔下,显然被大大地发挥了:“‘拂难坚确’者,谓说之远人情者也。……‘是故求其诚者非归饷也不可’,言求其情实,则必舍所学虚文,而别有实用也”。[4]而韩非对学者之言的警觉,到了徂徕手上,则径被理解为政教之间的分离和必须分离:“故圣人之事,非学者之务也”。[5]由于孟、荀的“性”被终结为朱熹的“理”,而韩非的“情”实同于“物”,所以,韩非“凡治天下,必因人情”的命题,终于被徂徕衍生为如下理念,即:“夫识理难而循物易。况其由人情所乐者以导之哉!”[6]

学派的逻辑走向,使徂徕的高足太宰春台,不但继承了乃师的人性论批判传统,更将徂徕承自韩非的人情论做了体系化的铺张。在春台的哲学中,“人情”已成为四大理论支撑之一。他说:“凡论经济(指国家治理——引者注),有四者不可不知:一曰知时,二曰

---

① 荻生徂徕:《读韩非子·主道》,载《荻生徂徕全集》第3卷,第529页。
② 《韩非子》之《五蠹》、《显学》。
③ 《韩非子·显学》。
④ 荻生徂徕:《读韩非子·外储说左上》,同上书,第544页。
⑤ 荻生徂徕:《蘐园六笔》,载《荻生徂徕全集》第1卷,第331页。
⑥ 荻生徂徕:《蘐园随笔》卷2,同上书,第155页。

知理,三曰知势,四曰知人情”。实际上,人情论,才是春台哲学的基础之基础。“何谓知人情?谓知天下人之实情也”。这实情,就是人的“好恶、苦乐和忧喜”。“此情皆出自人天性之诚而无少伪也,故云之实情”。① 人情是好利的,这已不必说,因为《经济录》一部始终,所贯穿的就是他所肯定的好利思想。值得注意的是,春台更把“人情”与“人欲”作了进一步的对接:

> 凡所谓人欲,其品样中以饮食男女之欲为重。……此大欲也,虽圣人凡夫也无异。一切生者,皆不能离此大欲。此大欲也,止则死矣。但一息尚存,即断无止欲之理。虽释迦、达磨,亦不能无此欲也。……人欲非罪,穷人欲者罪也。②

由于人情·人欲是实情、诚和无伪,所以韩非“凡治天下,必因人情”的命题,在这里被再度提出:“凡施政事,协人情则民易从,悖人情,则民不从。……古来悖人情而行永久之政者,未之有也。古圣人之政,皆协人情者也”。③ 有关春台的上述理论走向,日本学者小岛康敬指出:“春台在经世济民的问题上受到过诸子百家思想的深刻影响。特别是对法家思想和老庄思想中有关现实政治政策论的有效性方面,春台曾给予徂徕阶段所罕见的高度评价”,“在现实的政治政策上,他实际上是法家思想乃至老子思想的同调”。④ 尾藤正英在归纳春台政治思想时也讲:春台以为,“值国家疾患并生之际”,“申不害、韩非之刑名法术等诸子所言诸道,皆夫有用者也。

---

① 太宰春台:《经济录》卷1,载日本思想大系37《徂徕学派》,第24页。

② 太宰春台:《圣学问答》卷之下,同上书,第105—106页。

③ 太宰春台:《经济录》卷1,同上书,第24—25页。

④ 小岛康敬:《徂徕学与反徂徕》(增补版),东京:ぺりかん社1994年版(下同),第92、146页。

《经济录》之所以能成为与徂徕之《政谈》相媲美的名著而风行于江户时代，并不奇怪。"①

海保青陵的意义，体现在对法家人情论双重性格的准确把握和对法的皈依上。首先，青陵通过对儒家概念的法家解读，使"人情论"对"人性论"阵地的褫夺具有重要的本根意义。"利己"是原始法家人情论的基本内涵，而"爱人"则是原始儒家人性论的重要命题。然而在青陵手上，这两大对立项竟然化而为一，即：后者成为前者的手段，而前者成了后者的目的。他说："论语有云，仁者爱己亦爱人。凡人情，爱人者，爱己之方便也。己爱人而人又反而爱己者，爱己之理也。……称人为善人者，未必善人，然可博善人之名也。"②就是说，"爱"本身，其实也是一种交易。这也是为什么青陵除了像徂徕和春台一样论述如何顺应自然状态下的人情外，更发掘出了人情中所蕴涵的平等社会意义的原因所在。

毋庸讳言，个体意义上的"人情"，天然地带有"私"的色彩。但是，当"人情"处于复数状态时，两个或多个"私"之间的自然法制衡原则，便应该也只能是"公"和"平"。因为就买卖关系而言，一个成功交易的基本前提，是交易双方都没有蒙受损失而不至心理失衡。惟此，青陵引入了法家的"刑名参同"理念。刑名参同，又称"循名责实"，本为用于君臣关系上的法家原则。数千年前的原则至今有效的理由，就在于买卖平等原则是古今一贯的，是合乎自然法——"天理"的："圣人买卖计算明定云者，刑名参同之谓也。刑

---

① 尾藤正英：《解说：太宰春台的人和思想》，载日本思想大系 37《徂徕学派》，第 513—514 页。

② 海保青陵：《老子国字解》，载《海保青陵全集》，第 887 页。

名参同者,天理之理也”。[1] 法的“刑名学”之最直观特征,是与交易原则相同的公平。而只有公平,才能够进入“理”的范畴。这就是青陵的“法”逻辑。他认为,给犯死罪者定死刑,就买卖原则而言,是公平而两值的。“纵天子求情,而吏人犹不枉法易刑者,天理重于圣旨也。如此,则买卖计算之理重于天子之圣旨也审矣。”为什么商业的“伴侣”一定得是法呢?青陵的回答是直率的:因为这符合计算之道。他曾举例而道“理”,阐述“刑名参同”的极其重要性——如将死罪变成流放,就如同把价值三十文钱的东西卖成了十五元,用十五元就可以买到的东西却花掉了三十文一样。这就叫做“刑名”未能“参同”。[2]

实际上,江户时代的武家政治,其本身即带有浓重的法家色彩。松崎观山说:“武家今日之治,与韩非相关者甚多”、“似韩非之教也”。[3] 徂徕学派承自法家的“人情论”主张,与江户时代的改革相表里,处处充当着弄潮者的角色。生值元禄、享保年间的荻生徂徕,对利益追逐下的人际关系,主要是商业高利贷资本对以往主从身份关系的破坏和应运而生的契约组合新风尚作过大量的白描。他发现,利益的盘算,已使以往封建的人身依附关系开始解体,飘忽于人与人之间那一张张温情脉脉的面纱,也次第脱落,虚假的恩爱之心和忠君思想也已无从培养。[4] 尽管徂徕非议过这种倾向,且在帮助幕府扭转世风上动过一些脑筋,但丸山真男的把握,却抓

① 海保青陵:《稽古谈》卷 1,载《海保青陵全集》,第 9 页。

② 同上。

③ 汤浅常山:《文会杂记》卷 1 上,载《日本随笔大成》第 1 期 14,东京:吉川弘文馆 1975 年版(下同),第 179 页。

④ 荻生徂徕:《政谈》卷 1,载日本思想大系 36《荻生徂徕》,第 290、293 页。

住了徂徕的逻辑真髓："徂徕虽然诅咒了利益社会的社会关系，但利益社会的逻辑恰恰就是他的'制作'立场所固有的"。[①]

与徂徕在"人情"重视和"抑商"策间时而表现出来的游移态度不同，太宰春台，几乎是在公开地鼓吹商业买卖活动对于包括武士在内的全社会所具有的重大意义："当今之世，虽有米谷布帛，倘乏金银，则难以立足。不惟小民贱者如此，虽士大夫以上、诸国国君皆然。是以有禄之士大夫与国君皆若商贾、偏以金银而足万事之用也。故汲汲乎金银，已为当务之急。然攫金之术，无若买卖。"商卖之鼓吹，实缘于他对现实的冷眼洞悉："方今人寰，乃金银之世界也"![②]"好利"，正是当代最基本的"人情"。既然是人情，就要因而理之。他不主张把流入江户城的农民遣返回去，因为货币的重要性早已超过了农副产品等实物经济的价值。政府需要做的，是如何扩大"奉公人"、"浪人"的就业范围和拓宽他们的就业渠道。他也反对武家永远被贫穷的影子拖着走，更反对武家对所谓"义"的泥守和自甘堕落。他按照"仓廪实而知礼节"的法家原理，无情地戳穿武士们道德主义的谎言："人无论贵贱，无衣食，则不可一日存也。礼义者，固人所当守之道也，然饥寒逼身而忘礼义者，亦人之常也"。[③] 惟此，他主张藩应该站在商品经济的前头，来领导时代潮流。他奔走呼号"藩营经济"的重要性，并明确提出了"制度改革"的方案。[④] 对武士道德规范的否定，特别是要武士带头货殖的

---

① 丸山真男：《日本政治思想史研究》，第 222 页。

② 太宰春台：《经济录拾遗》，载日本思想大系 37《徂徕学派》，第 47 页。

③ 太宰春台：《经济录》卷 5《食货》，载《日本经济大典》第 9 卷，东京：明治文献 1967 年版（下同），第 489 页。

④ 参见太宰春台：《经济录拾遗》，载日本思想大系 37《徂徕学派》，第 46—47 页。

主张，显然是为商人和货币经济行为在开辟着新的道德途径。他在对孟子“四端”说实施否定的同时，更给了它一种新诠释，即：“人心本无羞恶”、“人心本无辞让”、“是非之心者，取舍之心也”云云。非但如此，为了给货币经济和致富行为寻求更大的意义支持，春台还在日本近世史上最先提出了“富国强兵”的口号并首次给法家的所谓“霸道”平反：“以富国强兵为霸术者，后世腐儒之妄说也。自尧舜以来至于孔子之教，圣人治天下之道，罔非富国强兵！”[①]

海保青陵是一个极重调查的理论家。他理论上的变化，与时代的变化可谓若合符节。他是田沼意次和松平定信的同时代人。其经济政策理论，立论于从享保改革继承而来的田沼时代幕府积极的“殖产兴业”政策和江户中期以降日渐推广的诸藩专卖法的广泛成立这一时代背景下。他的立场，与实施“宽政改革”、将复古之紧缩政策作为改革宗旨的松平定信相比，则明显倾向于主张与商业资本相结合并采取积极兴利措施的田沼意次。而且，他的富国策，实际上是对流行于天保期(1830—1844)西南雄藩间、以藩为单位的“重商主义”政策的顺势推进。青陵的做法和作用，源于他理论上的自觉。在他的词典中，找不到一例“抑商”的字样。在徂徕那里尚能引起烦恼的雇佣契约关系，到青陵手上，简直已不再成其为问题：“自古君臣，市道云也。君役臣以知行(封地——引者注)，臣卖力而得米，君买臣，臣卖力，是买卖也。买卖者善也。”[②]这与韩非“主卖官爵，臣卖智力”、[③]“臣尽死力以与君市，君垂爵禄以与

---

① 太宰春台：《经济录》卷5《食货》，载《日本经济大典》第9卷，第489、490页。

② 海保青陵：《稽古谈》卷1，载《海保青陵全集》，第8页。

③ 《韩非子·外储说右下》。

臣市”[①]的“君臣市道”论之间，在形式上已看不出任何不同。他认为，当今之世，好利与求富才是人情，因而也是真理。可他发现，由于长期以来儒家“为富不仁”观念的影响，武士们不但不恶贫，甚至有将“贫乏神”唤回自家者。这种疏利的行为，被青陵斥为“非理”，并认为自诩为“理”的忠实捍卫者的武士，其实已无资格再谈“理”。[②] 因为如果把“利”的追求视为商业活动的目标，买卖就应当是这种活动的最基本形式。而如果逐利是合理的，那么，买卖也就当然合理。事实上，古今的所有关系都是买卖关系，所有人都无法真正脱却生意人色彩。他说：“买卖者，天理也。周礼所载者，买卖之事也。圣人之法，亦买卖之法也。”[③]其实，即便是武士，也没有走出买卖的圈子。君臣之系，孰非买卖？武士疏利，不过只表现在儒家理论的表层，其实在深处，虽武士亦难悖此理，至多是习焉不察和无意识罢了。

对武士道德的“化神奇为腐朽”，无异于对商人理念的“化腐朽为神奇”。青陵的“以利为理”论，就是他实施这种道德改革的杀手锏。他认为，儒家“王道论”下的道德说教，充其量只能称为“救时论”，而法家“霸道论”下的利害说，才堪称为“治世论”。“救时”之道德与“治世”之道德是完全不同的两码事。眼下的日本是“治世”而非“乱世”，故建立于孟子“性善论”基础上的“救时”道德论，应自然止息才是。即便有些名目可以保存，也必须重新解释，重新定义。儒家理论与实践的矛盾，集中体现在对“人性”的判断——“仁义礼智”上。对此，海保青陵作出了新的再诠释。他认为，孟子把

① 《韩非子·难一》。

② 海保青陵：《稽古谈》卷3，载《海保青陵全集》，第54页。

③ 海保青陵：《稽古谈》卷1，同上书，第24页。

“仁”和“义”说成是“恻隐之心”和“羞恶之心”,可谓大错特错。事实上,使民丰衣足食,才是“仁义”。[①] 而要做到这一点,就绝不能放弃“利”:“利者,不可弃者也。……治世而弃利,非天理者也。……动乱之世,孟子所云合天理也。然当今之世,而准于孔孟救无道之论,岂不谬乎!”[②]关于“礼”,青陵径将孟子的所谓“辞让之心”之“礼”改为合“理”之“经世论”。他主张精练《周礼》之法,因为《周礼》之法,几乎全部是通晓经济而且有经营大国经验的人所留下的经世遗产。其中所言,悉属至理。即便今日行之,亦可立收功效。相比之下,儒者之言,美则美矣,而于今无用。故“返理而观之,则周礼实堪用也”。[③] 而说到“智”,他认为,“智”绝非孟子的“是非之心”。所谓“智”,“乃发掘宝物之理也”。[④] 其要妙在一“活”字,合而言之即所谓“活智”。[⑤] 这是活己亦活人的智慧。为了创造最殷富的生活,他主张要最大限度地激发人们的聪明才智,既不要浪费自己的“智”,也应该帮助他人激活这富庶的源泉。[⑥]他认为,“桑弘羊之计策,惊人之智也。”之所以这样讲,是因为它不但能使自身巨富,还能使国家资产大规模地增殖。[⑦] 廓清基本的道德障碍后,那些迄今为止极具移人耳目、左右视听之功效的人品甄别标准,则成为青陵不得不认真面对的大问题。这就是“善人”与“恶人”、“君子”与“小人”的判断依据问题。青陵喜欢引用《大

---

① 海保青陵:《稽古谈》卷 1,载《海保青陵全集》,第 4 页。
② 海保青陵:《稽古谈》卷 1,同上书,第 5 页。
③ 海保青陵:《稽古谈》卷 1,同上书,第 6、9 页。
④ 海保青陵:《稽古谈》卷 3,同上书,第 63 页。
⑤ 海保青陵:《天王谈》,同上书,第 507 页。
⑥ 海保青陵:《稽古谈》卷 4,同上书,第 74 页。
⑦ 海保青陵:《稽古谈》卷 1,同上书,第 7 页。

学》中的一句话,叫做“小人闲居为不善”。在他看来,“小人”和“不善”的原因,都在于“闲居”——这几乎成了他判断“善人”与“恶人”、“君子”和“小人”的基准。所谓“闲居”者,指的是不事生产、对支出和收入等与“利”相关的大事小情均无常识而每日坐吃山空的人。闲则惰,惰则贫,所以他说:“民懒则国贫。”[①]不可思议的是,持有如此人品的人竟被儒者视为“上品”、“善人”、“君子”,而逐利肯干者,反倒成了“下品”、“恶人”和“小人”,真乃咄咄怪事。而奇怪的根本,乃在于有违青陵所说的“理”,即有违“利=理”的原则。通过这番梳理,那些通过正当途径从事商贸事业的人和财富追求者,开始获得道德上的肯定,也卸掉了长期以来压在心头的舆论巨石。青陵所到之处,之所以极富人望、备受欢迎,是有道理的。正像有学者所指出的那样:“人的营利的功利行为获得天理的保障后,变得积极而正当化了。这样,只有把人作为功利主体自觉地加以把握,适应青陵时代商业资本经济结构的积极的经世济民论,才能得以展开。”[②]

第三节 余下的思索

总体看,徂徕学派的理论,现实上捕捉于江户时代的世态发展,而理论上则渊源于中国古典中的荀学尤其是法家一系。[③] 尽管三位代表人物的世界观和方法论互有出入,但在“人情论”上,却表现出高度的一致性。如果说,徂徕学的理论基础由荻生徂徕奠

① 海保青陵:《经济话》,载《海保青陵全集》,第 327 页。

② 小岛康敬:《徂徕学与反徂徕》(增补版),第 164—165 页。

③ 参见拙作:《从“脱儒入法”到“脱亚入欧”》,载《读书》2001 年第 3 期。

定，那么，把学说的根本命题推向逻辑终点的，乃是太宰春台和海保青陵。其实，徂徕学诸子对荀子的程度不同的“扬弃”，就逻辑关系而言，也刚好制约于发生在先秦时期的荀韩师生间那根“相生相克”的伏线。日本学者的理解是：“（青陵）否定了徂徕的礼乐主义。作为替代物，他所倡导的则是法和术。可以说，对荀子礼乐主义取而代之的，便是韩非子法家思想的登场”。[①]

在江户时代，徂徕学的理论意义和实践意义都是十分巨大的。就理论而言，它使朱子学在哲学上的影响打了 180 度的折扣。关于朱子学的哲学特征，丸山真男指出：“朱子学的理，既是物理，亦是道理；既是自然，也是当然。这里，自然法则和道德规范已连为一体……值得注意的是，连接着的双边关系并非对等，而是从属，即物理对道理、自然法则对道德法则的无条件服从。在这种情况下，对等性是不被承认的。……可以说，朱子学中宇宙论乃至存在论充其量不过是其人性论的‘反射’而已。”[②]徂徕学派（主要是春台和青陵）通过对“理”的再解释，完成了对朱子学“物理”从属“道理”状态的历史性反正——从而使“道理”从属于“物理”的全新理论建构的形成，在日本思想史上首次成为可能。除此之外，江户世态的变化，还至少向人们提出了以下无法绕行的现实问题，即：人们对富庶与快乐的追求和向往是对还是错？是先验道德说教能满足人们的现实需求，还是后天的“人情”理解堪能？如果通行的理论无法适应当前的形势，那么，有没有能给予今天以合理说明的思想和观点？徂徕学显然对这些“天问”作出了积极的回答。它在传

① 源了圆，《先驱的启蒙思想家蟠桃和青陵》，日本的名著 23《山片蟠桃 · 海保青陵》，第 62 页。

② 丸山真男：《日本政治思想史研究》第 1 章，第 25—26 页。

统的“性理学”气氛中，闯出了一条新的、非先验主义的道德通道，使财富积累行为在观念上卸掉了沉重的思想包袱，从此步履轻盈。从这个意义上讲，说徂徕学带动了一场道德革命，恐不为过。① 而尤为重要的是，徂徕学还直接或间接地影响了近世乃至近代日本人的知行模式。东京大学教授黑住真指出：“近代日本之知识论特征，一般说来具有以下三大印记，即非原理主义、非理想主义、非道德主义。”如果说，这“三大印记”的社会背景是江户时代，那么，其理论背景，却与“人情”哲学有着至为密切的关系。正因为有效地借助了原始法家理论中的人情学说，徂徕派思想家们，才得以用务实的利益原则，取代了朱子学务虚的道德原则。对幕末的日本人来说，所谓科学，指的是“能对应于现实的具有高级精确度和效能的个别应用技术（由 science 翻译而成的‘科学’一词本身，即内含此意）”，而所谓“知识”，就是“专指实用技术而言，而不是被作为人生和世界的根本原理来把握。”②而且，这种实用理论在日本的广泛流行，与明治维新的一举成功，实有难以切离的内在关联。据载，与福泽谕吉和加藤弘之同时活动于明治年间的启蒙思想家西周，就曾受到过徂徕学的强烈影响。据说，他从徂徕的著作中首次发现了一个与朱子学完全不同的世界，令他倾倒。正是这种倾倒，才使他开始确立“空理于日用无益”和“穷理非学者之务”的治学准则。徂徕学的深刻启迪，集中体现在他专论政教或曰法教相分的重要著作《百一新论》中：“本邦徂徕尝谓，道者先王之道也。先王

① 参见拙作：《中国法家与日本“徂徕学”——关于日本近代化过程中的最初思想准备》，载《东方文化》2000 年第 5 期。

② 黑住真：《日本新儒教的知识论与近代化》，载《学人》第 1 辑，江苏文艺出版社 1991 年版（下同）。

之道者，礼乐之谓也。秦以后天下以法治国，故不可不读韩非”，“是颇知教法之别者也”，并给先秦法家思想以极高的评价。尤为引人注目的是，在法家思想中自然也在徂徕学思想中一贯始终的政治基于人情的“人情观”，在西周的学说体系中也几乎是一贯始终的。[①] 福泽谕吉在明治三十一年出版的《时事新报论集》中讲：“在处理赤穗四十七士时，徂徕曾主张，忠为一人而忠，然法乃天下之法。安可为一人之忠而枉天下之法哉！……到底是林家一辈（指林罗山辈朱子学者——引者注）所难以企及者也。”

徂徕学的可贵，就在于它本身所含具的并非来自外在的自生近代化特质。丸山真男曾作过一个生动的描述：“徂徕学所导入的主体制作思想对封建社会政治机能”所产生的“影响”之一，是“它从封建社会关系及其观念纽带（五伦、五常）中剥夺了实质性的妥当根据，并使之形骸化”，“徂徕没有料到，他呼唤出的‘魔物’不管幸与不幸，都不是从外部打倒封建统治的力量。而完全是侵入到了它的胎内，从内部不断地腐蚀之”。[②] 尾藤正英在明言荻生徂徕实现理想的方法与法家多有接近[③]的同时，更认为徂徕思想中的“职务限定”和“机能分担”的理论体系，与“近代化”观念是息息相通的。[④] 而且，海保青陵的理想，应该是后来所实现的从封建制权威和身份制否定中所产生出来的资本主义社会，它应当是“近代

---

① 参见大久保利谦编：《西周全集》第1卷，东京：宗高书房1962年版。

② 丸山真男：《日本政治思想史研究》，第247—248页。

③ 参见尾藤正英：《日本封建思想史研究》，东京：青木书店1961年版，第282页。

④ 参见尾藤正英：《解说：作为国家主义祖型的徂徕》，载日本的名著16《荻生徂徕》，东京：中央公论社1974年版。

的”。[①] 源了圆亦从中窥见了青陵思想中的“潜在近代性”。他认为,“徂徕未能完成的经验合理主义与实学思想的结合”和“实学与合理的思维”,已开始见诸青陵。它与“明治以后急速的近代化”和“能率的近代化”所带来的“国家利益维护”之风,有相当的关联。[②] 尤其值得关注的是,地税改革前明治政府废除关于土地买卖禁令的措施,证实了荻生徂徕的天才预见;[③]而由太宰春台最早提出的“富国强兵”论,乃成为日后明治维新的三项重大政策之一;特别是在明治维新中发挥重大作用的“士魂商才”思想,其原型,亦奠定于海保青陵。其如小岛康敬所说:“是青陵唤起了武士的功利主体的自觉。在不是商人‘士魂’而是武士‘商才’的系谱上,青陵的思想是明治期‘士魂商才’论的祖型”。[④] 于是我们不难理解,为什么丸山真男通过对徂徕学潜心研究后会得出“在通常被视为近代开端的明治维新之前,日本就已然具有了近代思维与社会基盘”的学术性结论了。尽管创造这一基盘的人本身并没有“近代化”的概念。值得注意的是,当西方功利主义原则涌入日本时,日本人并没有表现出过多的陌生感。开国之初日本对西方武装势力的不战签约,固然不是由于双方价值观趋同所致,但西方文明的大量传入并没有引起日本人像中国民众一样的普遍不适和拼命排斥,倒的确是一个值得深思的文化现象。根据小林武的研究,在十八世纪末到十九世纪初,当中国的卢文弨、王念孙、顾广圻等学者对韩非子做

---

① 参见塚谷晃弘:《解说:江户后期经世家的两种类型——本多利明与海保青陵》,载日本思想大系44《本多利明·海保青陵》,第441页。

② 参见源了圆:《先驱的启蒙思想家蟠桃和青陵》,载日本的名著23《山片蟠桃·海保青陵》,第7、19页。

③ 荻生徂徕:《政谈》卷4,载日本思想大系36《荻生徂徕》,第436页。

④ 小岛康敬:《徂徕学与反徂徕》(增补版),第169页。

“低调”处理的时候，日本的荻生徂徕、服部元乔、户崎允明、宇佐美惠、河野龙子、小川信成、海盐道记、蒲坂圆、海保青陵等一大批学者，正致力于一场韩非复兴运动。[①] 复兴意味着需求。它反映了现实的需求和思想的需求。相比之下，汪士铎（1802—1889）“道学家其源出于孟子”、“以心性理气诚敬为支派，以无可考验之慎独存养为藏身之固，以内圣外王之大言相煽惑，以妄自尊大为仪征”[②]的舆论和魏源“心性迂谈可治天下乎”、“兼黄老申韩之所长而去其所短，斯始之为庖丁乎”[③]等思想的出现，妙则妙矣，但就时间上看，那已经是半个甚至一个多世纪以后的事了。

（原载《历史研究》2002 年第 5 期，有删改）

① 小林武：《关于海保青陵的〈老子国字解〉上：韩非子的影迹》，载《京都产业大学日本文化研究所纪要》1998 年第 4 期。

② 《汪悔翁乙丙日记》卷 2，载沈云龙编《近代中国史料丛刊》第 13 辑，台北：文海出版社 1967 年版。

③ 《默觚下·治篇一》，见《魏源集》，第 36—37、45 页。

第五章　本体的解构与重建

成中英先生致力于本体诠释学的创建，于兹有年矣。从我们的交谈中，成先生敏锐地感到日本思想史，特别是日本近世思想史对他的研究所具有的特别意义，尽管这一意义本身极富挑战性。这样讲，是因为江户思想家的主流理论思考，的确是围绕宋明理学之“理”这一本体概念而诠释、而展开的。所以，从方法论上讲，它称得上是典型的“诠释学”；可是，这种诠释的过程和结果，却几乎是对“理”的形上学体系所作的解构和重组。由于日本学界的早年尝试已经被历史赋予了某种积极的意义，于是，可能发生的疑问是：自诩为中国道统之真正继承者的“当代新儒家”，本来已因为对“理”形上学之过分强化，而坐致无益民生之诮，那么，曾经是该学派代表之一的成中英，其理论归结是否与其他新儒家殊途一理？然而实际上，当了解到成先生创建“新新儒家”是为了克服牟宗三等人因对宋明理学先验判断的泥守进而导致对儒学源头和发展缺乏整体性思考等弊端时，当发现早已被“宋明新儒家”和“当代新儒家”从道统中摘除并打入另册的荀子理论，却屡屡被成先生誉为“完整的社会实用理性哲学”——“政治之道之全与一”并颂赞有加时，本体诠释学和由此而创生的“新新儒家”所具有的包容性、开放性与务实特征，则远非“当代新儒家”的其他人所能比拟：“我的主张是多元一体，由多元中产生一体，在一体中包含着多元，通过一体与多元的循环，来遏制相对主义。需要说明的是，这里的‘一体’是开放的、发展的，不能视为一成不变的东西”。[①] 因而实际上，成先生的本体诠释学及其“新新儒家”的理论指归，是要实现“中”与“西”、“道”与“器”、“理”与“气”、“形上”与“形下”、“体验”与“经验”的真正合一而不是偏执一端。某种意义上，日本近世思想界所反对的，也正是被朱子学做了偏至发挥的“合理主义”，[②]尽管这种反对有时不得不以另一种极端的表现——“气一元论”的形式而出现。这样讲的理由还在于，日本近世思想界在“非合理主义”声浪中建立起来的新的本体论，从一开始，就有着被朱子学否定了的荀学的明显痕迹。

第一节 荻生徂徕的“非合理主义”与理学的崩解

一般说来，江户思想家藤原惺窝（1561—1619）和林罗山（1583—1657），是最早将“朱子学”导入日本的朱子学者。该学说传入伊始，曾经给亟需秩序支持和思想支持的德川幕府（1603—1867）带来过安宁。作为秩序支持的重要措施，初始阶段的“城下町”设置对于控制战国以来的混乱政治局面，一度发挥过重要的作用。可是，作为“城下町”制度前提的“参觐交代”制，却带来了人们意想不到的商贸发展和由此而引发的四民失序与道德失范，尤其是后者。道德失范，在当时主要表现为“义利之争”时人们对“利”

---

① 参见成中英《本体与诠释》，三联书店 2000 年版，第 27—29、61 页。又，参见《道德自我与民主自由：人权的哲学基础》，载《东岳论丛》2000 年第 6 期。

② 朱子学在“理”、“气”必居其一时的实际选择是：“万一山河大地都陷了，毕竟理却只在这里”。见《朱子语类》卷 1《理气上》。

的竞逐和“理欲之辨”中人们对“欲”的没入。如果说幕府利用朱子学以取得思想支持的重要目的，开始只设定于对天主教入主行为的阻止，那么，秩序支持的不复存在所导致的道德失范现象，却已经对朱子学核心之一的道德主义乃至整个“合理主义”体系本身，构成了严重的威胁。在这种形势面前，有人主张要捍卫朱熹的“义利观”和“天理人欲”说，认为“物理”应从属于“道理”，“自然”应从属于“当然”。但值得注意的，却是另外一些人的日益高涨的反对意见。该舆论，主要源自德川中后期的“古学”特别是“古学”派当中的“古文辞学”派（荻生徂徕及其弟子所创建的蘐园学派或称徂徕学）。在他们看来，四民失序和道德失范的现实带给朱子学的，与其说是理论摇撼，还不如说是理论否定。关于朱子学究竟给徂徕学派带来过怎样的疑窦，日本当代思想史家丸山真男有过一段精当的总结：“朱子学的理，既是物理，亦是道理；既是自然，也是当然。这里，自然法则和道德规范已连为一体。……值得注意的是，连接着的双边并非对等，而是从属，即物理对道理、自然法则对道德法则的无条件服从。在这种情况下，对等性是不被承认的。……可以说，朱子学中宇宙论乃至存在论充其量不过是其人性论的‘反射’而已。”①

那么，中国传统中的朱子学，究竟是怎样一种学说呢？

由朱子学集其大成的所谓“正统儒教”，最早始自唐·韩愈的“道统论”。以道统论的嚆矢《原道》为契机，被韩愈奉为上品，且具有极强之心性论倾向的《大学》、《中庸》和《孟子》，首次被赋予了正统的意味。到了宋代，朱熹又在“三书”之上附以《论语》，遂创造出

---

① 丸山真男：《日本政治思想史研究》，第25—26页。

新的"四书"经典体系。特别是,当朱熹的《四书集注》被朝廷指定为科举的标准答案和儒教解释的最高权威时,以朱子学为代表的儒家学派,便成为其后数百年中国儒教的代名词而占据了不可摇撼的正统地位。①

"理"和"气",是朱子学把握和说明人性的核心概念。它们被朱熹分别归结为"性"和"情"。由此而形成的"理→形而上→道→未发→静→性"系列与"气→形而下→器→已发→动→情"这两大概念体系所凸显的,也正是"性"与"情"的对立。"性",又分为"本然之性"和"气质之性"两种。其中,"本然之性"乃人类绝对善之所在,而"气质之性",则是相对的"善恶"的根源。这也是将现实当中的人分为善人和恶人的根据所在。即:"气质之性"中有清明混浊之差,所谓圣人,就是"气质之性"透明而唯余"本然之性"的人;而所谓凡人,乃是"气质之性"混浊,并由此而生出种种情欲的人们。由于情欲笼罩了"本然之性",于是就使人间产生了"恶"。而且在朱子学看来,善,较诸恶,乃是人性更根本的渊源。因此,无论是谁,原则上讲,只有涤清"气质之性"中的混浊,才能回归"本然之性",亦才能成为圣人。该论,已成为朱子学的一个基本信条。那么,如何进一步去改善混浊的气质,乃成为朱子学所面临的又一课题。朱子学也正是从这个问题出发,才展开了它的实践伦理的。朱子学的实践伦理中,包括主观和客观两种方法。前者表现为"存心持敬"和"守静居敬"等修养形式,这属于用心专一并能有效抑制感情冲动的内省之道;而后者则是《大学》所谓"格物致知"的治学方法。

---

① 参见冯友兰:《中国哲学史新编》第5册,人民出版社1988年版,第23—24页。

日本儒教经典体系的演变和正统观念的更迭，某种意义上是随着大陆的变化而变化的。忠实地将朱子学（新注）介绍到日本的林罗山，依据朱子学的权威，把《四书集注》的思想广泛地推广至日本的学界乃至于政界。[①] 该正统性，在当时的日本学界，留下了深刻的印记，以至后来儒者松宫观山说："圣门之学，无非论心者也"。[②] 针对这一点，子安宣邦指出："如徂徕所述，道的概念，……始说于子思、孟子之儒家者流。其言说千言万语，而终不脱'以性为本'的正统性"。[③] 对这种"儒"的正统性，就连欲使它改头换面的日本古学者，脱却起来，也并不是一桩易事。正如丸山真男所描绘的"宋学的大学・中庸主义，经仁斋学的论语・孟子中心主义，又进一步转而为徂徕学的六经中心主义"[④]的经典流变曲线所显示的那样，以批判朱子学为使命的伊藤仁斋，也无法完全摆脱"四书"经典体系。与此不同，只有徂徕，才逐渐完成了脱却"四书"体系的过程。日本江户时期所讲的"儒教"，指的就是始自思孟、集大成于朱熹的所谓"儒家者流"的正统的儒家学说。

荻生徂徕(1666—1728)，是日本江户幕府（又称"德川幕府"）中期著名的思想家、教育家和政论家。十二三年的民间流放生活对荻生徂徕人生观的形成和学问观的萌生，意义堪称重大。按照

---

① 按照林罗山的亲笔记载，他"十八岁时始读《四书集注》……时或语友人以《集注》之趣。时年二十一岁。一二年后，乃着深衣（儒服）而讲说之……"（《野槌》）。该讲义即"为稽古而讲说之新注四书也"（《徒然草慰草》）。参见石田一良《解说：林罗山的思想》，载日本思想大系 28《藤原惺窝・林罗山》，东京：岩波书店 1975 年版（下同），第 488 页。

② 《学论二编》，载《松宫观山集》第 2 卷，国民精神文化研究所编，东京：东京第一书房 1987 年版，第 86 页。

③ 子安宣邦：《作为事件的徂徕学》，东京：青土社 1990 年版（下同），第 282 页。

④ 《日本政治思想史研究》，第 80 页。

徂徕本人的说法，自己对世事的看法和学术上的成就，“全赖南总之力”。[①] 同时，元禄九年(1696)，始出仕于老中、武藏国川越七万二千三十石领主柳泽吉保，并成为将军德川纲吉的学术顾问。十四年之久的仕宦式生涯，对于徂徕政治意识的形成则有着不容小视的意义。这一点，在如何处治“赤穗浪士”的政治献策问题上，表现得尤为突出。

当初，徂徕曾追随“程朱之学”从事语言学和历史学的研究。但从四十岁开始，“有感于明人之言，而后知辞有古今焉。知辞有古今，而后取程朱书读之，稍稍知其与先王孔子不合矣。”[②]这一发现，契机于明代文学家李攀龙、王世贞的“古文辞”学派。受其影响，徂徕乃提倡古文辞学和诗文革新运动，并开始对朱子学产生不满。而且，他对朱子学的认识，并非仅限于朱子学本身。在他看来，朱子学，并不是突然出现的理论流派，它根源于先秦时期的儒家，特别是与思孟学派间有着极深的渊源关系。徂徕的矛头走向，早已被他的老师林凤冈不幸言中。据载，“一日凤冈过柳泽侯，侯使徂徕伴接。凤冈谓曰：‘闻汝近倡异说以驳程朱。驳程朱犹恕之，然其驳程朱者，乃驳思孟之渐也。至驳思孟则吾绝不少假之’。徂徕顿首拜谢”。[③] 后来的事实表明，徂徕不但与程朱对决，而且思孟并诋，甚至对孔子亦每露微词。这在那个时代，其大胆，每每令人惊愕。

荻生徂徕的理论，是反对朱子学“合理主义”体系的“非合理主

① 荻生徂徕：《送冈仲锡徙常序》，载《徂徕集[抄]》，日本思想大系 36《荻生徂徕》，第 494 页。

② 《与薮震庵》，同上书，第 505 页。

③ 原念斋：《先哲丛谈》，第 37 页。

义”。他认为，“理无形，故无准”。作为“理”之实际根源的思孟“心性论”，亦未尝不然：“心无形也，不可得而治之矣。……何也？治之者心也，所治者心也。以我心治我心，譬如狂者自治其狂焉，安能治之？”所以徂徕认为，真正能对人间秩序发挥组织和管理作用的，不是“心性之理”，而是“礼乐刑政”。他同时还发现，一般情况下，能够决定人们思考和行为方向的，不是看不见、摸不着的先天“人性”，而是实实在在的后天“人情”。何谓人情？谓“人之实情”也。这个实情，就是好利恶害，趋利避害。由于人就是“人情”的存在方式，即“人者，人情也”，而人情又是人在没有任何价值附加时的真实存在状态，所以对于人情，徂徕坚决反对随便冠以“善”或“恶”的帽子。有学者指出：“要理解徂徕的‘情’，重点应放在如何把握作为感情发动的‘情’本身未必含具‘善’还是‘恶’这一问题上。它与‘人性’本无善恶的理解相连动。”[①]由于“人情”每每表现为“人欲”，所以，“人欲”之不可去，犹“人情”之不可无：“人欲者，人之所必有而不可去者也。程、朱乃言‘人欲净尽，天理流行’，岂不妄哉！”惟此，理想的治道，就不可与“人情”背道而驰，即：“至道固不悖人情，人情岂必皆合道哉！”这使人想起成中英先生对荀子“本体论”所作的理解和把握，即“可以以道为因，但却不可以道尽为因”。[②]

实际情况是，真正构成徂徕学理论“祖型”的，也刚好是荀子及其弟子韩非（如荀子的“礼”和韩非的“人情”），而构成徂徕学生活

① 泽井启一：《荻生徂徕的“天”与“人情”》，载《东洋的思想与宗教》第5号，1988年6月。

② 参见成中英：《本体与诠释》，第29页。

背景的，则是江户的社会现实。[①] 成中英先生的理解，从哲学的角度道出了徂徕祖荀子的内在因缘，即：荀子的“出发点是明道、无蔽而实用，但他的道却不像庄子的道上升到一个莫须有的恍惚境界，而是落实到社会人群的治理的实际上。我们也可以说荀子所追求的是一个政治哲学或政治之道之全与一”。[②] 对“政治之道”之追求所体现的，亦刚好构成了徂徕学一个极为突出的特征——政治优位论。它的理论前提是从“仁论”到“礼论”、从“心性之理”到“礼乐刑政”的转变，而它的逻辑终点，则是“政教分离”。经由徂徕的工作，才使从形而上到形而下、从价值判断到事实判断、从伦理学标准到政治学标准、从道德原则到利益原则的理论性转变，在日本近世的儒教思想界，首次成为可能。黑住真先生所谓“非原理主义”、“非理想主义”、“非道德主义”的判断，[③]准确地揭示了徂徕阶段的理论实质。从其具体的“五大分断”（天人相分、政教相分、圣凡相分、公私相分、物我相分）和荀·韩归属等情形中不难看出，徂徕的思想中，已蕴涵了“脱儒入法”的理论倾向。

显然，徂徕对于“形而下”，表现出了特别的关心。问题是，徂徕为了斩断使“物理之理”从属于“道理之理”的朱子学“连续性思维”，显然也否定了“道理之理”的存在意义。甚至对“道理之理”的过分排斥结果，竟使“物理之理”亦一道被忽视了。就是说，徂徕在提出“人情论”的同时，忽视了人事问题所应有的本体意义。其结果，在哲学上，徂徕的思想，只满足于对人的“性”和“情”作素朴的

① 参见拙著：《日本近世新法家研究》。

② 参见成中英：《本体与诠释》，第 27—28 页。

③ 参见黑住真：《日本新儒教的知识论与近代化》，载《学人》第 1 辑。

质的把握。尽管他指出了朱子学的谬误所在，却没能实现对朱子学本体论的理论超越。值得注意的是，徂徕的这一理论特点，带有极明显的荀子“天人论”的痕迹。就是说，和荀子在否定先验道德之“天”的同时未能将物理之“天”作为自然对象而加以研究和对待的做法相同，徂徕为了反对朱子学的“道理之理”，将与自然之“天”相密结的“物理之理”，也一道舍弃了。结果，有关自然和天地的本体论认识，在徂徕的思想体系中，一度出现了理论真空。如何才能恢复“天理”中的“物理之理”，便成为徂徕遗留给后学的重大课题。某种意义上可以说，对荀子的拘泥和固守，已使徂徕阶段的学派思想，出现了理论极限。然而，从对后学所发挥的具有规定性的影响看，说徂徕的思想已经奠定了创建新的本体论的理论基础，并非过言。

第二节　太宰春台对“物理之理”的重建

这一理论趋势的直接承继者，是他的弟子太宰春台（1680—1747）。[①] 春台是日本江户时期的重要思想家。幼年时，曾与父亲共同度过一段艰难的浪人生活。通过一度私淑过熊泽蕃山的父亲，春台开始对儒教发生兴趣（见《紫芝园后稿》）。他曾与朱子学者中野撝谦修习朱子学，但不久就“心生疑窦”，不能释然。据说这

① 太宰春台的有关事迹，请参照《独语》（《日本随笔大成》第9卷，东京：吉川弘文馆1937年版）、《紫芝园后稿》卷14（日本近世儒家文集集成6《春台先生紫芝园稿》［小岛康敬编］，东京：ぺりかん社1986年版）、《圣学问答》卷之上（大系37《徂徕学派》）、松崎观海《春台先生行状》（日本近世儒家文集集成6《春台先生紫芝园稿》）、尾藤正英《解说：太宰春台的人和思想》（大系37《徂徕学派》）、小岛康敬《徂徕学与反徂徕》［增补版］第3章等著作。

成为后来春台投身徂徕门下的重要契机(见《圣学问答》卷之上)。三十二岁时，他初见徂徕。据《春台先生行状》记载，当时，春台喜不自禁，如获归宿然。成为徂徕弟子后，春台在继承了乃师经世理论的同时，亦逐渐构筑起自身的理论体系，成为徂徕学“经世派”的著名代表人物。

春台忠实地继承了徂徕理论，这种“忠实”，甚至使徂徕本人亦时生被逼迫之感。有一段公案很具有代表性。“气质不变”命题，最早由徂徕提出。但春台执著地强调“气质不变化”原则，竟比徂徕的同类主张明确得多，也彻底得多。针对徂徕先生对自己的“狭中小量”指责，春台回话道：“先生(徂徕)告纯(春台)以狭中小量，为纯大病。此言诚中纯膏肓。纯虽不敏，敢不服膺鼎言，务广其狭，大其小乎？然纯之狭中小量，非病也，性也。得之天，受之父母，不能变之，五十年于兹矣。……所谓凫胫不可续者耶。先生乃欲令纯广之大之，得非续凫胫者比乎？纯若变其狭小为广大，恐丧其性，丧其性，则将并与其能丧之。且先生尝非宋儒变化气质之说，以为圣人之道所无，纯深信之。如纯之狭中小量，非所谓气质乎？先生乃斥以为病，而欲为治之，岂欲使纯变化气质耶？何其言之矛盾也！纯也惑，敢请闻归一之说，幸勿吝慈诲。夫先生自以大量能容，人亦以此称之。然以纯观之，能容学者，而弗能容庸人，能容文艺之士狂简者，而弗能容礼法之士”。① 文中不仅指出了他所尊崇的先生理论与实际时而脱节的毛病，也顺带揭示出徂徕对“礼法之士”态度游移的个性根据。“礼法之士”是讲求原则、不姑息任

① 《紫芝园后稿》卷15《与徂徕先生书》，载近世儒家文集集成6《春台先生紫芝园稿》，第295页。

何奸慝的。有违规矩即毫不容赦,使不轨之徒无所藏其身的察检作风,与所谓“狭中小量”无丝毫关涉,更何况这本身又是秉此作风者与生俱来的优秀“气质”呢！这恐怕也是日后春台对“脱儒入法”的行程做大踏步推进的个性原因所在。

春台在将徂徕理论中所蕴涵的可能性作最大限度地发挥和推进的同时,也构筑起了独自的理论体系。这主要体现在春台对徂徕阶段既已有之的“脱儒入法”倾向做加速度推进和“合理主义”本体论的再建等具体工作中。

通过“时·理·势·人情”的“四大命题”,春台将法家的社会观、哲学观和历史观全面导入徂徕学。徂徕主张“人情不变”,并因之而固守“制度不变”的信念。问题是,现实的“人情”,早已因商品经济的发展而发生了巨大的变化。因此,在这个问题上,春台虽然与徂徕的“人情不变”命题保持同调,但他更多强调的,却是“人情”中永远不变的“避害就利”本旨。由于“时”的变化将使“人情”的求取内容为之改变,人们的生活方式亦将发生相应的变化,所以,以往的制度和法规亦必须要应“时”而作出相应的调整。具言之,即以往立足于自然经济基础上的“礼乐”制度,就必须为今天商品经济条件下的“法制”所取代。这也是春台提出“礼无定体”论的原因所在。春台通过对法家“人情”和“时”的把握,不但将儒教的“礼乐”和“先王之道”形骸化,还进一步为“礼废法兴”创造了一个“理”的根据。他认为,上述变化,也刚好符合“物理之理”。

所谓“合理主义”的再建,在春台阶段是指对“物理”原理在本体意义上的再展开。其要点在于从“天人分断”朝“天人合一”的复原。“物理之理”乃“自然之理”。春台不但将含具“人情”原理的“物理之理”与思孟程朱的“道理之理”相黏着的“连续性思维”做了切割手术，更将“物理之理”从以往对“道理之理”的从属状态下解放出来，并使之独立化。这显然不是朱子学“道理”的判断，而是“物理”的判断。而且，春台的“理”，也不是徂徕体现于“非合理主义”中的情绪化判断，而是理性的判断。只是，从终极的意义上说，春台更多以为，只有荀子的“礼乐”才具有恒久价值，而法家，特别是韩非子的“法制”理论，却不过是一时之物而已。这也是他提出法家理论只适用于“衰世”这一命题之所以然。所以，春台只是把法家当成了他“理”的形而下素材来运用，而韩非子升华自“形而下”的“形上”本体论，反而被他有意无意地回避掉了。但是，春台的存在论根据是《易经》。值得注意的是，即使在这种形而上学的尝试性探讨中，其实也蕴涵有许多韩非子的思想成分。从另一方面看，他的“合理主义”，似乎也只停留在“物理之理”的层面，有关反映“物理之理”的“道理之理”再建，并没有引起他的足够重视。[①]然而，和法家一样，道家对于春台理论体系的形成，亦曾给予过重要的影响。如果说，法家是治理“衰世”的积极策略，那么，“老子之道”便是消极的处方。松崎观海说：“春台之老子注，乃本于韩非之解老”。[②] 而以《解老》篇来彻底解释《老子》的，则是荻生徂徕的“孙弟子”海保青陵。

第三节　海保青陵新“道理之理”的竖立

海保青陵(1755—1817)是荻生徂徕的“孙弟子”。他出身于武

---

① 参见拙著：《日本近世新法家研究》第 4 章：太宰春台的“人情物理”论与法家哲学的展开。

② 汤浅常山：《文会杂记》，载《日本随笔大成》第 1 期 14，第 210 页。

士，父亲曾师从于大盐右卫门和徂徕的晚年高弟宇佐美灊水，青陵受父亲影响很深，据《稽古谈》说，十岁的时候，他本人也直接投入徂徕学派门下，成了灊水的亲炙门人。

海保青陵是彻底的"脱儒"论者。这首先反映在他的学问生活上。据《文法披云》记载，一次，他偶然发现《礼记》郑注所释颇为可疑，遂翻遍藏书以为查验并将自己认为是正确的观点呈与先生评判。不想宇佐美见之而大怒，叱称：惟郑注为是，他说皆诬罔之辞也。为学岂可擅易古注！青陵于是退而思之，益觉私见不谬而郑注尤非，乃窃谓："先生真可谓沉迷古注者也"。[①] 但这件事，却激起了他对先儒原典的强烈的批判意识，他说："古语合乎今道，则古语堪用；若与己心相违且与时世殊异，则不依古训"、"纵悉为古字，倘意不通，亦可谓之无用也"。[②] 平石直昭发现，"这里呈现了一个历史性讽刺，即不依靠古文辞研究、不通过究明先王礼乐制度与古文辞间的合致关系，就无法脱却今日风俗文化以实现精神解放这一徂徕意义上的古文辞学说，对青陵来说，作用刚好相反"。[③] 这一变化，对于青陵学问方向的再确定，可谓意义重大。但促使青陵完全"脱儒"的，除了社会现实的要求和徂徕学的自然走向外，下面的事情倒不失为重要的契机。当他开始以儒者身份奉公青山家时，主君曾责成他写出青山家经济状况有哪些值得注意的问题。当他将充满儒教的立场、观点和方法的四十枚草稿交与父亲（角田青溪——引者注）过目时，被其父咎以大谬，并责令修改。退而易

---

① 藏并省自编《海保青陵全集》，第 719 页。

② 参见《文法披云》，同上书，第 714、716 页。

③ 平石直昭：《海保青陵的思想像：关于"游"与"天"》，载《思想》第 677 号，东京：岩波书店 1980 年。

稿两次，及至完全削除了儒者之论，自信确已合乎今日之用后，复敢再呈其父。父始大悦，说：惟此方可谓经世之极论也！[①] 上述经历和儒学的不合时宜，最终使海保青陵吐露出了惊世骇俗的肺腑之言："先王之礼乐刑政，美则美矣，而于今无用。不啻闲余之谈，童子玩具也！"[②]甚者当被桂川氏大骂"儒者尽蠢物也……足下乃大蠢物也"后，竟翻然悔悟曰："鹤（青陵自称——引者注）心豁然开悟……纵孔子之言，倘与理相悖，亦仅值二百疋；凡夫之语，倘不悖其理，乃值千疋！"[③]

其次，海保青陵在制度认识上的"脱儒"倾向，引人瞩目。人们注意到，青陵几乎否定了以"井田制"为中心的全部儒家制度。表面看来，青陵似乎并不反对维持锁国·封建的德川现行体制，但制度本身的最关键部位，却尽为青陵所瘫痪。他指出，后世儒者，时不别古今，风不辨文质，国不虑大小，道不思王霸，只一味主张轻信孟子所言，以为设井田、教孝悌、立学校、祭天地，即可自然而国治。为政者，闻此言若以为是，则大谬不然矣。无他，以其空也。尤为要者，倘贸然而试焉，及知其不可而欲改弦易辙，恐已迟矣。为之所欺，岂不愚哉！[④] 何况事实上，"虽举言非井田而不可，实未见一人复之"。[⑤] 历史上，封建制的经济基础是井田制。井田制一旦动摇，封建制下的君臣主从关系，亦必然松动无疑。德川中期以来的日本，由于商品经济的迅猛发展，迄今为止的主从关系已为实际上

① 参见《稽古谈》卷 5，载《海保青陵全集》，第 111 页。

② 参见《万屋谈》，同上书，第 395 页。

③ 参见《天王谈》，同上书，第 511—512 页。

④ 同上书，第 509—510 页。

⑤ 参见《稽古谈》卷 1，同上书，第 4 页。

的契约关系所取代。青陵不但讴歌这一现实，而且还努力为其寻找巩固与强化的理论根据。他说："自古君臣，市道云也。君役臣以知行（封地——引者注），臣卖力而得米，君买臣，臣卖力，是买卖也。买卖者善也，非恶也。凡言君子不行买卖者，均生吞孔子厌利之说，以至于损。君臣不行买卖，则坐吃山空与徒劳无获者多矣。坐吃山空者，君之损也；徒劳无获者，臣之失也。此不知计算之甚，悖乎天地之理者也。"[①]主从关系之维系纽带——"义"，一旦见替以契约关系维系之纽带——"利"，以往在理论上分别建立在"德""力"之辨基础上的"王道"与"霸道"之政治原则，亦将随之而发生根本性的改变。青陵及时地呼吁，迄今儒教所倡导的"王道"，必须让位与"霸道"。理由在于，"王道"乃"乱世之道"，而"霸道"才是"治世之道"；"王道"是"贫困之道"，而"霸道"乃"富国之道"；"王道"是"悖理之道"，而"霸道"才是"合理之道"。[②] 青陵认为，儒教"不合时宜"的"王道"，是不可能成为"公论"的："今之儒者所谓王道善、霸道恶云者，可谓愚之至也。乃读书而不知事者也。时而不合于时，人而不合于人，言而不合于言者，安可谓公论耶！"[③]

第三，海保青陵的儒教否定，穷原竟委，横亘几千年，可称为儒家思想的总批判。他说："汉之时，以儒不可以治，故用黄老之术；唐、宋诸朝，儒者只堪为文，而政事自政事也。文章非儒不可，政事则非儒者居多。倘儒者为政，必先去儒者之言方可与焉。何则？

① 参见《稽古谈》卷1，载《海保青陵全集》，第8页。

② 参见《富贵谈》，同上书，第525、526页。

③ 参见《养心谈》，同上书，第420页。

以孔孟之论不合于世也。”[①]如此看来，青陵著作中偶然出现的儒教肯定言论，充其量不过是表面文章而已。有人说，青陵的本意并不是要否定儒教。理由是，他自已曾经说过：“师孟子之言者，谬也。师孔子之言者，谬也。然若师孟子之意与孔子之意，则非谬也”之类的话。只是，言以载道，自古以然。作为孔孟之“意”的载体——“言”一旦发生了错误，其“意”又何所凭依？如再看青陵所谓之“意”究竟何指，事情也就好明白一些了：“孟子之意，天理也。孔子之意，天理也。师天理而谬者，古今无有”。[②] 由是观之，青陵的本意在于，孔孟的“意”只有符合他所说的“天理”，才可称“师而无谬”而不是相反。

由于以上的原因，青陵乃明确地亮出了其与春台“法家衰世论”迥然相异的“法家治世论”大旗；而春台尚且固守的所谓“儒家治世论”，在青陵眼里，却成了彻头彻尾的“衰世论”。它标志着“徂徕派经世学”已经实现了“完全脱儒”和“完全入法”的全过程。至此，法家理论首次超越“先王之道”，不但彻底占据了思想统治地位，还首次以包括形而上学在内的完整的理论体系姿态君临世间万物。这种局面的形成，缘于青陵“合理主义”的充分展开和实践论的彻底性。它的根据，即源出于韩非。

青陵的彻底“合理主义”理论，集中体现在他的《老子国字解》中。值得注意的是，《老子国字解》之所本，乃是历史上最早的《老子》注释著作——《韩非子》的《解老》《喻老》篇。并不见诸《老子》的“理”、“霸”等构成青陵“合理主义”的核心概念，竟也全部出自

---

① 参见《稽古谈》卷 1，载《海保青陵全集》，第 3 页。

② 参见《养心谈》，同上书，第 420 页。

《解老》《喻老》篇。更有兴味的是，他对《老子》“前识”概念的重要解释，亦与《解老》《喻老》篇中的解释几乎完全一致。从这个意义上讲，《老子国字解》，与其说是对《老子》的解释，毋宁说是对韩非之《老子》解释的完全承袭更符合实际些。然而，韩非子的《老子》解释，实际上不过是老子思想的法家诠释而已。青陵在继承“道法家”再诠释的基础上，无疑将这种解释力度大大地加强了，甚至加强到超过韩非的程度。正因为如此，老庄乃至儒家道德的全部，已悉数被诠释成了法家舆论。值得注意的是，在法家理论全面展开的同时，“物理”和“道理”之间的从属关系亦因之而发生了一百八十度的大转弯。徂徕当年认为，朱子学的“物理”不过是“道理”而已，因此，为了否定使自然法则无条件从属于道德法则的朱子学，徂徕乃断然采取了“天人分断”的理论措施。然而，与徂徕不同，青陵在“物理之理”的基础上更演绎出了“道理之理”，并实现了“物理之理”与“道理之理”在本体论意义上的再度合一，即朝“理”的合一。重要的是，“理”作为还原所有观念和行为的最高概念，在青陵的理论体系当中，是一贯始终的，即：“理＝天＝法＝利＝私＝我＝物＝智＝人情＝商卖＝霸道＝合点”。青陵悉数超越了迄今为止的“圣人”“天道”观、徂徕的“非合理主义”和春台的“物理的合理主义”，从而完成了徂徕学“脱儒入法”的全过程。[①]

徂徕学发展的内在理路，是与荀·韩思想相伴始终的。在学派创立的初始阶段，是义利兼顾的荀学奠定了徂徕学的传统思想

---

① 参见拙著：《日本近世新法家研究》第6章：海保青陵与“日本近世新法家”的完成。

基础；[1]而从荀到韩的合理过渡，又证明了以下把握的准确性："（青陵）否定了徂徕的礼乐主义。作为替代物，他所倡导的则是法和术。可以说，对荀子礼乐主义取而代之的，便是韩非子法家思想的登场"。[2] 然而法家思想的登场，并非简单的法制铺张，而是以相当严密的"道·理"本体为依托的。[3] 徂徕学对本体论从抛弃到重建，具言之，从"非合理主义"到"合理主义"的转进演变过程，证明了"建构关于世界的符号的理论，也就是对应于世界的形而上学"这一本体论确立原则所具有的普遍真理意义。但是，徂徕学派诸子在构建自身的形上学本体论过程中自始至终未能脱却"人情"背景之一事实本身，却表明徂徕学本体关怀所遵循的程序，是伽达默尔"理解先于知识"的反面。它不是"把**在体验过程中所获得的东西**'译解'成象征性的、指向性的、图像的真实，即规则（或法则）、事实以及关于真实的属性"，[4]而是"把**在经验过程中所获得的东西**"如此这般了。用日本学者源了圆的话说，海保青陵的"合理主义"应该被归于"经验合理主义"范畴。[5] "经验"与"体验"的合一，应该被视为本体的最佳存在状态。但是，只有在经验所无法企及的无限面前，体验才会显现出它应有的意义，否则就成了脱离实际的玄想。海德格尔把传统本体论作为形而上学而舍弃和科学主义也把它当作不具备实证性的玄学而否定等情形表明，对经验与体

---

① 参见岩桥遵成《徂徕研究》第2篇，名著刊行会1969年版。

② 源了圆：《先驱的启蒙思想家蟠桃和青陵》，载日本的名著23《山片蟠桃·海保青陵》，第62页。

③ 参见拙著：《日本近世新法家研究》附论2：关于先秦时期的"人情论"：对法家合理主义的新诠释。

④ 参见成中英：《本体与诠释》，第18—19页。

⑤ 参见源了圆：《先驱的启蒙思想家蟠桃和青陵》。

验任何方面的偏执一端，都将使本体失去其应有的崇高地位和指导意义。流行于江户时代中后期的朱子学，就本体论而言，已堕为只关乎“心性理”层面的玄想。伊藤仁斋(1627—1705)在读解先秦经典时之所以主张要“尽废宋儒注脚”，徂徕学之所以又被称为“古文辞学”，都体现了当本体论出现“生态失衡”现象时思想家行为的“守衡”矫正意义。

因而实际上，徂徕学以及江户时期主要徜徉于中国古典中的各家学派，其得以确立的手段和方法，亦正在于对中国先秦古典的回归和再诠释。这一点，从各家经典结构，在德川幕府建立后不久所发生的流变曲线上可以明察，即：“(由)宋学的大学·中庸主义，经仁斋学的论语·孟子中心主义，又进一步转而为徂徕学的六经中心主义”。[①] 子安宣邦认为，“以明道为己任的徂徕学特质，是试图在道之所在的‘物’——‘六经’上求道。在这里，‘六经’与宋学思维演绎‘道之言说’而成的‘四书’体系间，是尖锐对立的。徂徕认为，与‘四书’相反，‘六经’是‘物’，道也刚好存在于此”。[②]

脱却“四书”体系的曲线，显示的其实是一个过程。在这个过程中，朱子学的“心性论”在新产生的学派及其经典体系中所占的比例，不是增大，而是缩小，并最终小至零。这是因为，试图与朱子学诀别的各学派思想家，几乎无一例外地把“人情论”当成了这一破立过程的突破口和理论根据。而且从其所强调的理论核心看，他们又都将人的“好恶”，视为人情论的基础内涵。两军对阵时的

---

① 丸山真男：《日本政治思想史研究》，第 80 页。

② 子安宣邦：《作为事件的徂徕学》，第 164—165 页。

“矛”、“盾”布列，使“人性论”与“人情论”呈明显的如下对决特征，即：先天原则与后天原则的对立、价值判断与事实判断的对立以及理想主义与现实主义的对立。有趣的是，即便没有走向“新法家”的其他理论派别，也都程度不等地朝着一个共同的方向迈进，那就是“脱儒”。由于近世日本人观念当中的“儒教”，有着比较严格的时间限定，即多指由藤原惺窝和林罗山等人系统导入的、以思孟哲学为理论基础、以宋代“朱子学”为核心内容的“理学”，因此，所谓“脱儒”，便是指对始自思孟、集大成于朱熹的所谓“正统”儒家学说——“道统”的脱却和逃离。徂徕所谓“思孟而后，降为儒家者流”以及“学宁为诸子百家曲艺之士，而不愿为道学先生”云者，即指此而言。然而，日本人“脱儒”的最终结果，是“脱亚”，因为在福泽谕吉看来，地域的“脱亚”，是为了脱离“支·韩”，而脱离“支·韩”，却是为了脱离儒教。[①] 汪士铎和魏源，也都对理学和法家的观点做过反差鲜明的对比（参见第四章）。如果我们不认为这种说法是错误的，那么日本人为摆脱和克服思孟程朱本体论所存在的致命弱点而肇端于明治维新前的本体重建工作，便显示出了它重要的时代意义。因为按丸山真男的说法，“在通常被视为近代开端的明治维新之前，日本就已然具有了近代思维与社会基盘”了。

回视徂徕学的发生发展过程，恐怕谁人都不会否认荀学所发挥的转捩作用。在本体论的确立问题上，荀学固然扮演过本体“解构”角色，但这种“重建”所必须的“解构”，却无法不使距江户数百年后的中国学界重新拾起荀子，以为矫正本体论“生态失衡”缺憾

① 参见拙作：《从“脱儒入法”到“脱亚入欧”》，载《读书》2001年第3期。

的“守衡”道具。人们几乎同时注意到牟宗三的“现代宋明理学”已给“儒家生活世界”带来了“萎缩”，也几乎同时意识到荀子“转礼为法”的“社会理性法权”“思想在后来儒家中”的“丧失殆尽”，给中国历史和社会所带来的“可惜”和遗憾。成中英先生的“荀子肯定论”和李泽厚先生为“跳出牟宗三那个框子”而发出的“重视荀子这条线”之呼号，都绝不是标新立异的突发奇想和“为赋新诗强说愁”。尤其值得玩味的是，成氏的“新新儒家”说和李氏的“儒学第四期”提法，几乎不约而同地都把荀学的重振视为新时期儒家本体论重建的理论前提之一。[①] 成先生坦言：“在与日本的对比中，我们受到了嘲弄”。[②] 李泽厚亦发现，“在中国儒学，不管是朱子学或阳明学，都是‘仁’重于‘礼’，对内在心性的主动塑造和追求远重于对外在规范的严格遵循和顺应”，“日本则不然……所致力的是外在理性的建立，即对行为规范、姿态仪容等礼文细节的坚决确立和严厉执行，而并未去着重内在心理的塑造，特别是没有致力于各种意念、情欲具体的理性化和‘合理化’即道德化”。[③] 这种感受，是否同时意味着江户日本的“荀学复兴”思潮、“脱儒入法”运动以及由此而创生的“日本近世新法家”，在本体论创建问题上具有某种“不破不立”的逻辑意义呢？当代新儒家“内圣开出新外王”和“返本开新”说之所以最终难以为经济高速发展和亟需规矩准绳的中国大陆所接受，“新新儒家”开放而日新的本体诠释学体系之所以日益

---

① 参见成中英：《合外内之道：儒家哲学论》，中国社会科学出版社 2001 年版，第 375—411 页；李泽厚：《历史眼界与理论的“度”》，载《天涯》1999 年第 2 期。笔者在与研究生讨论该问题时，宋洪兵君敏锐地发现了这一点。

② 成中英：《合外内之道：儒家哲学论》，第 164 页。

③ 李泽厚：《波斋新说》，天地图书 1999 年版，第 210 页。

显示出融会中西、兼合道器的巨大哲学魅力，已无言地暴露了理学本体论所固有的重大理论阙失。它呼唤着新世纪中国哲学的早日更生，也提醒人们这种更生在世界一体化的今天所具有的绝对意义。

（原载《日本学论坛》2003 年第 3 期，有删改）

第六章　日本近代史观对“仁”的次位安置

近代日本有一个与中国不同的史学传统，即历史评价标准的“重外而轻内”。换言之，对于历史事件和事件的当事人，日本史家不太喜欢用“善”和“恶”一类更多存在于人的内心的价值标准来评定和判断之，而注重以外在因素——事发当时实际起作用的各类客观条件来分析、解释和评判之。这种事实判断原则，与思想界的实学思索相表里，形成了迥异于中国的史学观念和史学风格。探讨这一问题，对于正确把握中日两国在历史认识上所存在的差异甚至对立，或有启发意义。

第一节　对朱熹历史观的导入与驱逐

朱子学的“合理主义”，曾经给亟需秩序支持和思想支持的德川幕府带来过近百年的安宁。如果说，幕府利用朱子学以取得思想支持的目的，有些设定在对天主教入主行为的阻止，那么，它在朱子学身上索取秩序支持的重点，则多半放在幕府政治所需要的正名分、明纲常的政治伦理上。随着政治控制的日渐深入，如何从人的内心来寻找消弭政治危机于未萌的道德观念，乃成为幕府里一批御用文士的工作重心。朱熹的《资治通鉴纲目》，就是在这种需要下被引进、被铺张的。

《资治通鉴纲目》,朱熹及弟子赵师渊撰,共五十九卷。该书以司马光《资治通鉴》为蓝本,别作义例。"目"由师渊为之,而"纲"的部分则由朱熹自提其要,寓褒贬微义于其中,对司马光的《资治通鉴》作了大量史实上的善恶诠释和道德解说。该书进入日本伊始,即为江户时代朱子学者广为介绍。庆安四年(1651),有鹈饲鍊斋(通称金平)训点的《通鉴纲目》和刻本《金平通鉴》刊行。在此前后,还有三宅氏(通称道乙)训点的《道乙通鉴》问世。[①] 早期朱子学者林罗山(1583—1657)与其子林鹅峰(1618—1680)受幕府之命而编修的《宽永诸家系图传》、《本朝编年录》以及由林鹅峰独自完成的《本朝通鉴》,几乎都有《通鉴纲目》的明显痕迹。林罗山在论清氏、赖朝、尊氏、信长、秀吉等武将的《七武余论并序》中,就曾说:"其垂训示诲,真有益矣"。[②]

朱熹的历史观,形成于中国悠久的史学评价传统。中国传统史家,多长于历史叙事中的"惩恶劝善",而"惩"与"劝"的根据,是道德仁义,即恒存于史家心中并可以转化为外在绳墨的标准。当私家修史之风盛行时,这一择向颇显突出。即便是官修,史官个人的优劣审视和判断,也通过各种方式渗入到史书的各个角落。

日本人也极端重视历史,江户中期著名思想家荻生徂徕说:"历史乃学问之极也"。[③] 然而,其重视的原则和偏向,却与中国有

---

① 参见赖惟勤:《解说》,载中国古典文学大系14《资治通鉴选》,东京:平凡社1970年版。

② 《林罗山文集》上卷25,东京:ぺりかん社1979年版,第286页。

③ 《徂徕先生答问书》上,载《荻生徂徕全集》第6卷,东京:河出书房新社1973年版,第178页。

明显的差异。

首先，以事实记载为要中之要，并尽量避免人的主观价值判断。朱熹的《通鉴纲目》传到日本后，的确对江户时代的历史论著带来过一定的影响。它反映在早期朱子学者藤原惺窝和林罗山等人的著作中，也表现在后来为《大日本史》作“赞”的安积澹泊(1656—1737)的《大日本史赞薮》中。然而，这种影响，至迟在林罗山之子林鹅峰所撰的《本朝通鉴》里，已开始大打折扣。他对《通鉴纲目》之道德价值追求的绝望，是因为内在道德把握与外在秉笔直书在操作过程中发生了剧烈的冲突。按照林鹅峰自己的讲法是因为国朝之事，难于公言，难断正邪是非。纵行《春秋》《纲目》之笔法，又谁识我卓见哉！“是以今般书式，唯记事实可也”。①

其实，上述倾向，绝非林鹅峰一人的奇想突发。在整个江户时代，这几乎成了一种普遍的叙史风气。这种风气，甚至影响到历史撰述还要不要道德评价的“论赞”的问题。安积澹泊的《大日本史赞薮》，便曾受到过该风气的挑战。《大日本史》，是一部汉文体日本国史。由水户藩主德川光国(1657—1725)延揽众史家，经过对日本古今的全方位调查和严格考证，历经数代，二百余年，始编撰而成。该书叙事范围起自神武天皇，迄于南北朝末后小松天皇，共397卷。在修史早期，安积澹泊，既是参与者，亦是组织者。由于受中国传统史观和朱子学的影响，澹泊几乎在每一篇篇末，都附议以论赞，藉人物之臧否，贻后世以道德史鉴。然而，这一在中国几为天经地义的做法，在日本却遇到了很大的阻力。由于这种阻力，

---

① 林春斋:《国史馆目录》宽文四年十月晦日条，花见朔巳《本朝通鉴考》，载史学会创立50周年/史学会编《本邦史学史论丛》，东京:富山房1939年版。

最终使该“赞薮”未被通过，为众人决议以“削除”。高桥广备认为，无“论赞”则大日本史金瓯有阙云者，乃时俗之论也。纪传末附以论赞，始于司马迁之《史记》。此一家之私议也，与义公（德川光国——引者注）意下之大日本史颇相龃龉。且澹泊所作论赞文章，失之苛酷冗长，妄引中国历史暗合之例以炫其博识。若以为个人之史论随笔犹可，倘以此为史书之论赞，则不妥矣。附以论赞，非义公之本意，修史当“据事直书，劝惩自见”。中国史书无论赞者，其如《元史》乎。论赞削除的最后决定，是武公（治纪）时代，即文化六年（1809）的事。面对武公的咨问，川口长孺、高桥广备、藤田幽谷等协议的结果，终于在二月十二日，决定删除论赞。[①]

实际上，澹泊本人在《赞薮》当中的议论，在我们看来，已经与中国传统史观之劝惩褒贬的道德把握相距甚远了。他发现，单纯明快的内在善恶论不足以解决“据实以书”的历史问题。尤其在历史发生重大转折点的时候，对历史人物作内在道德的理解和把握，往往显得空前的不得要领和无用。因此他主张，必须在历史论述中加进把握变数的概念，即“势”、“机”和“权”。这样，才有利于对历史变化真动因的探讨。在谈到平知盛拒绝了源义仲的和解要求而旋即灭亡时，他指出：“义仲方畏赖朝之图己，与之连衡以敌赖朝，则事虽不成，未至覆亡如此之速。岂非失事机、而不通权变者耶？”[②]对于对南朝竭尽忠节的新田义贞，澹泊虽誉以“义贞匡复之

① 参见小仓芳彦：《解题》，载日本思想大系48《近世史论集》，岩波书店1974年版，第559—560页。

② 《平清盛父子传赞》，载《大日本史列传赞薮》卷3，日本思想大系48《近世史论集》，第287页。

心，不少解驰，誓天地以为心，质鬼神而无疑”等最高道德赞美，但道德的高尚并没有使他战胜足利尊的结果，却是事实。当谈到决定义贞败战的真正因素时，澹泊指出：“不幸势去，时不利，智勇俱困，继之以死。”[①]这种轻视内在的历史态度，也使他能够自觉地将统治者内在的仁爱之心与政治操作原则本身作出明确的分离。据说，“延喜之治”中有这样一段“佳话”：一个凛冽彻骨的寒夜，国君脱去身上的衣服，想通过自身的寒冷体验来感受百姓的饥寒劳苦。对此，澹泊指出：“然世徒知寒夜脱御衣之为君德，而不知假辞色以求尽言之尤为盛德。此致治之本也。”[②]澹泊这一史观特征的极致表现，是“善恶”对峙时内在“善”对外在“恶”的充满无力感的描述以及对事实本身的认可态度。在《新田义贞传赞》中，他写道：“赞曰：忠义之维持世教大矣。新田义贞以源家之胄，役于北条氏，一旦幡然改图，欲安王室，义旗所向，叶落冰离，何其易也！及与足利氏构难，攻城野战，互有胜负，而竟不免败衄，何其难也！盖由政刑日紊，人心思乱，尊氏乘之，逞其诈力也。……其子侄皆能枕戈尝胆，屡兴勤王之师，而卒归于摧残流亡。岂非天哉！至其高风亮节，虽屈于当时，能伸于后世。天果不佑忠贤乎？观其与足利氏争雄，两家曲直赫赫在人耳目，虽愚夫愚妇，亦能知新田氏之为忠贤，宁为此而不为彼。亦足使人辨邪正决取舍，而知向义矣。”[③]日本当代史家松本三之介认为，这表明澹泊的史观最终还是回到了儒

① 《新田义贞传赞》，载《大日本史列传赞薮》卷3，日本思想大系48《近世史论集》，第293页。

② 《醍醐天皇纪赞》，载《大日本史列传赞薮》卷1，同上书，第255页。

③ 《大日本史列传赞薮》卷3，同上书，第293页。

家的框架中。[1] 实际上，澹泊没有回归，至少没有完全回归。首先，他通过对实际事务与道德的"难""易"对比，鲜明地揭示出内在理想与外在现实之间所存在着的巨大反差。就是说，"忠义"云者，善则善矣，讲起来也容易，但在实际操作中，却往往要败给不忠不义者。原因恐怕在于"人心思乱"。在这里，"人心"有时似并不像儒者所说的那样天然善或永恒善，当被道德指斥为"恶"的势力成了气候，就变成了"天意"。他的"岂非天哉"之感慨，盖缘此而发。可是这样一来，作为儒家理论信条的"天道福善祸淫"就变成了"天道福淫祸善"了。需要指出的是，澹泊史论中存在着其自身很难发现的矛盾，即"人心思乱"和"两家曲直赫赫在人耳目，虽愚夫愚妇，亦能知新田氏之为忠贤，宁为此而不为彼"这两种截然对立的判断。显然，前者是事实判断，而后者则是价值判断。当囿于《通鉴纲目》时，他的判断只能是后者，可一旦回到历史的现实，他又只好背离那预设的道德前提而事实上又为人们演绎了一回"恶"为历史开辟道路的原理。这种状态，在他以下的表述中，再度获得显现："赞曰：皇统之判为南北，犹元魏之分为东西乎？曰：非也。……皇统之出于后嵯峨，亦无所轻重，唯视神器所在，为正耳。光严·光明皆为叛臣所立，非无神器，而所传非真，则不得谓之有焉。然神器之轻重，系人心之向背。人心归则神器重，人心离则神器轻。天人惟一，道器不二，固非闰孽乱贼之所得而觊觎者。则皇统所属，不待辨而明矣。"[2]可问题在于，"人心"若归于"思乱"怎么办？按照它的逻辑，似乎也只好承认现实。否则，

---

① 《近世的历史叙述及其思想》，日本思想大系 48《近世史论集》，第 601 页。

② 《后小松天皇纪赞》，载《大日本史列传赞薮》卷 1，同上书，第 263 页。

也只能是“其子侄皆能枕戈尝胆，屡兴勤王之师，而卒归于摧残流亡”。因而实际上，从澹泊的整个叙述文脉上看，他的最高原则，似没有离开林鹅峰《本朝通鉴》的“唯记事实可也”之“据实而书”原则。

值得玩味的是，安积澹泊的内在道德次位论史观，与荻生徂徕的影响，有着深刻的内在联系。澹泊与徂徕是同时代人。围绕澹泊的《大日本史》撰修问题，徂徕曾有过一些议论，诸如“贵藩修大日本史，亦足下所与裁”[①]等。如前所述，徂徕是极力排斥朱熹的，这种排斥，亦明显表现在他对《通鉴纲目》的反对上。他在给学生开列必读书单时，还特地指出要读《资治通鉴》原作而不要为《通鉴纲目》的史观所左右。[②] 为了强调历史观中的非主观主义倾向，徂徕主张，史书要多读那些记载历史事实的编年体和纪传体著作。即：论时事则编年，记一人终始则纪传。《通鉴纲目》之所以无须过目，是因为朱熹的笔法中先有一个想定的道德框架，经由这种框架的削足适履，历史已无古今之变，而仅余百世一定。[③] “后世儒者不识先王之道，乃逞其私智，以谓为善而去恶，扩天理而遏人欲也。此见一立，世非唐虞，人非圣人，必恶多而善少，则杀气塞天地矣。故通鉴(纲目)之于治国，性理之于修身，人与我皆不胜其苛刻焉。遂使世人谓儒者喜攻人，岂不悲哉！”[④]

历史上，澹泊与徂徕有过频繁的通信。徂徕的学问见解，诸如他对于“妇人之仁”(徂徕《太平策》参照)这一道德史观的极力反对

---

① 《徂徕集》之《复安澹泊》，载日本思想大系 36《荻生徂徕》，第 539 页。

② 参见《经子史要览》，载《荻生徂徕全集》第 3 卷。

③ 同上。

④ 荻生徂徕《辨道》，载日本思想大系 36《荻生徂徕》，第 203 页。

态度，对澹泊的理论走向，构成了相当程度的震撼。澹泊说："（及得徂徕复书）仆始读之愕然，平心再读，乃服其卓见伟识迥出流俗也"。[①] 森岛通夫说日本人道德清单中极少谈"仁"，[②]这不一定十分准确。但是，说德目选择的背后有着相当深厚的哲学观和历史观作凭借、作依托，却是不争的事实。

第二节 历史观念中尚实的哲学传统

丸山真男认为，观念论，是日本思想传统中的一大弱项。它使日本人对有关规范的理想和作为历史的创造者与计划者之超越神等能够脱离时间制约的绝对者的构想，表现出一定的能力欠缺。这使得日本人的政治行动缺乏规范性制约，在政治手段的使用上，亦显得比较"自由"。于是，反道德和奇袭、谋略等行为受到称赞，而战略上的思考和长远目标的设定能力，却颇显薄弱。然而，在阙失普遍主义观念论的日本人身上，倒也凸显出其他民族，特别是在中国人身上所少有的特点，即脱离观念论的实证主义、以现实为中心的进步观、传统习惯对进化论的开门延纳，以及对空想和理想主义的不自觉排斥等。由于观念论和形而上学对于时间的所谓自由构成和操作观念，即站在时间之外来操作时间，进而干预历史本身的主体观念，在不长于如此思考的日本人身上不易产生，因此，历史认识过程中带有附加和随意色彩的主观主义和价值判断，便很

---

① 《又复荻生徂徕书》，《澹泊斋文集》卷8。载国会刊行会编：《续续群书类丛》第13册，东京：平文社1970年版，第407、406页。

② 森岛通夫：《日本为什么成功》，参见《森岛通夫著作集》13卷《序论》，东京：岩波书店2004年版，第19—20页。

少出现在日本的史书当中。[①] 如前揭所示，丸山的总结，在日本的历史编纂学中，确实有为数众多的体现。日本最为著名的两部原典——《古事记》和《日本书纪》，固然受到过中国官方历史编纂学的影响，但它却在众多中国史书体裁中，只选择了其中之一种——编年体。至于带有史家分析和道德评论的本纪、列传和论赞等纪传体编纂方法，却很少被采纳。而规范主义的惩恶扬善意识，在这里已显得极为稀薄。与此相应，作为历史编纂学的方法论，日本史家更强调的是实证主义和史料主义，甚至有时已经将本来是通过史料来构成历史的实证方法，变成了抽掉构成历史之要素的单纯的“考证”。“让事实自身讲话”的惯习，至今仍广泛而完好地保存在日本的历史学界。这种编纂方法，有时固不免“森林”、“树木”之诮，但对于历史学最为重要的真实性而言，比那种将事实与价值附加混杂在一处、使后人难辨真伪、莫衷一是的千篇一律的道德评价，倒也增加了许多可信度和历史感。

儒家以“仁”为本、以“心→性→天”的连通模式为特征的思想体系，融汇老庄“先天先地、神鬼神帝”的“道”和朱熹“虽大地塌陷而犹存”的“理”，曾一度演变成规定和控制宇宙人间，然而却从不参与任何具体事务的绝对的存在。该“道理”，实际上已经成为“站在时间之外来操作时间，进而干预历史本身”的“观念”，而尤为重要的是，由于理学的主调实基于孟子“发乎其心”的“善端”——仁义礼智，因此，由“道”和“理”黏合而成的一整套观念体系，便不能

---

① 参见《丸山真男讲义录》第4册第1章第3节，东京大学出版会1998年版。丸山的这一说法，作为对日本民族的思考与行为习惯的规律性捕捉，很具启发意义。但将其植入事先预设的“原型论”当中，却颇有宿命枘凿之嫌。参见拙作：《丸山真男的“原型论”与“日本主义”》，载《读书》2002年第10期。

不带有明显的“主观”色彩。它在具体的历史叙事中,亦自然会表现为该色彩的道德参与、价值判断和形而上分析。这一点,与日本的哲学氛围间构成了很大的差异。

在日本人的观念当中,“现时”,才是时间的本质存在方式。就连神话,都是与现时密结在一起的具有现实意义的历史遗留。这里,“人”的舞台虽源于“神”的舞台,但神的意义的发生,却悉数存在于“天孙降临”后的人世。在这样一种原始哲学氛围里,离开“现时”或与“现时”有着本质对立的超越者,并不存在。换言之,在日本人的观念世界里,从来就没有存在过朱子学意义上的所谓“永恒”原理。在他们看来,只有“无穷”的生成发展,才是永恒,而永恒本身又与现时处在同一个时间维度中。所以,日本人的时空哲学,具有典型的“现世中心主义”特征。值得注意的是,这种现世主义,又绝非那种固守于现世某一点的所谓“瞬间—永恒”主义,而是在努力享受现世每一瞬间的同时,不安于这瞬间享受,从而不断地去迎接下一个瞬间。然而,在这种不断前行的时间推移中,日本人又总是生息于对现世瞬间的肯定当中,并因此而赋予每一个前后相续的瞬间以合理的意义。[①] 这样,我们很少看到日本人对以往的历史进行全盘否定,也没有目睹过日本人同现行事物作势不两立的对决,亦罕见有谁对未来的进一步发展不充满渴望和憧憬。就像他们的语言被称作“黏着语”一样,“传统→现今→未来”三者间的彼此勾连和不可切离,已成为日本人思考问题时的一个模式。从这个意义上说,国际舆论当中的日本“保守”论,似乎缺少了如何看待日本人对“现今”和“未来”的实际把握态度这两个重要环节。

---

① 参见《丸山真男讲义录》第 4 册第 1 章第 3 节。

当看到明治维新时期最具未来意义的启蒙思想家福泽谕吉反而在“国体”保护问题上表现出让人费解的真诚时,[①]当目睹日本人用“作为”的方式来不断完善现世而不是在观念世界中指望某个遥不可及的真理来砸碎现世的务实态度和生活方式时,日本人的传统哲学观,也就露呈出了其自身的理论特色。它至少透露出这样一个有别于中国传统的明显特征,即由于日本人心目中并不存在某种外在于现世的代表永恒真理并可以裁判现世的观念世界的“判官”,因此,观念本身对于历史的进化和社会的进步,也就无法构成真正的颠覆力量。事实上,日本社会的变化,哪怕是有如明治维新般剧烈的社会变化,从中也很少看到类似于中国历史上的“革命”行为,罕见在“伐无道”、“诛无德”或“替天行道”理念驱使下的旨在荡涤和诛灭前朝所有合理与不合理现象的铁血暴力手段和由此而娩出的新旧分明格局。它给美国学者约翰·惠特尼·霍尔(John Whitney Hall)留下的印象是:“日本人民幸免于大革命。……结果日本就倾向于把换掉的制度放在一边、弃而不用,但很少把它扫除干净。艺术和建筑珍品,几百年都保存维修得很好,正如同某些家族和官职,虽然早已没有权力和影响,也要保留。毫无疑问,日本皇室是今天全世界皇家中统治最久的,因而连续的因素也经常反映到文化史上。”[②]对日本的估计略显保守的罗素(Bertrand Russell)也发现:“日本历史的有趣特点之一,那就是同样一些力量和思想会延续好几个世纪”——“现在的日本与1867年明治维新的领袖们心中所设想的没有什么差别”、“自1867年以来,日本

---

① 福泽谕吉:《文明论概略》,商务印书馆1997年版,第24页。

② 霍尔:《日本:从史前到现代》,商务印书馆1997年版(下同),第5页。

的变化相当惊人,但更惊人的是这种知识合乎生活上的巨大变化却没有使宗教、伦理观念有任何改变。然而,这些变化的趋向却与我们的期望相反。科学理应朝着理性主义的方向发展,而科学知识的传播却与崇拜天皇这一日本文化中最古老的特征同步增长”。[①] 可见,在中国传统中被视为天经地义的“革命”规律,在日本历史上却碰到了一个说不通的“死角”。

第三节 “仁”与“革命”标准的歧义

霍尔的所谓“革命”,颇有几分中国传统意义的革命形式加上西方经演变后的革命内涵的混合意味。正如有学者指出的那样:“(中国)所谓‘革命’的基本含义是改朝换代,以武力推翻前朝,包括了对旧皇族的杀戮……这是西方 revolution 的意义里所没有的”。[②] 理由是,源自拉丁文 revolvere 的 revolution,最初指的是天体周而复始的时空运动。但是,到 14、16 世纪前后,该词却由于与“起义”、“暴动”和“叛乱”等诸词词根相同而开始转生出政治性的含义。近代的“英国革命”和“法国大革命”使“革命”含义发生重大转变的特征在于,以往的“周而复始”观念中,已衍生出“奇特的唯新是求的情结”。它几乎成为某个阶段代表不可抗拒的历史发展方向的标示。[③] 显然,中国历史上的革命,应属于马克斯·韦伯

---

① 罗素:《中国问题》,学林出版社 1996 年版,第 67、76、77 页。

② 陈建华:《现代中国革命话语之源》,载《二十一世纪》(香港中文大学·中国文化研究所)1997 年 6 月号。

③ 参见陈建华文所引 Hannah Arendt, *On Revolution* (New York: The Viking Press, 1965), 21。

所称之“传统主义的革命”，而西方由 revolvere 演化而来的、并对中国近现代社会发生过重大影响的 revolution，当属于“近代自然法革命”或“民权主义革命”。其间差别，已不可同日而语。然而，日本历史的独自特征表现为：当公元 10 世纪中叶日本社会几乎恢复到“大化改新”前状态的时候，以往大宝法典中的政府机制虽日显多余，“可是，日本人从未把这个机制废除”；8 世纪以来朝廷贵族和大寺院垄断权力不复存在以及封建主义的政治权威和土地管理新制度的出现这一被历史学家称为 12 世纪日本史上的两件大事，其“变化的发生”亦“很有特点”，即“缓慢而不为人所注意。没有明显的转折点，也没有什么斗争。连给 12 世纪抹黑的民间骚动和战事，在当时也好像没有什么重要性”；而进入战国后的日本，尽管封建主义化已全面展开，“不过，这种变化的进程并不十分猛烈。天皇和将军仍然作为残余皇权的象征留在京都，虽然他们的政治权力已完全被剥夺。……老的权威结构仍然存在，以保持些许合法性”，“无论统一的国家这个概念如何变化，它仍然未被损伤。‘国家’没有分裂，皇权的传统地盘依然屹立”；甚至连“尊王攘夷”和“大政奉还”浪潮，也没有导致德川幕府与京都皇室之间的直接暴力冲突。“土佐备忘录”只是要求将军退位，让给一个在天皇领导下的大名会议。“将军的政治权力归还天皇，但是德川的家长仍有他的土地。作为最有权力的人，还可以继续任宰相”，惟此，1867 年 11 月，末代将军德川庆喜便接受了这个倡议，他的辞职带来了一个幕府名义下的“皇室改革”。于是，“日本人的政治‘革命’，几乎说不上是什么革命，因为它只是在武士阶级这一老的掌权集团中进行，并且是以忠心和政治价值的连续性为依托的”。所以在战后日本的学者中最普遍的说法是，维新运动是代表武士阶级重新巩固的运动，“也就是说这是一场走向政治绝对主义的反革命运动”。霍尔于是认为,“很明显,这又是把日本历史放在一个不合适的欧洲模子中来考察”。[①]

然而,霍尔在强调日本历史不适合欧洲模式的同时,却认为“他们创造出的某种社会制度和政府类型,反而令人吃惊地和西方类似”,“这也许是为什么在东亚人民当中日本人最有条件去接受西方影响”的原因所在。这里,霍尔所能找到的日本人有别于东亚,特别是中国的地方,主要是制度上的“根本不同”,即“日本人并不是简单地推出一个中国文化的小型翻版”。[②] 表明霍尔眼里的日本制度和传统,非西方却与西方类似;像中国却与中国迥异。看上去霍尔的表述略显矛盾,可这种勾勒倒的确酷肖日本的实情。日本与西方的区别不在本书的讨论范围之列,然而关于日本人是如何做到与中国“和而不同”的观念背景,霍尔毕竟缺乏质实的了解。实际上,这一观念背景在相当程度上形成于日本固有的哲学观以及日本人对舶自中国的“道德”史观的抵制与解构。

应该说,对“政治价值连续性”的坚守不移,是日本历史观的本质特征之一。与此形成对比的是,中国传统史观倾向于将超政治价值的道德价值视为最高存在。道德价值的特点乃如福泽谕吉所言:“道德问题自古以来就是固定不变的。……所以道德后来一直没有改进,上古的道德和今天的道德,在性质上并没有变化。”[③]由于道德价值是个不变的东西,因此,它的“连续”便常常表现为无须连续的连续;亦由于政治价值是一个不断变化的存在,因此,它的价值则必须在变化而连续的“连续性”上加以把握才行。从这个意

① 参见《日本:从史前到现代》,第52、59、99、201、188、204页。

② 同上书,第5页。

③ 福泽谕吉:《文明论概略》,商务印书馆1997年版,第81—82页。

义上讲，前者是逻辑的，而后者是历史的；前者是推论的，而后者是事实的；前者是应然的，而后者是必然的。本来，中国先圣的所谓“道”，是治道，是礼乐制度的因时损益和具有鲜明沿革继承性与可操作性的政治原则。由于该道“是更数千岁数十圣人尽其心力智巧以成之，岂一圣人一生之力所能为哉”①的原则，因此，它不可能是形而上的虚谈，而只能是务实的政治实践方式。但是，另外一种声音也不是没有市场，而且随着时间的推移，其波及面反而愈来愈大。由于子思曾在《中庸》里讲过“天命之谓性，率性之谓道，脩道之谓教”等话语，又孟子在《尽心》篇中径谓“仁义根于心”“根于性”，而且宋儒对“中庸所谓率性之谓道是也”②这一经典思孟理论的肯定承绍和坚信不疑，于是，荻生徂徕的发现便让人难以反驳：“以道属诸人人，而不属诸圣人，其究必至于以礼乐刑政为粗迹焉”。③ 该说法的逻辑内涵是：外在的“礼乐刑政之道”一旦变为“粗迹”，也就意味着内在的“仁义礼智之道”开始转趋“精微”并将位处要津。事实上，宋儒的工作，也的确使“精微之道”在中国中世后期的政治话语中跃居主位。然而该道德体系所容易引发的疑问是：其核心观念所赖以存立的根据和标准是具体的还是模糊的？是切实可行的还是不切实际的？因为在很多日本学者看来，作为“恻隐之心”的“仁”和所谓“人之正路”的“义”，说到底，只能是一种没法切实把握的感觉；而“仁者爱人”的说教，却将绝不允许“爱情”介入的冷彻的政治运营过程被赋予了某种关爱温情的假象。当有人将这种感觉和假象武断地规定为臧否政治的唯一原则时，孟子

① 《辨名》上，载日本思想大系 36《荻生徂徕》，第 210 页。

② 《四书集注・孟子》。

③ 《辨名》上，载日本思想大系 36《荻生徂徕》，第 210 页。

的如下表述便极易成为思维懒惰和喜欢盲从者的价值取向和是非标准，即："贼仁者谓之贼，贼义者谓之残。残贼之人，谓之一夫。闻诛一夫纣矣，未闻弑君也。"[①]——而这一点，在日本学者看来，正是构筑于孟子的中国传统中"易姓革命"和"禅让放伐"思想。就是说，孟子是将"革命"的理由和根据措置于统治者是否有违"仁义"这一原则的基础上的。换言之，政治的好与坏，从根本上讲乃直接决定于君主本身的道德高下，而君主一旦在道德上被认为出了问题，那么杀死国君和杀掉匹夫这两种行为之间，也就不应该还有什么原则上的差别可以计较。

一定意义上说，使中国的"易姓革命"理论遇到难以逾越的事实关隘的，是日本的国体。沟口雄三说："两者之间横亘着难以逾越的两国传统之差异，即一方是根植于中国易姓革命思想的传统；另一方则是根植于日本万世一系的天皇观这一历史事实"。[②] 由于这一事实的难以摇撼，而且事实证明传统的日本学者大多倾向于国体保护主义，加上如丸山真男所说的日本人在观念论上每每表现出一定的能力欠缺——特别是由此而养成的日本知识人从不相信观念本身会产生政治颠覆力量的思维惯习，因此，日本的传统史观，特别是这一史观的集中体现者——江户中后期的历史学家和思想家，不是出于对天皇制的泥守动机而反讥中国的国体有缺陷，就是就学理本身对儒家的革命思想提出摧毁性的理论质疑。而这种反讥和质疑所由以发生的具体原因，在他们看来是因为在中国平行但对立的两种传统政治思维次第涌入日本后给日本人带

① 《孟子·梁惠王下》。

② 沟口雄三：《中国民权思想的特色》，载《中国现代化论文集》，台北：中央研究院近代史研究所 1991 年版，第 346 页。

来了政治信仰混乱。福泽谕吉的看法是:“汉学家和皇学家之间”,“基本的分歧在于:汉学家赞成汤武放伐,而皇学家则主张万世一系”。[①] 丸山真男也进一步分析说:“儒教思想在日本化之际所引发的甚大困难和抵抗,表现在这一民本的‘革命’思想和与之相关的王朝‘正统论’问题上。江户时代的‘国体论’,正是将兼容儒教的‘君臣之义’和有德者君主思想这两种意旨完全相反的观念间是否具有同一的可能性,即君臣名分的绝对不动性(以伯夷叔齐的故事为代表)与有德者君主思想(德治主义)之根本性归结的禅让放伐肯定论之间所存在着的矛盾,作为最大的 issue(争论点)而展开的。”[②]由于在这场争论中扮演过重要角色的“皇国神道”论,带有褊狭的民族主义和蒙昧主义色彩,因此,对于中国的研究者来说,比起这种极端式论调,倒是关注那些剖析儒家自身矛盾时所涉及到的某些客观而理性的成分,显得更有意义。

“仁”,历来是一个功能性概念而不是实证性概念。孔子谈“仁”时,针对不同的对象曾提出过很多彼此不同甚至相互矛盾的解释。[③] 经过孟子对“仁”所作的“恻隐之心”、“性善论”和“以民为天”的“心·性·天”归并与连接,“仁”似乎一时获得了相对固定的内涵。但由于“‘操则存,舍则亡,出入无时,莫知其乡’,惟心之谓与”[④]的世人之“心”,其本身就是一个难以把握和确指的存在,加上对“性善论”的先天措置行为又经常会冒犯哲学的一大忌讳——

① 福泽谕吉:《文明论概略》,第 2 页。

② 《丸山真男讲义录》第 7 册,东京:东京大学出版会 1998 年版(下同),第 224 页。

③ 参见《论语·颜渊》等。

④ 《孟子·告子上》。

"事物的起源和目标是永远无法确知的"，因此，孟子的"仁"就容易变成一个解释空间无限庞大的歧义性概念。这也是何以孟子的"仁"只能是"逻辑的"而不可能是"历史的"主要原因。由于逻辑的推断在很大程度上取决于推断者本人的主观意向、当下价值取向和心理反应，因此，与历史性判断所依据的客观而具体的真实相比，逻辑判断的依托者却容易变成大而无当的对象，孟子所说的"民"，有时就是这样一个外延大到几乎无法把握具体内涵的"仁"的依托者。孟子喜欢引用的一句话是："太誓曰：天视自我民视，天听自我民听"。[①] 这里，已很难把"民"到底指的是什么说得很清楚，因为它代表的是最大的存在——"天"。这样，按照"德治主义"的观点，无德的统治者或者忘记了"仁政"而行暴虐的君主，便成为"反天命"的存在，由于是"反天命"的存在，因此，对他或他们实行"革命"和"放伐"，也就是天经地义的事了。可是，由于"仁"本身已经是一个歧义迭出的概念，再加上它的依托者又是一个不能确指的对象——事实上也无法确指，因此，有关"易姓革命"和"禅让放伐"的事实根据问题，便一直成为令日本江户思想界虽煞费苦心然而百思不解的天字号难题，换言之，即统治者的仁义与否和有德无德，究竟由谁来判定？革命合法性的依据到底何在？

日本的国学者本居宣长（1730—1801）即提出过这样的质疑：如果将君主有德无德的判定权交给"人民"，那么，人民的多元性岂不要导致"无政府"结局？因而事实上，所谓"德治主义"，最终不过是对权力充满野心者使自己篡夺权力的观念和行为取得合理化解释的意识形态而已，即这不过是为夺权者提供的某种正当的理论根

① 《孟子·万章上》。

据罢了："抑天命云者，实彼国（指中国——引者注）古时弑君篡国之圣人欲逃遁己责而为之托言耳"，故彼"圣人"者，"唯为贼而遂之者也"。[①] 孟子之所以认为应该对"独夫民贼"实行"革命""放伐"，其理由中的核心根据，是因为"一夫"们"残贼"了作为"仁"之根本的"善"的本质——这一被孟子认为是国君所必备的先天和恒定不可变的属性。然而本居宣长认为，善与恶，本来就是一对儿具有多元性标准的相对化概念。"此亦如儒者之道以为善，而佛教之道以为恶；佛教之道以为善，而儒者之道以为恶者类也"。惟此，以善恶论为"治国平天下"之道者，亦非也。甚至对文学作品本身，亦绝不应以"惩恶劝善"之先入的政治目的论来鉴赏之和评价之。因此他认为，源氏与"人妻"通奸、与"义母"幽会，这在儒家眼里的所谓"不义恶行"，实际上是一种"雅情"的表现，因此这并不影响对源氏作为统治者本身的政治评价。人性自然情感的流露、本然状态的显现，均不过是人情世态的真实展示而已，它与人的道德高下，不应有什么关涉。[②]

宣长的上述观点，其实与流行于江户时代中后期的古学派思想家荻生徂徕的某些看法是有相当的共同处的。在徂徕看来，作为"圣人之道"体现者的"圣人"，其本身并不是儒家所谓道德完美意义上的人格指代，而是把如何成为最高统治者当成实现自身最高价值和唯一目的的诸如尧舜禹汤文武周公等一班人物。儒家强调的道德也并不是他们优入圣域过程中的真实目的所在，他们百折不挠的价值取向，是如何成为"余一人"，因为除此而外，实际上也并不存在实现"安天下之道"的真正途径和方法。而"孟子道性

---

① 本居宣长：《直毘灵》，野口武彦编注：《宣长选集》，东京：筑摩书房 1986 年版（下同）。

② 本居宣长：《玉小栉》，同上书。

善，言必称尧舜”云者、“善恶”依心而定和“仁”作为私德的不可靠特点等，则早已被徂徕学派批判得体无完肤了。[①] 宣长所谓“弑君篡国之圣人”云者，其实不过是试图剥去后世儒者凭想当然而加诸最高统治者身上之道德外衣的义愤之词而已。然而，儒家“革命”“放伐”论所反映出来的所谓政治思维的有害性，却引起了后来日本学者的高度重视。丸山真男揭破了这一“有害性”所由以产生的内在逻辑关系。他认为，“修身齐家治国平天下”这种“使道德与政治直接连通”的做法，“在使政治权力无界限地侵入精神领域的同时，正像儒教家族内部伦理所显示的那样，也产生了将伴随强制力的统治关系植入道德领域的倾向。于是，在最坏的情况下，权力的强制竟被粉饰以道德，反过来，（政治本身）亦夺走了道德的内在性，使之堕落为顺应（conformity）共同体或集团（利益）的道具。有关判断父母心慈善式统治和以亲子关系为模板的社会关系的思考方式，究竟使儒教主义这一江户时代的通念产生了怎样的病理现象等问题，已经在《劝学篇》中受到了福泽[谕吉]的明确批判。”[②]

一些西方的研究者，也充分注意到日本人鲜谈“仁义”，特别是很少以“不仁”为由起而实行暴力“革命”这一历史观特征。例如R.本尼迪克特就曾经讲，在中国儒家伦理系统中居核心位置的“仁”，在日本却从未被接受过。[③] 这话稍显武断，因为近世之初日本的朱子学者林罗山在为德川家康的霸主地位寻找“仁德者居天下”的合理化依据时，曾一度提及孟子的革命放伐论，并主张视其为“权道”——权变之计可也。这其实与朱熹的某些言论是很接近

---

① 参见荻生徂徕《辨道》、《辨名》。

② 《丸山真男讲义录》第7册，第251页。

③ 参见鲁思·本尼迪克特：《菊与刀》，商务印书馆1990年版，第82—84、132页。

的，只是他附加了一个条件，即革命行为事发当时，在上的君主一定要暴虐如桀纣，而在下的革命者则一定要有德如汤武，否则便犯了“弑逆之大罪”。[①] 但尽管如此，日本大部分学者的论调，是与之相反的。日本阳明学之祖中江藤树（1608—1648）反对之（《翁问答》），古学派之祖山鹿素行（1622—1685）亦复如此（《谪居童问》、《山鹿随笔》）。至于山崎闇斋（1618—1682），则公开反对孟子的“放伐”说（《汤武论》），而浅见絅斋（1652—1711），则径将汤武指斥为“杀主之罪人”（《劄录》）。就连敢于正面赞美“易姓革命”论的极少数者之一——佐藤直方（1650—1719），亦无法不迎合世人，而以“叛逆人”的字样来譬况汤武的行为（《中国论集》）。而素以孟子信徒著称的吉田松阴（1830—1859），虽频繁使用“革命”一词（《讲孟劄记》），[②]但该词的内涵已与孟子所倡者完全不同。因为摒弃了孟子“汤武放伐”说的松阴，其所提倡的“革命”，实际上已成为“改革”与“维新”的先声和同义语。[③]

---

① 《对幕府问》，载《罗山先生文集[抄]》，日本思想大系 28《藤原惺窝・林罗山》，第 207 页。

② 以上分见日本思想大系 29《中江藤树》（东京：岩波书店 1974 年版）、日本思想大系 32《山鹿素行》（东京：岩波书店 1970 年版）、日本思想大系 31《山崎闇斋学派》（东京：岩波书店 1980 年版）、《讲孟劄记》（讲谈社学术文库 1980 年版）。

③ 参见郭连友：《日本的孟子受容与吉田松阴的革命思想》，源了圆、严绍璗编：日中文化交流丛书第 3 卷《思想》，东京：大修馆 1995 年版。实际上，从“五霸者，三王之罪人也”等思想看，孟子在倡导“易姓革命”的同时也主张“礼乐征伐自天子出”（《孟子・告子下》），这与强调“惩恶劝善”的朱熹也不乏“主在正统”观念的表述（《朱子语类》卷 105）之间，存在有明显的历史继承性。然而如上所述，丸山真男所谓“儒教思想在日本化之际所引发的甚大困难和抵抗”，也刚好表现在这两种对立式观点所形成的巨大紧张中。它具体产生于日本国“万世一系”的国体要求，成为日本人在“革命”和“改良”间进行取舍的权威依据之一。朱元璋排斥革命的《孟子节文》之所以无法给中国带来日本式的效果，原因盖存乎此。

这里便涉及到从近代日本“逆输入”的“革命”一词,其确指含义究竟是什么的问题。列文森指出:“只要‘革命’(Ko-ming)一词在字面上的儒家意义是它所具有的唯一意义,那它就不可能在日本的语汇中有任何正常的位置。但是,当近代日本在向外国的学习中,从接受中国的影响转向接受西方的影响,并增加自己的词汇以包含西方的思想时,‘革命’(Ko-ming)这一具有强烈的政治突变意味的复合词,便被赋予了西方意义上的革命(Revolution)的涵义”。[①] 曾一度亡命日本的梁启超说过这样一段话:“日人所谓革命,今我所谓变革”,“日人今语及庆应明治之交无不指为革命时代,语及尊王讨幕废藩置县诸举动无不指为革命事业,语及藤田东湖、吉田松阴、西乡南洲诸先辈,无不指为革命人物”。[②] 这一发现的意义在于,梁启超对日本“革命”一词的感受,“其实已脱离了以暴力手段改朝换代的中国传统‘革命’的语境,而带有强烈的日本色彩,并与西方和平演进的革命意义相融合”,而且被梁氏称赞有加的德富苏峰(1863—1957),亦“最倾心于英国模式的革命,走议会政治路线”。因为“在他们眼中,明治维新是以英国式革命为楷模的,因此他们称之为‘维新革命’”。[③] 孙中山等辛亥志士也曾受到过日本“革命”观念的影响,他们坦言:“我们从前的心理,以为要做皇帝才叫革命”。[④] 然而,孙文革命观的矛盾处,也刚好表现于其夹在中日美之间而最终则偏向于中国传统的文化感觉中。丸山

---

① 列文森:《儒教中国及其现代命运》,中国社会科学出版社 2000 年版,第 253 页。

② 梁启超:《释革》,载《饮冰室合集》第 1 册,第 42、43 页。

③ 陈建华:《现代中国革命话语之源》,载《二十一世纪》1997 年 6 月号。

④ 陈锡祺:《孙中山年谱长编》,中华书局 1991 年版,第 102 页。

真男指出，由于统治源于天命的正统性背后，横亘着与天地秩序永远保持同心圆关系的传统而具有正统意义的五伦秩序，因此，辛亥革命共和政体的树立，便无法从儒教革命思想当中引申出内在性，而只能借助林肯的理念并依据“三民主义”这一新的意识形态——显然，辛亥革命当时的革命观，已经带上了“西洋”和“东洋”的明显痕迹。但是，孙中山1924年在日本神户所发表的演说，尽管对于日本在未来国际关系中可能出现的危险走向观察极富敏锐性和前瞻性，但演说的出发点和语境根据，却依然无法脱却中国传统的“义利之辨”和“王霸之争”：日本民族在摄取欧美霸道文化的同时，也具有亚洲王道文化的传统。今后的日本对于世界文化，是做西洋霸道的鹰犬呢，还是做东洋王道的干城？这一点，是日本国民所应该考虑的问题。①

实际上，国际间的彼此冲突甚至侵略，取决于实力均衡关系的是否被打破。一些事物的进步意义和负面显现，每每孪生并至。这犹如作为亚洲一员的中国在为明治维新的“富国强兵”策和由此而率先崛起于亚洲并第一个打败了西洋列强的亚裔日本人颂赞有加的同时，又无法不为自国在“甲午战争”中的失败而痛不欲生。中国民众这种痛苦矛盾的心态，很大程度上取决于中日两国在历史观上的本质差别和由这一差别而导致的无数陌生。孙中山的“王霸”论，基本上反映了近代中国高层对日本历史文化的了解程度。由于这种善良的规劝并没有能够阻止日本在“二战”中对中国的再度进犯，因此，对于日本人历史观的形成过程，尤其是定型期的江户时代的了解，便具有了至关重要的意义。因为潜藏于“义利

① 《丸山真男讲义录》第7册，第223、227页。

之辨”和“王霸之争”背后的历史观背景，是江户思想界对思孟程朱“仁”学的次位安置甚至取缔。

第四节　江户时代的价值取向与历史观

一般认为，日本历史观之所以呈以上特征，是因为日本国独特的“万世一系”国体使然。沟口雄三如是说，王家骅所谓十七世纪中叶以来日本儒学者之所以大都放弃了“有德者王”思想并反对孟子的“放伐”说，“是由于‘神国’思想和天皇万世一系的‘国体’观的流行”①等观点，亦大体寻此脉络而来。应该说，江户时期思想家在反对“易姓革命”论和“禅让放伐”说时，国体问题的确起到了重要的作用。但是，后世研究者在瞩目这一点的同时，有一个意义绝不亚于国体论的重要背景被忽略掉了，即江户时代的经济特征、价值取向及由此而引发的历史观念的深刻变革。

近世以来，“町”、“町人”(工商业者)的大规模涌现和商贸关系的迅猛发展，使日本形成了带有自生特质的早期资本主义气象。这一气象，集中表现在江户时期，特别是17世纪后半叶到18世纪初期的元禄时代。町人的观念和行为，不仅波及到农民，连武士亦受到了极大的感染。与此同时，对这种现实倾向进行直觉式反映和释放的思想、文学和艺术，亦纷纷登台，终至烘托出一个特别的世俗景观——“元禄文化”。

元禄文化主要表现为以下三大特色，即：明确的利益主义和务

---

① 王家骅：《儒家思想与日本文化》，浙江人民出版社1995年版，第201页。

实主义、[①]对自由人性的强烈渴望[②]和对华贵与美的倾心追求。[③]里面充斥的，是彻底的商业价值观念，一种被丸山真男称作“市民精神”的观念[④]——“元禄町人最具特色的生活意识，就是奔放不羁的快乐主义。这种快乐主义的基底，流动着对以禁欲为生活原理的武士阶级自暴自弃的反抗意识”。[⑤] 问题在于，作为江户时代主体社会经济形态——自然经济之边缘存在的町人，其所作所为，每每被驱逐于来自朱子学的传统伦理体系之外。由于中国传统的思孟哲学在这之前已被朱子学新儒家理论体系裹挟至日本，因此，作为“心·性·天”之混合物的“理”及其学说——理学，除了将“气”作以附庸性添置外，就根本的意义上讲，并没有离开思孟哲学太远。日本学者对朱子学的基本印象是：在朱子学的理论体系中，“理”被称为“太极”或“诚”。当“理”内在于人心的时候，即成为本然之性，也就是先天的本性。由孟子“根于心”的“仁义礼智”外化而成的“五常”，规定着人的最基本的社会关系，这就是“五伦”。这样，朱子学“五伦”道德的永恒性与其说是从作为先天的本然之性和内在于人心的宇宙终极原理——“理”中得来，还不如说根源于

① 参见石田梅严：《都鄙问答》卷2，载日本古典文学大系97《近世思想家文集》，东京：岩波书店1966年；西川如见：《町人囊》卷1，日本思想大系59《近世町人思想》，东京：岩波书店1975年，第88页；《武家诸法度》、《大名宛》、《旗本宛》，载《御触书宽保集成》，东京：岩波书店1934年，第11、580、581页；《浅野吉良非喧哗论》，载日本思想大系27《近世武家思想》，第385页等。

② 参见井原西鹤著、松田修校注《好色一代男》，东京：新潮社1982年；诹访春雄：《近松世话净琉璃研究》，东京：笠间书院1974年，等等。

③ 高桥铁：《浮世绘：被隐藏的侧面》前言，东京：河出书房新社1991年版。

④ 丸山真男：《丸山真男讲义录》第1册，东京：东京大学出版会1998年版（下同），第158页。

⑤ 同上书，第162页。

思孟的“心性论”，更为准确。[①] 朱子学的“理”对江户初期的社会稳定、“士农工商”的秩序安置和农业社会自然法则意义上的人伦安排，曾经发挥过作用。这是它能在一段时期里占据主流意识形态地位的原因所在，也是町人的价值观念长期以来一直无法上升为主流意识形态并进入社会的主流话语的主要因由。可是，当町人的发展，特别是当町人的财富占有量远远凌乎武士和农民之上并开始迫使“士农”不得不按照它的游戏规则来维持生计时，当“町人”的登场已使固有的“四民”秩序面临被打破的局面时，丧失了社会稳定性的现实社会，便无法再要求只有在稳定时才能发挥秩序作用的自然法则还能做到“以不变应万变”。正如丸山真男所说：“用自然法则给社会秩序提供基础，一方面具有稳定社会的作用，但另一方面也要以社会的一定程度的稳定性为前提”。[②] 社会不稳定的现实，在江户思想界引起了巨大的震荡。人们不但开始正视它的存在，而且也开始在历史认识上掀起了一股深刻的道德反思浪潮。这一点，较集中地反映在徂徕学派的历史观当中。

荻生徂徕发现，当时所发生的一切变化，都未能离开“人情”的本质。“人情之所感”，在人之好恶，在趋利避害，在“争于机利”——这也是古今不易、永远无法改变的事实；[③]由于“人情”具有古今不易的特质，所以，欲了解“古之人情”，就必须要“切近世”；欲了解“先王之道”，就必须谙熟“当世之治”。徂徕这种经验主义

---

① 参见《近代日本思想史》第1卷，商务印书馆1983年版，第6页；又，岛田虔次：《朱子学与阳明学》第1章第4节，东京：岩波书店1967年版。

② 丸山真男：《日本政治思想史研究》，第208页。

③ 参见拙作：《徂徕学派与法家的“人情论”》，载《日本学刊》2002年第5期。

的学问观＝历史辩证法本身,已与朱子学"悬一定之权衡,以历诋百世,亦易易焉耳。是直已而不问其世"的理学史观,划开了严格的界线。徂徕眼中的宋儒之"一定权衡"及其后果表现为:"后儒……仁义道德之说盛而道益不明"。在严词责难宋儒"仁义"说"乃何以史为"的同时,也明确地推出了他"鉴古"、"唯物"且"唯今"的历史观,即:"故欲知今者,必通古;欲知古者,必史……夫然后天下可得而治。故君子必论世,亦唯物"。[①]

"人情论"视角,使徂徕窥破孟子"禅让放伐"道德史观的庐山真面成为可能。他说:"孟子论圣人,行一不义杀一不辜,得天下不为也。是其所以不取武成也。虽然,血流漂卤,不可谓无此事。而孟子但言理而已,则雄辩之归哉。大抵儒者语汤武之师,一如宋襄之为焉。……蝮蛇蜇手,壮士解腕,何论腕无辜。故后世言王道之兵者迂耳。……屑屑之论,精则精矣,如大何?"[②]徂徕在通过"人情论"意义上的"政治价值连续性"超越了"万世一系"意义上的"政治价值连续性"的同时,也揶揄并批判了"孟—朱"一系虚幻的道德史观所导致的反事实主义倾向。他的结论显然是"学理"的,即由于人类的历史与现实生活是对同一个连续时空的各个阶段的不同展示,所以,只有正确地把握其间的纽带关系,才能超越自他古今的差异,从而使连续的历史不致因道德臧否而丧失其本质意义。

在徂徕"人情论"的基础上,太宰春台则明确提出了著名的"知时论"。他认为,"凡论治道,以知时为最要也"。[③] 易道"三大纲"

① 《学则》,载日本思想大系 36《荻生徂徕》,第 257 页。

② 《蘐园七笔》,载《荻生徂徕全集》第 1 卷,第 550 页。

③ 《经济录》卷 1,载日本思想大系 37《徂徕学派》,第 20 页。

之第一要点，就是“明时”，就是“分别现今为何时”。惟此，“倘与时龃龉”，“纵尧舜三王之道”，亦“断不可行”。① 他之所以认为“孟轲说人主以三代之治”和“开口述唐虞三代之德”为“不知时”，是因为“三王”本人所行者，也并不是什么“仁德之政”，而是“行大事者，时有所不恤”。② 这也是他得出“大仁不仁”③论的事实依据。这里，王道“德”、“义”意义上的德治主义，已开始为霸道“力”、“利”意义上的法制主义所取代。关于春台的思想流脉，尾藤正英指出：“春台的政治论，……更多考虑的是现实赋予他的客观诸条件。由于他将如何顺应这些条件作为基本的出发点，所以，比起普遍的原理，他优先进行的，当然是现实主义的思考。从这个意义上讲春台自身也就未必深信所谓‘圣人之道’了”，“春台将孟子试图以‘唐虞三代治平之道’来治理乱世的观念视为脱离现实的迂远想法而轻蔑有加……为了实现富国强兵，他主张的是不择手段的权力政治”。④ 显然，孟子的“仁”，在春台的历史观中，已经没有地位。

比较而言，获生徂徕孙弟子海保青陵对“仁”的贬抑，则更加彻底。他认为，“一味而仁即一味不仁也。所谓仁而已矣，所谓无不仁云者，绝无其事也。仁即不仁者，信乎不谬也”。⑤ 于是，工商业者的逐利本质和由此而带来的富庶，使“智”这一被江户思想家解

---

① 《经济录》卷 10，载日本思想大系 37《徂徕学派》，第 37 页。

② 《斥非附录》《孟子论下》，同上书，第 418、419 页。

③ 《产语》卷上《乐施》，载《日本经济大典》第 9 卷，第 718 页。

④ 尾藤正英：《解说：太宰春台的人与思想》，载日本思想大系 37《徂徕学派》，第 514 页。

⑤ 海保青陵：《老子国字解》，载《海保青陵全集》，第 820、821 页。

释为“发掘宝物之理也”[①]而绝非“是非之心”的德目，开始获得外在意义并受到高度重视。它的直接对立物，也正是“仁”。重要的是，“仁”与“智”的对立，其实与“王霸之争”直接相连。青陵指出：“汲他国货财来自国者，霸道也，智之株式也；物多出于自国之土者，王道也，仁之株式也”，[②]反映了流行于当时的“霸道＝智”和“王道＝仁”这一“王·霸”关系的基本模式。江户时期最早提出“富国强兵”理论的太宰春台，曾一度想给“霸道”平反，[③]而海保青陵则明确将“霸道”赋予了政治上的“治世论”特质。他认为，儒家“王道论”下的道德说教，充其量只能称为“救时论”，而法家“霸道论”下的利害说，才堪称为“治世论”。“救时”之道德与“治世”之道德是完全不同的两码事。眼下的日本是“治世”而非“乱世”，于“治世”而大谈“乱世”仁爱之说，只能平添一段滑稽：“今儒者放言疏利之善，云孔子因之而为万世表；肆言爱民之善，云孟子即如是说，适足令人捧腹。”[④]

上述言论，使孟子“救无道”时每每打出的“放伐革命”论，失去了前提和根据：“以今世之势观之，惟霸道为合天理者也；王道者，则一向不近当世之人情者也”。[⑤] 而“一向”云者表明，孟子的说教，不只在今天，即便是当时，亦多属虚诞不实之词。因为拿如此标准来衡量君主的是非好坏，甚至以此作为凸出或顺乎“民心”的“汤武革命”之理论根据，实为孟子的杜撰，历史上根本就

---

① 海保青陵：《稽古谈》卷3，载《海保青陵全集》，第63页。

② 海保青陵：《稽古谈》卷4，同上书，第69页。

③ 太宰春台：《经济录》卷5《食货》，载《日本经济大典》第9卷，第489、490页。

④ 海保青陵：《稽古谈》卷1，载《海保青陵全集》，第4页。

⑤ 同上。

没有其事。历史的真实是:在利益争夺面前,只有"子弑父"和"臣弑君",任何道德说教,都不过是粉饰或虚构的无稽之谈而已。[①] 因此青陵认为,身逢"治世"而"移汤武之事于今日,可谓大谬也"。[②]

对孟子的非议和诘难,是存在于江户中后期的普遍现象。连对孟子重视有加的伊藤仁斋,亦充分认识到了其思想的不合时宜:"设若以孟子之才,而行于孟子之时,固宜其可也。以今之人,而行于今之时,吾恐刑弛法废,上愉下易,蛊坏之衅,从此而生矣。在当时,犹目之以为迂远而阔于事情,况于今时乎!"[③]

可见,中国传统史观意义上的"易姓革命"论和"禅让放伐"说在日本之所以不通其道,除了中日两国在国体问题上存在着重大差异外,在江户时代,其世态演变及由此而引发的对道德史观的深刻反省运动,当发挥着更实际和更直接的作用。就是说,在日本尤其是江户中后期一百多年的时间里,由于利益原则对道德原则、务实主义对务虚理论的驱逐和取缔,"仁"的地位已迅速衰落,思想理论界对"仁"的自觉批判和次位安置,更使"有德者王"的反面——"有智者霸"的观念沉积成为日本人历史观中相当稳定的思考模式。在这个模式中,立足于仁义道德的"易姓革命"论和"禅让放伐"说是没有地位的。需要指出的是,孙中山在为日本人指点迷津时,上述思考模式已在日本人的内心深处驻足了至少一百年。

---

① 海保青陵:《稽古谈》卷 1,载《海保青陵全集》,第 4 页。

② 海保青陵:《稽古谈》卷 4,同上书,第 88 页。

③ 《古学先生文集》,载日本思想大系 33《伊藤仁斋·伊藤东涯》,第 282 页。

第五节　余论

日本一些学者认为，孟子“革命”论在日本的遭遇，是因为法家尤其是韩非的思想在日本深入人心的结果。在他们看来，孟子所赞美的具有仁义道德合法性的“放伐”行为，其实与史实完全不符。实际情况应如韩非所说：“舜偪尧，禹偪舜，汤放桀，武王伐纣，此四王者，人臣弑其君者也，而天下誉之”。[①] 由于日本以“忠”为道德之绝对，而以“孝”为“忠”之从属，所以，它与以“孝”为绝对而以“忠”为相对的“革命”思想的发源地——中国，截然不同。而且，韩非的类似主张，不但影响了传统的日本人，更与昭和日本若合符节：“韩非以君臣关系为绝对，……主张忠臣事其君者不可有二心……置身战阵而弃家不顾、为国捐躯而在所不惜等观念，与现代所谓日本精神颇相契合。要之，以国家为中心，以君臣之道为绝对原则的主张，应是韩非思想中最当吸取的部分”。[②] 表明“二战”前后，韩非思想曾一度作为“皇国”观念和“军国”意识被日本舆论利用过。

应该说，韩非为维护君主专制制度曾极度反对过“禅让”、“放伐”和“革命”理论，也认为这种理论所依托的“得民之心”说和由此而产生的虚幻的“仁政”理念纯属“不知治者”的梦呓，[③]而且江户思想家海保青陵也发表过“凡仁义礼智孝悌忠信以下诸德，直而言

---

① 《韩非子·说疑》。

② 高田真治：《支那思想研究》，东京：春秋社 1939 年版，第 465—467 页。

③ 《韩非子·显学》。

之，皆有仁而不仁，不仁而仁者。此韩非辈峻别大小之要略也”[1]等赞同言论。但是，被“万世一系”论一叶障目的论者，除了看到韩非思想对日本所具有的巩固“皇统”观所谓单方面“意义”外，却严重地忽略了潜藏于韩非及海保青陵等人言说背后的更本质的东西。这个东西就是“人情”。韩非之所以认定“禅让”和“革命”说与事实不符，是因为儒家的说法本身与“人情”不符。韩非认为，儒家的“圣人像”大都是经过道德美化的、现实中很难找到的虚构。被儒家推崇备至的尧、舜、汤、武，既非禅让的楷模，也不是“以有道伐无道”的圣君。“圣人”们“逼位”、“弑君”，而天下人却“誉之”有加，是因为大凡人者，都离不开人情“趋利慕势”的本色和顺从威压的弱点。[2] 而审其所从来，便知道“圣人”政治不是、也不可能是儒家所说的“仁政”，其根本原因也在于“仁政”与“人情”不符。人情的特点体现在“圣人”对民众的“治道”中：“圣人之所以为治道者三：一曰利，二曰威，三曰名。夫利者所以得民也，威者所以行令也，名者上下之所同道也。非此三者，虽有不急矣”。[3] 所以韩非说：“故有道之主，远仁义，去智能，服之以法。是以誉广而名威，民治而国安，知用民之法也”。[4]

然而，社会的经济基础，毕竟发生了根本性的改变。江户时期的法家复兴，是带有早期资本主义性质的商品货币经济对绵亘千余年自然经济形态的更替结果。基础的改变，使原始法家在江户时代的复活只能体现在原理的层面上，它的早期近代化转换，显然

① 海保青陵：《前识谈》，载《海保青陵全集》，第566页。
② 《韩非子·说疑》。
③ 《韩非子·诡使》。
④ 《韩非子·说疑》。

是江户时代应时主义者再诠释的结果。与此相反，由于自然人伦——“五伦”产生于自然经济基础上，又孟子不但从未想过对自然人伦作出任何改变，反而欲以“人性论”来强化之，所以，孟子的学说及其承绍者程朱理学，便同以徂徕学为核心、以“人情”论为灵魂的“新法家”[①]之间，形成了本质上的差别。而丧失了思孟程朱思想所赖以立足的自然人伦基础的江户日本，其历史观念已无法凭借自然经济条件下的道德要求来继续获得功利主义的支持。丸山真男指出：孟子的“放伐革命”思想，既称不上对“人民”的高举，也与体制变革无关。事实上，“清除反传统体制（五伦）的暴君即为天意”的思想，才是孟子理论的本旨所在。因为在统治天命的正统性背后，“横亘着与天地秩序永远保持同心圆关系的传统而具有正统意义的五伦秩序”。[②] 丸山观点的逻辑意义在于，江户时代旨在瘫痪“五伦”关系的发达的商业伦理，已历史地铲除了孟子革命论可能发生的土壤和条件。在这种情况下，即便没有“万世一系”的“皇国”史观起作用，恐怕也不会有人再拿不合时宜的革命论去大做文章了。

这也可以用来解释何以大名，特别是那四个最强大的大名（萨、长、土、肥）通力合作的结果竟是取消他们自身的地位，而同样是天皇，为什么只有明治天皇才可以在最大的范围内名实相符并成为真正强有力君主的主要原因。[③] 明治维新，是日本继大化改

---

① 参见拙著：《日本近世新法家研究》第6章。

② 《丸山真男讲义录》第7册，第223页。

③ 有学者指出，“在明治维新之前，天皇根本得不到任何尊重。”罗素认为，这“尽管是事实，但对于只知道20世纪的日本人来说，几乎难以置信”，“反对天皇在今天成为不可思议的事情”。见罗素：《中国问题》，第81、82页。

新后所进行的又一次政治结构的改革和权利的再分配而没有革命。一般的日本人和他们自己的解释都说是出于对天皇的忠诚。但是霍尔认为,"我们如果接受了这个答案,以为它足够圆满,那就过于天真了。更可能的是压力和诱因都有,正像七世纪那样"。事实是,废藩的步骤是缓慢的,而且开始时也不明确。每个步骤都是先从中央获得兵力作准备,所以每个步骤也就越来越难以抗拒。与此同时,给大名们的交换条件也并不难于接受,没有断头台等待着他们。相反,这些被废黜的大名,在豁免公务负担的同时,还享受优厚的财政安排。就连末代将军德川庆喜也享受着舒适的待遇,1903 年还成为公爵。于是,列强环伺所带来的国家危机感和并不剧烈的政治变动,已足以使丧失了国家支撑能力的德川幕府顺从天皇的"大政奉还"和"废藩置县"令成为可能,而这也刚好给少数有志于重建日本的人提供了条件。[①] 显然,孟氏捍卫"五伦"体制的核心概念——"仁"和"仁"的不平则鸣形式——"革命",不管其用来攻击的对象是天皇还是幕府,在这里,都无法派上用场。

日本近代史观对"仁"的次位安置,绝不意味着普通日本人在日常生活中不讲仁爱,而且这种仁爱与本论所谈的"仁"也无法简单地等同视之。日本历史观的这一特征,集中地表现在面临重大历史政治问题时日本人对事实与想象的轻重选择和功利对待上。[②] 从这个意义上讲,日本"万世一系"皇统局面的形成,固然有其独自的文化传统在起作用,但局面背后"力"的制衡和"利"的制

① 参见霍尔:《日本:从史前到现代》,第 209 页。

② 参见拙作:《徂徕学与日本早期近代化的思想启蒙》,载《历史研究》2002 年第 5 期。

约所发挥的实际效用，也只能使“仁义道德”论成为上述史观的对立项而位处下风。这后一点，对于日本近代史观的认识，也许更具有本质意义。

（原载《历史研究》2005 年第 1 期，有删改）

终　章　关心真问题

第一回　与李泽厚的对谈

能否如实地解读过去和有效地范导今天，应该是判断某个问题是否取得了真实格位的基准。真实的问题，不太计较实话实说可能引至的“不雅”式讥讽，也无暇理会某些有违社会实际的玄想和假说。李泽厚先生的“吃饭哲学”和“公德私德”等，大概就属于这一类问题。由于关心该问题者甚多，笔者及同好曾与李先生进行过如下讨论，载此以俟批评。

韩东育（以下简称韩）：李先生，我注意到您的一个学术见解：儒学除了孔、孟、程、朱、陆、王这条“修心养性”的“内圣”脉络外，还有孔、荀、董、王（通）、陈、叶、顾、黄这条“通经致用”的“外王”路线。这两个系列您都带了孔子。我想，这里边有您的考虑，就是孔子思想中本来就蕴涵了两种可能，只是后来孟子一系把它“内圣”化，而荀子一系把它“外王”化了。前者是由内而外，后者是由外而内。这是否意味着孔子在您的理论体系当中具有“极高明而道中庸”的理论地位？

李泽厚（以下简称李）：我在《巫史传统》里面讲到，从巫到礼，经过两个点，首先是周公，我觉得周公是它的根子。宋代以前都是周孔并称，孔孟并称是后来的事情。这个“并称”，不是简单的事情。不同的并称，其中大有文章。周公制礼作乐这件事情，我非常重视。我认为，是周公把真正古老的礼，即把敬天法祖等等那一套具有巫术功能的礼仪制度化的过程最后完成了。一方面变成官制，另一方面成为意识形态的东西，形成了政治、宗教、伦理三合一。王国维《殷周制度论》里面讲，周公搞的嫡长制、分封制等等，它既是政治又是伦理，也是宗教，是神圣的“天经地义”。这是中国三位一体式的政教合一。因此中国不需要另搞宗教。它产生不了犹太教、基督教，这些宗教到中国来以后，也起不了很大作用。因为中国本身有宗教，这就是“礼教”或者叫“名教”。这个名很重要，不单单是名称，它含有社会秩序、规范、规则的多重意义。所以孔子讲君君臣臣父父子子，《红楼梦》里面，贾宝玉跟林黛玉讲，你知道疏不间亲啊。他们是姑表，贾宝玉和薛宝钗是姨表，姑表就比姨表亲。父系的亲属比母系亲。这就是名教，其中包含大量的人际关系、人际感情和行为规范，这是情况，也是人情。所以我认为周公很重要。到孔子时代，礼崩乐坏。礼的依据是什么？以前是神圣的，这个制度受怀疑了，礼崩乐坏意味着对这个制度的信仰没有了。孔子于是把它归结于心灵，归结为“仁”，所以他是把它内在化了。都是理性化过程，周公实现了巫术礼仪外在理性化，孔子则将之内在化，所以周孔并称。但是现在周公的材料很少，我也只能这样空说一下。要插一句，我用理性化一词不是从中世纪脱魅走向近代世俗这一西方含义，而是宽泛地指用理知、理解、认识去客观地规范、叙说原本与情绪完全混同而并无明确规则的一般含义。“理性”“理性化”这些词含义甚多，有各种不同用法，所以这里需要说明一下。我对陕西最近发现的周公庙，很感兴趣。我看那里面能不能挖掘一点材料出来。因为周公是大巫，那里面是不是还能保留一些东西。我认为周孔是很重要的。我也以这个反对新儒家，新儒家是孔孟并称。所以我反对新儒家非常具体，孔孟宋明理学和现代新儒家偏于内圣，是颜回、曾子这条线的延续。像子张、子贡、子夏则是另一条线。子贡当时了不得，可以与王公分庭抗礼，经商致富。孔子死后，子贡一个人守墓六年。

宋洪兵(以下简称宋)：外王的人为什么这么忠于自己的老师，而心性一派反倒没能做到这点？反倒是经商的子贡对孔子最忠诚？

李：这我就不知道了，因为没有材料。但孔子并不反对经商。宋明理学很鄙视经商。康有为也讲过，《论语》主要是曾子一派搞的，所以把孔子的主要精神丢掉了。他讲如果让子张他们来搞，肯定是另外一套。因为从《论语》看，子张就是喜欢讲政治。所以内圣外王这两个方面都是孔门的发展。道家庄子大讲颜回，先秦其实没有什么道家，或者说道家也与孔子有关。其实法家也与儒家有关系。子夏居西河，不就培养了一批法家吗？孔子的地位主要在于将巫术礼仪内在化、心灵化。我在《论语今读》中曾拿希腊哲学的范畴特别是《圣经》的基本词语，与《论语》的基本观念相对照。其实深入做做这方面的文章，会很有意思的。

韩："外王"的表现形式应该是行政管理和政治运作，它需要必要的权力集中。我看您的著作当中，包括您跟别人的谈话中，有的时候您谈到要有一点集权。可问题是，集权与自由是什么关系？与经济发展的固有规律又是什么关系？就是说主张集权的前提是什么？

李：当年（1990 年）赵士林就问过我，他问，反动政治能不能发展经济？我说可以。有一个高度的中央集权，甚至专制的政权，反而能比较快的发展经济。法国资本主义的发展，最快的时候就是拿破仑第三当政的那二十年。拿破仑第三，是先进人物骂得很厉害的人。进步人士被迫流亡，雨果跑了，马克思跑到英国去了。在德国有俾斯麦。还有新加坡，台湾的蒋氏父子特别是蒋经国，韩国的朴正熙等。我在《告别革命》那本书里提出了发展的四顺序说。第一是经济发展，第二是个人自由，第三是社会正义，第四是政治民主。这在海内外被骂得一塌糊涂。骂我拥抱专制，有的说我想当官，等等。我想我是负责任的。我并不是将这四个顺序截然划开，但它有一个轻重缓急。个人自由里面没有政治民主吗？当然有。我们现在的个人自由已经有了很大的进步了。首先得把农民解放出来，让他们进城打工，成为自由的雇工者，不再必须依附在土地上。把农民框在土地上，倒退到宋代以前去了。你没有粮票，进城即使有钱也没饭吃，那好厉害啊，现在年轻人会觉得不可思议。这些已经被彻底打破了。现在的自由情况还是可以的，当然在言论和新闻方面需要进一步扩大。这首先是经济的发展带来的。所以我讲法制为什么首先会在经济领域确立，而且首先是外资贸易法，因为你不制定法律，资本不进来。这是我 80 年代讲的。以前一讲创造就是革命性的创造，我现在讲的是转化性的创造，转化就是改良嘛。改良性的创造，不是打碎再来。中国不能走俄国那条道路。俄国搞休克疗法，搞全面私有化，中国像那样搞就完蛋了，我 90 年代初这么讲过，这是有案可查的。我有文章，反对我的许多人也有文章。

韩：邓小平南巡正是在九二年。

李：我写这文章是在他讲话之前，发表出来是在他讲话之后。那时候我的看法就是首先要发展经济。发展经济以后，其他的就比较好办了。我赞成邓所说的，经济发展是硬道理，其他都是软道理。这就是西体中用。中用是什么？中国的乡镇企业，这是其他国家没有的。现在搞宏观调控，也是别国没有的。所以中国在经济上慢慢在摸索出一些自己的道路，还会有很多新的东西，以后还会有很多我所讲的"转化性创造"出的新的东西。我希望在政治上也能这样，摸索出一些新路子。所以我一直反对现在就立刻搞全民选举，搞多党议会制。现在如成立政党，一千个政党出来了，那真的不亦乐乎。把重心都转到那去了，对老百姓有什么利益？没有什么利益嘛。印度 1945 年就搞民主了，仍然穷得很，对老百姓有多少好处？包括一些国家，像海地，像菲律宾。我在美国教书时菲律宾学生说，菲律宾老百姓宁肯回到马科斯当年专制统治的时候。因为民主制度实行以后，老百姓受难比以前还严重。因为民主制度首先是金钱统治、黑金政治，或者是社会更加无序和混乱。

韩：就是说民主被利用了。

李：所以真正要建立一种有效率又公正的民主制度是不容易的，不是一天就能建立的。这方面还需要做大量的研究。

韩：李先生，我可不可以在这样一个时空背景之下理解您的某种必要的集权的说法。从绝对时间来说，英国的近代资产阶级革命开始于 1640 年，中国被动打开国门是在 1840 年。日本是在1868年搞的明治维新,中国在30年后也搞了戊戌变法。但是,日本明治维新之前锁国的200多年,事实上我们对它是不太了解的。就是它的“内部思想启蒙”和资本积累过程不比英国在时间上更短。由于我们忽视了这样一个时空背景,所以,常以为只要导入资本主义,上帝就会一夜之间为我们调整好我们所需要的一切,包括道德、秩序和制度。这实在是一个严重的理论误区。我理解,您所说的集权,事实上是一种秩序。那是一个国家要发展、一个民族要振兴所必需的秩序。有了秩序才能保证其发展,但它显然需要时间。有人只羡慕别国的民主生活,却忽视了那种生活的确立所花去的绝对时间和与它相配套的严格的纪律。民主的道路是一个缓慢的进程,它应该是有序的。我十分理解邓小平的“有纪律”提倡,否则,就有可能出现像您刚才所说的民主的东西容易被利用,甚至容易使人开始怀念曾经有过的专制时代等情形,尽管那时候不是太发展,但至少还算有序。我也注意到新加坡的一个现象,李光耀公开讲,他认为人性是恶的,因此他治理这个国家就不能采取英国模式。新加坡要实行英国的民主制度,大概得200年以后,显得很悲观。当然,新加坡模式不一定适合于中国,但东方国家似乎都应有这样一个过程,即立足自身实际,用一种比较集权的方式,先打造一种秩序,然后再利用这种秩序,逐渐朝民主制方向发展。我想起康有为的“公羊三世说”。搞中国近代史的喜欢批判“君主→君民共主→民主”,即反对“据乱世→升平世→太平世”的三世递进论,其实这种阶段论思想大概是有一定道理的。甚至被现代史专家们所贬斥的陈独秀“二次革命论”,也不是完全没理由。因为社会一飞跃、一跨越了之后，它肯定有后遗症跟在后面。有后遗症，就得回头来治。孙中山“将社会革命与政治革命毕其功于一役”的想法是天真的；社会主义搞了这么多年，最后只能是个初级阶段，也是因为要有很多事情得从头做起。

李：所以我对康有为一直评价很高。许多事情是欲速则不达。假如当年不搞公私合营的话，现在要好办得多。官僚体制侵犯资本的利益。

韩：好像天津人说他们原来最擅长做买卖，可是那么多年之后，变得不会做了。

李：是有这个问题，不会做了。1992 年我在莫斯科，找不到饭店。没有大招牌，贴在门口的，是块小小的招牌，招牌都不会挂。十月革命几十年以后，不会做生意了。结果让极少数寡头和黑社会统治着，这是很可怕的。

韩：这些现象让人震惊。

李：所以就像你刚才说的，为什么有效益，就是因为它有一定的秩序。新加坡处在印尼和马来西亚两个大国之间，它要维持生存不容易，李光耀的几十年，跟它临近的马来西亚相比，那是非常了不起的。但是要把它那套完全搬到中国来，也不行。他那国家太小，中国太大。中国的四个方面都得照顾，所以我讲“度”是非常重要的。怎么样掌握那个“度”，是随着时间和具体情况而变化着的，它不是固定的。在一定时间，四个方面，哪个方面重一点，哪个方面轻一点，也没有一定的格式，也不能到处搬用。政治在这个意义上就是艺术。大的政治家就是大艺术家。

韩：恰到好处才是艺术。记得您说过《周礼·考工记》里面铜和锡的合金度，什么时候做到最好，什么时候才能把青铜器做得最好。

李：这是很难掌握的，这就是人之所以为人，人之所以不同于动物，人就善于掌握这个度。比如打靶，你打近一点，打不到，打远一点，过去了。这是在实践活动中运用工具去掌握的技能，不同于动物的生理本能和肢体锻炼。所以我老强调实践活动，贯彻我的基本哲学思想，就是人类学本体论。而人类的实践活动又是经验积累的，所以我很重视历史。对人类来说，是历史；对个人来说，是教育。教育，其实就是以最简便的方法把人类积累的历史和经验传给下一代。

宋：李先生，您前面提到“政治、宗教、伦理”三位一体的中国式的“政教合一”，而且在有关论著中还认为中国必须以宗教性道德和社会性道德来进行政教分离。我想了解，怎样才能实现宗教性道德和社会性道德。您提出要进行政教分离，但在怎样进行分离方面，我则了解得比较少。因为您曾说社会性道德是个人契约基础之上形成的，依靠的力量是风俗习惯和法律。但在缺乏契约精神的中国，就目前而言，习惯和风俗在商品经济的大潮中已经演变为利益为先、道德为后，在中国法制不太健全的情况下，我们怎样才能实现社会性道德？同时，该以什么方式来培养宗教性道德？如果靠国家教育体制来培养，势必又会与政治挂钩而出现政教不分、圣王合一的现象。所以，怎样在实现宗教性道德、社会性道德的同时，又把二者分开，两个道德都培养出来的途径和手段是什么？

李：搞哲学的在某种意义上都有点空谈，意思就是说，它只能提出问题或者发现问题，解决问题的具体方案是科学家的事情。

搞社会学、政治学的，或者搞某个方面具体学问的，由他们去研究。哲学只提出视角，设计一些基本概念来支持它，我提出宗教性道德和社会性道德等概念来支持我的视角。首先，就是要注意区分这两个道德。政府不应管人家的宗教性道德。宗教性道德的培养依靠社会团体，基督教团体宣传的是基督教道德，马列也是一个团体，可以宣传马列的道德，但你不能要求所有的老百姓都信马列。政府所要管的，是通过法律形式，也通过教育来形成社会性道德，也就是公共道德。这个公德是以现代生活、现代社会为基础、为标准。为什么？还在于我的"吃饭哲学"。不管你什么民族，什么宗教，什么风俗习惯，大家都愿意夏天有空调，冬天有暖气，长途旅行坐汽车、飞机。美国有一个民族，反对现代文明，到现在都不点电灯，不坐汽车，坐马车。人口越来越少，现在成了少数村落，几乎成了旅游景点。它那是有强大的宗教信仰支持的。但是，很难长久持续下去。这种变化是没有办法的，所以我经常讲，蒙古包很浪漫吧，但是蒙古人愿意定居，你有什么办法。事实上，衣、食、住、行、性、健、寿、娱（娱乐）这八个方面都在现代化。社会性道德是在这个基础之上生长出来的。

宋：您还主张要建立契约基础之上的正义和公平。

李：这方面我是比较赞成自由主义的。有人老是觉得保持传统状态很好，但是很多人不愿意保持，你有什么办法。我记得二十年前美国有教授对我说，你们知识分子到农村去挺好的嘛，跟农民平等嘛。美国的确有这样的教授，跑到一个非常偏僻的地方，没有电，自来水也没有。用火柴，带点汽油，自己去挑水吃。他觉得那种生活才是"真正"的好生活。但他顶多也只能待一个月、两个月，要他长期那样，他干吗？不干。所以当年梁漱溟讲，中国的马车比火车舒服。但是我说，从北京到广州，你到底是坐火车还是坐马车？当然是坐火车。不讲别的，人是不是想多活几年？以前的人寿命很短嘛，四五十岁就死了。人生七十古来稀嘛，什么能使人的生命延长，就是靠现代科学嘛。所以我反对海德格尔等人反现代科技的思想。

舒可文：李老师，现代化并没有增加人们的幸福感啊，所以新左派强调多样化，也是跟这个有关系。

李：对，我承认。现代化带来大量的问题，这没问题。首先是同一化，什么都变成一样的了。都是买超市里的鸡和鸡蛋，那当然没有家养的好吃了。但我认为幸福是很难定义的。你认为幸福的东西，他认为并不幸福，是痛苦。所以我不大用这个词。对人类来说，人首先是要生存的，是动物的本能，活得好一点。生存是基本的，是一切幸福的基础。但有些宗教徒，愿意受苦、受难，甚至残忍自虐，认为并感到那才是真正的幸福，把痛苦当成幸福。你说怎么来定义幸福？我认为，对整个人类而言，绝大多数人是希望生活得好一点的，即食、衣、住、行、性、健、寿、娱，这并不排斥一部分人以超越功利甚至牺牲自己的高尚行为为幸福。这部分人，绝对数也不少，但从整个人类来说，还是少数。幸福是什么？你认为什么是幸福？你有道理，我也有道理，很难说清楚。有人认为饿饭就是幸福，那也没办法，他就是觉得幸福。所以我认为幸福不是伦理学问题，基本上是个美学和宗教问题。

韩：庄子丑化下的孔子虽面有菜色仍抚琴高歌，能不能被视为幸福？好像连“吃饭”都保证不了的幸福感，即便有，也维持不了多久。所以,给人们创造幸福感的物质条件显然是极其重要的。我觉得李先生,您的整个思考的趋势偏向于外王,认为内在心性的问题对于国家和民族的生存,意义远远小于外王。心性命理派是不是靠一种想象来勾画世界,而这种东西对于现实来说不具有可操作性?外王的实学事功派是要做事情,您这想法是否等于说“重外王而轻内圣”?

李:不完全是轻内圣,我反对他们太过内圣。

韩:重视过头了。这样就似乎需要斩断那种无边界的连续性思维,这种连续性思维的表现之一就是人为地将人世的东西与宇宙、自然和心性连在一起。老实说,这种连法有时候并没有实际意义。就您而言,您除了研究哲学和思想史外,还研究美学。而美学应该被归为艺术哲学。它是主观和客观相链接的产物,是主观作用于客观后产生的一种感觉和升华。假如说我的心情非常好,外面瓢泼大雨,我也认为天可能很不错。就是主观心态对客观事物的描述起了很大的移情作用。这样,您的“情本体”会不会把这两个有所关联但更具有各自独立属性的东西连在一块?而且因为它是本体,就应当从根本和整体上决定所有的东西。我在梳理您的思想体系时感到,重外王、重实践,很多时候就必须切断主观对客观的幻觉式联想,但是一个“情本体”放在这里,是不是又容易把这两个东西连起来?这样连起来后,它和新儒家连续性思维的本质区别在哪里?我特别想向您请教这个问题。

李:很好。我在《批判哲学的批判》里强调两个本体,一个是工具本体,另一个是情感本体。但是我的本体,这里需要说明一下,与西方尤其是康德那个本体根本不同,即不是与现象相区别、相对立的本体。我用“本体”一词，只是指本根、根本的宽泛含义，它不是 N-houmenon，而是 root。但我这两个“本体”，倒可以和康德那两个先验的 X 对照起来。康德讲“本体”，一个是外在的，一个是内在的。我的哲学第一个命题就是“人活着”，人的物质性的生存是最根本的，人生存不同于动物生存的地方就是人能使用和制造工具，已经多次讲过这一套了。这就是外王所关心的问题。中华民族能够发展到这个阶段，主要靠外王。但是我讲，人类光靠这一方面也是不够的。所以我对心性的问题也很注意，强调伦理本身对人类有独立价值。有些人对于一些根本不可能成功的事情，他却去做。即所谓超绝功利，虽败犹荣。伦理道德（道德是就个体说，伦理是就道德置于一定社会秩序、规范中说）有其不依存于成败、因果之价值。伦理主义恰恰是以这种价值来培养人的精神，我把它叫做人性的一部分。我把人性分为三个部分，一个就是认识论，人能够制造出一套逻辑、数学，这是动物世界所没有的，制造出这些范畴来思考对象，认识对象，这是人的一种能力，即人性。Human nature 就是人的性质不同于动物，但它又是在动物基础之上生长出来的。我称之为“理性的内化”，它是指人在感性实践活动中所掌握、熟悉的规律性内化为理性的逻辑、数学等认识、思考的语言—符号工具。另外一个就是伦理的问题。我把它叫做“理性的凝聚”，它是坚持、执著于某一理想、观念、规则、规范，而不计因果、利害的行为活动，这就是人的自由意志，也是人性的一个部分，非常重要。自由意志使人可以超越因果、超越利害，一件事情明明对我不利，但我一不怕苦，二不怕死，无畏地去做。我曾举过一个例子，在战场上，两个敌人，一个举枪投降，一个抵抗到底，你尽管恨死了抵抗到底的，终于一枪把他打死，但你不得不佩服他。为什么？因为他体现了一种道德精神，这精神对人类整体来讲是极有价值的。历史上，外王的都是功利的，而伦理恰恰是超越功利，有它自己独立的价值。所以我讲，人是经常在历史与伦理的矛盾中前进的。

韩：二律背反？

李：对，二律背反。我讲这个问题，历史因果、外王功利与超功利的伦理道德经常存在着悲剧性冲突，特别在社会转型时期。悲剧为什么能够提高人的精神状况？因为它把伦理的精髓即人的自由意志充分地体现出来了，显示这才是人之所以为人。康德说，位我上者，灿烂星空，道德律令，在我心中。道德律令能够与灿烂星空相媲美，那就是人之所以为人。这就把人性提到了顶点。所以我认为在提高人的品德方面，新儒家还是有意义的。这种品德的最高层就是宗教性道德。新儒家在尽量提升人性的道德—宗教性方面是有意义的。至于美学方面，那是我结合中国传统提出的。美学，aesthetics 这个词，在西方，它来自希腊，它的地位不是很高。Kierkegaard 提出三个境界，最低的境界就是美学，第二是道德伦理，第三是宗教。在西方，宗教是最高层。

韩：您似乎希望用美育来代替德育。

李：中国传统的特点就是不离开感性生存。我一直讲，中国是一个世界不是两个世界，西方柏拉图，一个是理想世界，一个是现实世界。在希伯来《圣经》里面就是天国和人。人的世界是低的，另一个世界是高的，到康德那里是本体和现象。中国不同。在中国,人可以上天下地,地位很高,这便是巫史传统。最高的境界也不离感性。中国的美学译成英文,不能翻成aesthetics,而是 study of beauty,如果翻成 aesthetics,给人的感觉就低了。中国讲的美育,不是感觉问题,而是精神境界。而所强调的精神境界还是不脱离这个生命。西方的 spirit 是另外一个世界,那个世界与这个世界是不一样的。天人合一在西方是不可思议的。人怎么能跟天合一?天和上帝跟人是绝对不同质的,人只能皈依上帝,所以刘小枫讲中国传统最大的错误就是人的地位太高了,人应该跪在上帝面前。即使你尽了最大的努力,能不能得救仍由不得你,你也可能仍然不能得救,得救要上帝的批准。上帝不批准,你再努力也没意义。上帝是全知全能的,人是非常渺小的,不可能天人合一。中国传统强调天人合一,认为只要努力,人就可以得救。所以我把美学的地位定得很高,恰好是从根本上承续传统。

韩:就是说您试图设定一个取法乎上的目标。

李:在中国,美学可以达到一种宗教的境界,但是这种境界还是与西方那种纯灵的境界不一样。

韩:一个世界,所以您才用美育的东西来代替西方那种宗教性道德。

李:但我的情本体还包括将来应用到外王、创造出一条不同于西方的、中国自己的政治哲学之路。包括你书里讲到的"人情论"这类想法,怎么能够应用到政治哲学领域,走出一条中国道路,这对全世界有益。不是一切都是冷冰冰的法理、冷冰冰的形式。但是这需要创造,不是一两个人在那里空想。还需要在总结经验中提升理论,进行思辨的创造。哲学只提供视角、角度，而且不是唯一的角度。你可以有别的角度、视角，哲学是多元的，这点我倒是很自由派。我主张各种各样不同的哲学并存竞争。像马列，它有它的角度，完全可以。只是有的视角显得模糊，看不清楚，有的视角看得比较浅，就看到一点点。

韩：您好像很希望有情的宇宙观与无情的辩证法实现合一。

李：不是希望，而是中国的传统本来就是这样。我讲无情辩证法，很重要的一点，就是老子的辩证法来自兵家。我高兴的是，何炳棣，非常有名的历史学家，当过美国历史学会会长，80 多岁了。他前两年发表过一篇文章，一开头便大段引用我一段话，说用材料来证明李泽厚这个论断，证明老子的观点来自孙子。老子的特点就是冷静，这是中国人智慧的一面，这也是我讲实用理性的一个方面。实用理性并不是那么傻乎乎，虽然它很重情感。儒家是把一切情感化，老子、韩非则把它冷静化、理智化。老子、韩非我是非常重视的。韩非是非常了不起的，曾经有人要我举出六个中国哲学家，其中就包括韩非。

韩：您刚才谈到康德。罗素讲，继承康德哲学或者受康德影响的人，最后都难免要走向两个极端：一个是经验主义，一个是绝对主义。到黑格尔逝世时为止，整个德国哲学界都在这两个方向上东奔西突。您受到过康德哲学的很大影响，您也经常这么说。那么您是否摆脱了罗素所说的那两个极端？或者您已经开辟了一条新的道路？

李：罗素对康德是有偏见的。他只讲康德的"空间时间"，其他都一带而过，不讲。所以他写的《西方哲学史》是不能用作教本的。但是很多人把那个作教本，因为罗素的文字的确好。我的想法是想把康德、马克思和中国的东西结合起来。我认为中国传统还是有作用的。不管怎样，中国这么大的时空，无论是经济上、政治上，包括文化上，假如中国能够走出一条自己的路，将来应该对世界的发展做出贡献。当然还要很长的时间，要他们承认还早得很。

宋：李先生，我也注意到刚才韩老师提及的儒家两条线的问题，而且我更注意到在您提倡的外王路线中，除荀子、董仲舒、王通、陈亮、叶适、顾炎武、黄宗羲、谭嗣同等人外，李斯也豁然位列其中。您这样安排的主要考虑是什么？

李：这主要也是针对现代新儒家。其实陈寅恪早讲过，李斯"受荀卿之学，佐成秦治"。秦制是"儒家一派学说之所附系"。现代发现的云梦秦简，其中大量是儒家的东西。所以到汉朝，才能够经过黄老之后又回到儒家。真正能够援儒入法、改造法家、成为"儒法互用"，在其中起作用的恰恰就是荀子这条外王路线。我很重视礼记和大戴礼。郭店竹简也说明它们非常重要，这才是真正重要的儒学组成部分。不像现代新儒家的宣言说，心性之学是中国的命脉、儒学的精髓。我认为没有外王这条线，中国早亡掉了，这条线索维护了这个民族的生存，这是个重要事实。中国发展的这么大的时空，这么多人口，现在看是坏事，但是这件事是了不得的。没有外王这条线，光讲心性，光讲《中庸》、孟子，或光讲道家、禅宗，早亡掉了。

宋：您曾经在《中国古代思想史论》中讲，"自宋代以来的所谓法家或重视功利、主张变革的现实思想家、政治家所真正面临的'法家'内容（明赏罚、讲功利、重军事等），毋宁是一个日趋走向近代的新历史课题。"这自然涉及到法家思想在近代转化的问题。现在我有一个疑惑想向您请教，您认为自宋代以来，尤其是明清时期,法家思想转化的方向和标准是什么?是西方契约基础上的民主法制观(rule of law)吗?同时,您认为这种近代转化成功了吗?如果没有成功,其原因是什么?

李:这个问题太大了,这是专门家研究的问题,本来是我不应该回答的,因为没有进行专门研究。不过你提出来了,我就随便一说吧。我注意到,明中叶以来,中国社会发生了很多变化。其中变化之一,就是原来传统的许多体制风习慢慢在崩溃,其实这种现象在宋代就开始了。到明中叶以后,就更加明显了。这看来不是偶然的现象。以前侯外庐先生把它说成是资本主义萌芽,但资本主义萌芽的说法海外有很多人质疑。不管叫它资本主义萌芽也好,或者换个名字也好,就是当时社会在发生变化,这种变化的确与当时商品经济比较发达有关系。满族入关以后,对商品经济发展而言,我认为,是一大倒退。清朝推行的政策是严密的闭关的小农经济,但获得了巨大的成功。中国人口增长那么大,很大一段是在清代。明代不是这样的,明代可能有走向近代的新的发展趋势。它也表现在意识形态方面,表现在文学艺术方面,如三言二拍、戏曲、书法等等。在思想上,从李卓吾到黄宗羲,看来也不是偶然的。它不是一个人两个人,而是一批人,一直到清代,还有唐甄、戴震、袁枚等余波荡漾。黄宗羲的《明夷待访录》里面提到学校,像现在议会式的东西,他的原君、原法、原臣等等,都突破了以前的思想。但是你说它就是近代的自由主义、个人主义,恐怕不能那么说。所以,不能说是 rule of law,但它跟原来法家的东西已很不同。为什么会失败呢?我讲历史没有什么必然性,有时就是偶然性决定的,你把一切都搞成必然就没意义了。

所有都必然,"文化大革命"也必然,什么都必然,那人什么都别做,等着必然好了。强调偶然性,恰恰是强调人的主动性,人创造历史的主动性。每个人都在创造历史,但是领导者责任大,他们的历史舞台也大,影响那么多人,所以他们的政策决定影响就大。清朝那些大皇帝责任就很大。现在大家都吹捧他们,我不以为然。但有一个东西是必然的,就是我讲的吃饭哲学,即经济的发展,这个东西带有很大的必然性,因为每个人都希望吃饭,首先要不挨饿,要吃饱,然后希望吃好。别的进化我不大相信,这点我是相信的,反正现代社会比一百年前、五百年前好,尽管现代很多人骂,这个不好,那个不好,我就说,中世纪的田园生活总好啊,但没有多少人愿意去过。衣、食、住、行、健康是基本的需求,目前我是以八个字概括,其实前面已讲过,就是食、衣、住、行、性、健、寿、娱,这主要是物质生活,这些都在发展。所以,这方面是有必然性的。其他的一些东西,与之相关紧密一些的,它的必然性大一些。政治制度方面,从身份制到可以进城打工,它是随着经济发展必然会有这个走向。由限制在土地上的身份制变成自由人。就是自己有出卖自己劳力的自由,资本主义就是自由雇工制度嘛。法家对于人的需求和社会发展的必然性有一定的认识,因此,法家的问题值得好好研究。除了思想史上的儒家外王路线,我也重视从桑弘羊、刘晏到王安石、张居正等人。

韩:李先生说得很对。但今天研究法家,如果再局限于对"术"呀"势"的纠缠,我倒觉得意义不大。其实,法家最值得研究的问题,应该是它的原理,这个原理,可将其抽取为"人情论"。法家的人情和儒家的人情是不一样的。按照我的理解,法家人情论的核心是历史主义的，而儒家人情论的要义则是伦理主义。就是说，如果称法家学说是政治学，那么儒学就是伦理学。可是，儒家的人情事实上代表了伦理主义的泛化，照梁启超的说法，带有一种私德的泛化特征：公德十居其一，私德十居其九。问题在于，儒家人情的泛化，并不一定表明儒家就喜欢这样。比方说，儒家讲求对私情的超越，主张“立其大者”，做“大写的人”。可一旦将这些足以感动人的道理落实到具体层面时，又实在没有什么可操作性，于是儒家便不得不去认可某些它并不喜欢的人情世故，尽管这并非出于主动。相比之下，父子互隐的行为，在儒家那里却容易获得积极的认可。但这种无可无不可，加起来毕竟都是认可。法家不是这样。对于人情，它更倾向于“认清”。人情有好恶，故赏罚可用。这里的“认清”并不等于“认可”，不认可也并不意味着否定。法家“人情”认清的目的在于利导，它想通过利益原则来范导人的基本事实，想使社会朝着能够集合人情好利之原动力的“富国强兵”方向发展。它试图将个人私欲范导为公共约定，惟此它在保留私德应有空间的同时尤其重视公德。这种思路，其实与西方近代自由主义思潮具有某种深层的原理类似。可是如果反问，既然中国人奉行的是儒家传统，那么大多数人都在这么想，你却提出一个按法家的东西来做，这本身不就是反人情的吗？于是，“反儒家的人情就等于反大多数人的人情”这一似是而非的道理好像就容易成立。可是我们过去认为的大多数，在全世界范围内却只是少数，尤其在加入 WTO 之后，中国私的东西和私人网络的通行无碍，和国际通行的道德尺度是基本相反的。因为 WTO 的加盟，不完全是经济的，道德、政治、风俗等一切因素都要介入。中国内在通行的尺度只能代表少数,而国际准则的奉行者却是个大多数。而且就整个中国现代化的走向来讲,其实现代化,某种意义上也就是西方化或全球化。

李:西体中用嘛,我同意你的一些看法。把法家讲的人情,与人性恶、自私、利益连在一起,这就可以与西方理论接头,成为一种现代化的传统资源。这也正是我所讲的儒家外王路线。儒家一面高悬理想,宣扬人性善的伦理主义;另一方面又重视实际,实行人性恶的历史主义,两者矛盾交错,冲突折衷,在相互磨合中,维持了这个民族的长久生存。所以我一直讲"兼祧孟荀,儒法互用"。

韩:公德私德要结合,如果能有一个完美的结合当然最好了。但是,它首先需要分。

李:对,所以我一再强调首先是把它分开。然后再讲二者关系怎么样,怎么个连接,这才是大学问。现在根本没分开嘛,政府也管人的私德,那不对嘛,政府怎么能管人的私德和信仰呢?

韩:日本学者有个说法,认为,"修、齐、治、平"模式,使私德无界限地侵入公领域;而这样做的结果,最终也夺走了道德的内在性,使之堕落为顺应(conformity)共同体或集团利益的道具。就是说,当公私不分的时候,事实上不光是公德没了,私德也没了。在公共事物难以纯粹化的同时,每个个人也都失去了自我。互相渗透的结果其实是一团糟。

李:所以,可以作一些人物的表彰和理想的宣扬,但不能用私德要求所有的人,要求大家都做英雄、圣贤。人家不愿意做,怎么办呢?这一点,新儒家和马列是殊途同归的,都大讲私德,一个是要求做共产主义英雄，一个要求做圣贤。其实重点应放在如何建立公德上。小学应开设“公民”课程，而不只是去朝拜烈士墓。

韩：您曾提出，对中国传统文化要进行“转化性创造”而不是“创造性转化”。既然中国人决不肯在现代化的过程中失去自我，就必须在本民族文化中寻回可与现代化准则相对话的原理资源。可是怎么做，多少人真正在做，却是一个远比谈玄论道实在得多的重大课题。我觉得，当代中国知识阶层所直面的任务，其实非常非常繁重。

李：不错，现在搞学术的人，喜欢搞一些玄谈妙论。有些人讨论的是假问题，对社会没有什么意义。真问题的探讨，例如刚才讲的公德私德问题，对中国目前而言，也许才是重要的。

2004 年 8 月 17 日 · 长春

第二回　与赵汀阳的对谈

著名哲学家、伦理学家赵汀阳先生的著作《论可能生活》及相关论述，曾引起国内外学界的广泛关注。笔者和研究生等曾就论著中提出的关于“无立场”、“经典难题”、“幸福与公正”和“后现代”等独到的伦理学思考，与赵先生进行了以下讨论，载此以祈斫正。

宋洪兵（以下简称宋）：赵老师，您曾在一篇文章中讲到，马克思曾批判学院哲学家搞的那些问题，这些问题只有他们自己喜欢，跟真实的问题无关，说他们的那种做法，其实无异于“自慰”。

赵汀阳（以下简称赵）：马克思是有这么一句话，我看到的是英文，不知道德文原文是什么样子。一般会觉得这么直译像是粗话，不好意思，所以好像通常译成自我亵渎之类的，记不太清了。

宋：这是不是说，通常所谓哲学家，他们研究的那些东西，纯粹是一种非常个性的东西？

赵：谁都有个性，个性说明不了什么，也没什么害处。有害的是小圈子话语，小派别话语，它不仅与世界无关，而且会使思想枯萎。马克思非常关心社会、政治、经济问题，其实就是关心人类的命运和宏大理想，所以他看不起在学术小圈子里的东西。马克思一向反对仅仅去“解释世界”。他相信哲学家们搞错了，给世界搞了各种不同的解释，说了也白说，因为真正的问题是要“改造世界”。

宋：赵老师，您觉得目前中国学界、思想界是否存在马克思所批评的那种现象？

赵：是的。

宋：是普遍存在吗？

赵：相当多。不仅中国，西方也是。所谓“分科知识”(disciplines)，分得非常细，完全无视真实问题的不可分割性，越走越偏，最后不知道到哪去了，完全脱离原来需要解决的问题。分科知识、大学体制和所谓学术传承，已经构成了一种自产自销再卖给自己的“经济学”，同时又变成拒绝智慧和创造性，保护自己学术位置的学术政治。

宋：哲学的问题，本身是应该解决生活的问题。

赵：当然，它本来就是如此。当然你可以自己另外定义一种“哲学”，那也可以。如果提不出有意义的理由的话，我们就只能按照正宗的哲学来说话。哲学的正宗，不管是希腊还是先秦，根本上说是两大主题，一个是政治哲学，一个是伦理学，这两个都是和生活密切相关的问题，都是真正“要命”的问题。当然，不管哪个问题，都同时需要有方法论问题，所以方法论总是一个必要的相关问题。在方法论上，西方发展的是知识论。希腊哲学的“知识问题”针对的就是道德和政治的知识是如何可能的，现代的知识论才变成讨论科学的知识论基础。在配合伦理学和政治哲学的方法论问题上，中国就不讲知识论而是另有解决方法，中国研究的是策略问题。策略理论在中国哲学中的地位就相当于西方的知识论。策略理论大概类似于西方现在的博弈论。像老子哲学、孙子兵法以及法家和纵横家，甚至包括儒家，都有大量的思想是关于策略选择的。也就是讲“应对”，怎么在各种条件下应对各种情况。策略理论的作用相当于希腊知识论所起的作用，都是处理伦理学和政治哲学所遇到的技术方面的问题。这个问题太大，不能仔细讨论，简单地说，希腊关心的是如何“看”到关于道德、生活和政治的真理，而中国关心的是如何“做”到道德、生活和政治的最好境界。

宋：赵老师，您的“无立场”哲学和对“幸福”概念的重新理解，是不是要回到生活？您非常关心伦理，然而在中国伦理受传统心性之学的影响已变成某种脱离实际生活的玄想的情况下，您在提倡哲学重新回归生活的过程中，是怎样解构传统的心性之学的？

赵：事实上，宋明心性之学，不用去很认真地解构它，因为它本来就已经被解构了，已经被这个社会现实所解构了，历史和生活的变化自然而然解构了它。或许有人会继续鼓吹它，可是你看谁又会去实践它呢？即使有些“实践”，也只能堕落成为表演，扮演失去的东西就像电影里的伪民俗。现代新儒家的东西本来就不切实际，没有就当代的问题和事物去“格”出当代的“理”。当然，空想本身也不是缺点，空想也可以非常美而且有力量，关键是新儒家的理论水平太差。宋明理学，在我看来，哲学的技术水平非常低，看了就觉得非常好笑，他们的所谓哲学论证，无非就是把一个东西说成另外一个东西，把好几个东西来回说成一样的，这是似是而非的伪深刻。比如说，心其实就是理，理其实就是性，那性是什么呢，性其实也就是心。诸如此类。我说空想本身并不坏，虽然脱离真实问题，但它仍然可以是一种气概，是一种风范，即使不能解决问题，至少也应该让人变得伟大不凡。但是如果又鼓吹空想，又不能把空想化为自己人格的风范，那就糟了。

韩东育（以下简称韩）：在新儒家的循环论证里，性还是天呢。

赵：是啊。这种学术运作，我完全不能接受。这种手法没有意义。你总不能说，杯子其实就是碗，碗其实就是锅，然后锅其实也是杯子。这种手法是戏法。不管背后有没有微言大义，首先要正常说话。不能假装有些东西说不清楚，更不能本来很清楚，却说乱了让人猜，人们干吗要猜呢？如果你有权利胡说，那么人们就有权利乱解。

宋：但是，这里有一种现象，您对这种现象怎么认识。宋明理学，像您刚才所说的，它本身就是一种很不实际的东西。但为什么在现代新儒家那里，还有那么多人在研究西方哲学比如康德、黑格尔、柏格森这些哲学家的基础上，回过头来仍然走到宋明理学处？并且直到现在，还有很多人大力去提倡现代新儒家的心性之学，您怎样认识这种非常有意思的现象？

赵：这个问题说起来就比较复杂了，我觉得我们首先应该仔细分析康德、黑格尔等的理论，看看流行的那些解释是不是真的理解了他们的问题，我很担心许多解释属于艾柯说的"过度诠释"，或者属于分析哲学所批评的胡说。我对黑格尔没有什么认真的理解，就不说了。对康德还算略知一二，而我看到甚至连 a priori，transcendental，transcendent 等概念都往往没有被正确理解，就很担心。例如，"内在超越"就是学理不通的，是不可以这样搞的。内在没有什么能够是超越的。所谓超越的东西，必须是无论如何都不可能被化在主观性中的东西，这样才能够达到绝对的外在性，才有超越性可言。许多问题，如果没有被认真理解，就按照自己的需要加以不分鹿马的发展，似乎有些不大妥当。至于宋明理学，这里的批评当然是针对它的弱点，并非它没有好的地方，那些大儒自然有些见解还是很有意思的，但整体的思想框架和分析问题的方法论恐怕很成问题，它有很强的自我封闭性，缺乏思想发展的潜力。思想特别忌讳用一种立场就声称解释了世界万物和历史万事，这是不可能的事情。宋明理学把儒家改造为一种类似宗教的东西，现在有人也讲儒教，这完全违背中国思想的基本精神，搞成了什么什么"教"，就是只允许无条件地信仰，就是反对进一步的思想，思想就死了。所以，儒家只能是儒家，如果搞成儒教，就是要害死儒家。中国讲易、讲道和形势，这是中国的思想方法论，其要义是在"万变"中寻求能够与万变同步的"不变"，这种不变是动态的同步性，而不是某条固定的规律，如果搞错这一点就麻烦了。中国许多人喜欢德国古典哲学，或许是因为它与宋明理学同样有着无所不包的思想野心，但是把万物万变那么简单就给总结概括了，无论如何是难以置信的。当然我愿意说其中康德是不太一样的，康德的思想虽然属于德国古典哲学，但开放得多，也深刻得多，只是被误读得厉害。

身处一个小圈子里面的时候，井底之蛙这句话就应该是个重要的提示，这个小圈子里头的一点点事情和想法，你就以为是天下第一等大事。其实，出了这个门，世界上的人们未必关心那些自以为是的事情。文人和知识分子特别容易有这个幻觉，老觉得自己在做一件很伟大的事情，其实微不足道，什么也不是。所以我特别希望能够看看这个社会发生了什么，看看社会和历史的伟大运动，不管是丑恶的现象，还是美好的现象，哪怕是丑恶的现象，你也能看出它那种伟大的社会运动力量，它摧毁了什么，又形成了什么问题。它会使得那些胡说完全苍白无力。我觉得伟大的永远是世界、社会和历史，而绝不是自我。这是一个最起码的标尺。你又不是在过“云上的日子”。你必须关心真实问题，就是为人们着想，比如说我们世界上有50亿人，你就是为他们而去想他们的问题的。如果想一些跟他们无关的事情，然后再抱怨他们为什么不听啊，或者说你想了你那个二十个人的小圈子所关心的问题，怎么就知道是伟大的？文人和知识分子幻觉一定要消除，而后才能够思想。为什么我特别喜欢跨行业的学者？他们能够让你知道这个世界其他方面的真相是什么，会提醒自己要小心。他们说起来，这个世界完全是另外一个样。经济学家会给你谈中美贸易、中日贸易、金融体系，诸如此类。社会学家会给你讲三农问题和城市规划，历史学家会给你讲社会格式的变化，政治学家会讨论政治和军事的关系，如此等等。在他们讲起来，那就是世界，每个领域的人都会把他们所关心的事情看做是整个世界最重要的事情。你会发现，这个世界的真相根本不像知识分子自我幻想的那样，这个世界上的大事太多了。各种各样的眼光会改变你的世界观。我的体会是，当各种大问题战胜了自己的情怀，打倒了自我，才能够真正思想。

宋：各个学科都有它自己的世界，所以您考虑到世界是多样的，不能以一个学科、一种立场去看待这个世界。要认识这个世界，必须考虑到社会中各个阶层、各个领域各自不同的立场。因此，您提出了“无立场”的观点。

赵：其实，“无立场”就是无执于某一种立场，不是说，立场都不要了，而是任何一个立场都必须考虑在内，这样无立场就是“全立场”。任何一个立场都必有其用处,必须用对地方。

韩:我想跟赵先生探讨的是,您在《论可能生活》这本书当中所提到过的“经典难题”问题。按照您的文脉,道德、伦理是两回事。把伦理和道德合在一起本身就是不合逻辑的,也是不符合事实的。具体说来,道德最早由老庄提出,只具有自然的属性。然而儒家却把它弄到了社会伦理中来。实际上,这个经典难题的发生,我理解正缘起于这类牵强的转换和对接,它把没有太大联系的东西硬联系在一起了,这有点像列维·布留尔讲的“原逻辑思维”。

赵:没错。儒家想打通。

韩:对,打通。这种打通就是使人间的行为获得一种自然道德的支持。对该问题讲得比较明确的,是思孟。这样就带出了另外一个问题。据江户日本思想者分析,思孟曾受到过老庄的严峻挑战,这个挑战就是那个自然原理。为了使自己的学说获得一种终极性的支持,思孟迎接了这个挑战。可迎战的结果,却将自然道德纳入到社会伦理中来——这是他们的说法。关键是纳进来以后怎么样了。我觉得,儒家的裂变大概正从此发生,即周孔的原儒开始变成两种,一种是固有的伦理学,一种则是新添的道德学。照您的理论来理解,是不是这样的?

赵:是这样的。思孟做得比较明显。其实,孔子也是有这个想法的。孔子不是传说跟老子请教过若干问题吗?

韩:对,向老子问过礼。

赵:这个传说不管它是不是神话了,我觉得孔子是明白这个难题的,孔子心里很清楚。其实,所谓道德和伦理,伦理就是规范,而道德则是规范的合法性依据,如果伦理不能恰好表现了道德，那就麻烦了，就非常可能会“吃人”（当然，也不至于像鲁迅说的那样全是在吃人），没有哪一种规范胆子大到全都吃人。西方思想中也有类似关系，道德相当于西方讲的美德，有时翻译叫德性，就是 virtue。这个概念说的其实是优越性或卓越性。人必有其卓越之处。任何东西都有其卓越之处。伦理则属于规则或者规范体系，属于 norm。遵循了 norm 未必有 virtue。

韩：我打断一下，是不是主要对人而言？

赵：当然，伦理学讨论的是人。规范，就是人为设置的一些规则，跟游戏规则是一回事。它是为了限制某些行为可能性以便维持某种社会秩序。所以，道德与伦理的目的和功能完全不一样。人有各种各样的行为可能性，规范想把其中一部分可能性给否定掉，把一部分行为可能性说成是禁止的，这是它的功能。禁止某些行为总是必须的，不然社会就崩溃了，所以没有人会反对建立某些规范，我对规范伦理学的批评从来没有反对规范的必要性，而是要求规范的合法性。就是说，禁止**某些行为**，这是必要的，问题的关键是可以禁止**哪些行为**，又根据什么去禁止**这些而不是那些行为**。这才是问题。至于道德，或者 virtue，它讲的是，不管做任何一件事情，都要做得尽量好，要表现出做人的理想，把这个行为所能够表现的最好的东西充分做出来。所以，我说规范是利益计较的，而道德则追求理想，二者确实是完全不同的两个概念。当然，西方也是想打通的，否则规范找不到合法性。所以，这个问题倒是一个普遍问题。西方和中国都想到了这个问题。如果说，你这套所谓的行为规范或者规则系统，跟德性这个系统恰好是一致的，是吻合的，那么就有了强大的支持，就证明这套规范在人性上具有明显优点，也就具有了理论上的合法性。因此，能否建立好的社会制度，是否能够证明某种制度的优越性，使伦理获得道德依据就是非常关键的一个问题。

韩：我注意到黑住真教授讲过的一段话，大意为：当理想主义与现实两相契合时，前者可以为正义和仁爱的追求带来动力；可一旦理想主义只成了观念上的原则，便会产生无法有效控制现实局面的权威主义和逃避与欺瞒。换句话说，这种逃避与欺瞒，实际上是对社会秩序本身、对社会真正伦理的建立的一种逃避和欺瞒。

赵：他说得很好。如果这两者一脱节的话，规范就失去了合法性。

韩：就是一种想象中的权力。

赵：对，就是一套纯粹跟记忆和习惯一样的东西。我就不许你这么这么做，道理是什么？不知道，不知道就是不讲道理，就变成需要一个组织、一个权威体系来维持的纪律，就变成了压制人的行为的一套工具。所以，伦理一定要在道德理念中找到它的合法性根据。失去了这个根据，规范就变成可以任意制定的了，有时候碰巧制定出了还不错的规范，但是它完全**有可能**是非常坏的。希特勒也可以制定很多规范和法律。我特别喜欢一个社会学家叫涂尔干(Durkheim)，他相信人们非常喜欢找出某些事情规定为坏的而把另一些事情规定成好的，而且不需要真正的理由，因为人们所需要的就是把“某些东西”规定为坏的。如果一个社会碰巧没有明显的犯罪行为，那么就一定要把某些显然不是犯罪的事情规定成犯罪，这样人们才能够因此建立各种权力体系。关键就在于人们要把随便“某些东西”规定成坏的，这样才有理由打击某些人，才有理由形成政治权力什么的。权力为体，规范为用，规范的背后是权力和利益的斗争，这才是社会真相。有时候可以观察到一个社会或者一个单位搞一些莫名其妙的规定，除了让人不舒服和让各种事情做不成，就没有什么意义了，可是这绝非无聊，否则又怎么能够把人管起来？不把人管起来，又怎么建立自己的权力和利益系统？是不是瞎管，这不是关键，重要的是能够进行“管、卡、压”，这才是人们的兴趣所在。所以说规范本身没有道德意义，道德就在道德本身。

韩：由于有这种试图把二者打通的努力，所以如刚才谈到的，在儒家思想体系当中，等于出来了两派。假如这两派可以用一个不一定恰当的说法来表述，那么一个是心性命理派，另一个则是实学事功派。这种传统似乎从那以后就留下来了。孔子死后，孟子讲仁，仁是内在的东西，尽心→知性→知天，显然是受了道家的影响，他想把它们打通；荀子害怕这种讲法长期持续下去，容易失去先王之道那种人事关怀主张，所以他讲外在的礼，叫人们按照一种规矩来做事情。孟荀两大传统留下来之后，以后的历代似乎都有对偶。这种东西到了韩愈和李翱，因为佛教的挑战，又得到了进一步的强化。支持他们道统理论的三部经典，是《大学》、《中庸》和《孟子》。但韩愈很谨慎，没有拿出《论语》。可到了朱熹的时候，终于把《论语》也拿进来了。把《论语》拿进来，是不是像您刚才说的那样，孔子事实上已经意识到这个问题了？

赵：我觉得是。孔子确实是意识到这个问题了。因为孔子讲仁、孝等等这些，我觉得这个意思已经很明显了。但这里问题比较复杂，从伦理去追寻它的合法性的时候，从结构上来说，它必须追到道德上去。这个结构没有问题，它是逻辑所要求的。但一具体落实，就有了完全不同的对道德的理解。心性，在我看来，不是一种对道德的正确理解。首先心性说不清楚，是个坏的理论概念。老说心性，心性是什么东西，好像无所不包，但又什么都不是，一要说得有点内容，就只好在另一些同样不清楚的概念里来回打转。比如说，心就是理，理就是性，性就是天，诸如此类，这样的花样可以有许多，好像有点不同，但本质是一样的，都是可以随便理解的东西，就只能来回转，因为说不清楚。我觉得这样的"思想"没有太大意义，问题必须落实到实实在在的项目上。如果你不落实为具体项目的德来分析，那肯定是很成问题的。孔子明白问题所在，他落实到忠孝等等具体德目上面。其实，这与亚里士多德等希腊哲学家的做法是一样的。亚里士多德也是要把德性落实到非常具体的德目上面，友爱啦、慷慨啦、勇敢啦、智慧啦。心性，太含糊，又空洞。我不认为新儒家之类认真讨论了德性问题。

韩：的确是很空。可是，人的精神超越特点和对物质的欲望，从最原始的意义上说，是否取决于人本身所固有的"精神—物质"一体性需求呢？在中国古典思想中，这种区别被分别指代为"道"与"器"、"形而上"与"形而下"、"性"与"情"、"理"与"气"的对立和统一。当人的各种需求基本能够得到满足时，上述的差异和对立是可以共处和不易被人所计较的。可是，当这种平衡一旦被打破，一种"偏正"式的强调就会浮出水面——如果精神的过度重视带来了物质层面的亏损，儒家的"实学事功"派就会抬头，其标志就是"政治变法"；倘若物质的畸形重视导致精神世界的沦丧，儒家的“心性命理”派便会登场，其特点则体现为“道德强化”。从荀子到王安石，甚至较为极端的法家，大体上是遵循了前一种路向在行动；而从孟子到朱熹，则主要是后一种行为的突出代表。这种此消彼长的思想曲线，直到今天似乎也无太大的改变。是不是这本身就是人性，人本身就是这个特点？因为只要承认人是个精神和物质的合一体，那么它物质到某种程度后，就一定要有精神的提升或者超越；然后超越的东西过分绵密了，到“无事袖手谈心性”和“喝西北风”的时候，人们又会想起连饭都吃不上了，应该务实了。比如现在我们谈现代化的过程，又不能不关照到后现代，后现代很多东西跟前近代特别像，至少在原理方面与前近代具有深层的类似。是不是人类本来就是这个样子，“道”与“器”的追求就是一个此消彼长的过程？我对这个问题一直很困惑。

赵：这个问题真是有趣。这里有两个方向的问题。一个就是物质和精神，物欲和精神追求是不是会有一个此消彼长的或者说循环的过程，比如物欲过于横流的时候，就想要精神，这一点我觉得未必。未必会有这样的循环。事实上，所谓现代社会，当然强调物欲的了。可以说就是一个物欲横流的时代。它这样一个社会结构，生产的东西满足了很多物质消费和心理需求，人就不见得会想到要精神。有个或许应该考虑在内的问题：人懒，大多数人是很懒的，在精神上尤其懒。“懒”好像不像个哲学问题，但这些往往不被理论所分析的事情很可能在实际上很重要。比如说因为“懒”，人就很容易找到似乎能够替代那些需要费力追求的好东西的廉价品来欺骗和糊弄自己，骗自己说，那些俗不可耐的东西其实也是“精神”，往往还说成是“咱老百姓的”快乐。我觉得这个时代整个就是一个赝品的时代，大多数人都拿着冒充高贵、优越、精美品质的一些庸俗低劣赝品在欺骗自己和他人。什么破烂都能够说成是“给你的精美礼物”，还要给你“惊喜”。能这么容易就“精美”和“惊喜”吗？惊喜是难得的精神享受，什么都惊喜，就没有什么可惊喜了。想要显得黑，就有产品让你抹黑；想要冒充白，就有产品让你增白；想要精神生活又不想费力探索，就有了通俗读本、大众文化、都市写作和各种简陋的“永恒”格言。我注意有人爱读一些格言，其实想一想就会发现只不过是些废话，还注意到有人戴着一套乱七八糟的东西，看上去倒是像十七、十八世纪的贵族在草地上玩的时候戴的东西一样，然后骑着自行车去上班挣三百块钱。这是非常古怪的一种现象。其实穷日子也可以过得很有意思，可是偏又追求一些高贵生活的东西，又做不到。为了满足穷人对高贵的追求，赝品就出现了。这个时代最受欢迎的东西就是各种各样的赝品。我们现在生活的大多数东西都是赝品，但是，赝品虽然是假的，甚至是劣等的，它却能满足人们的心理需求。你假装“好像是”，“假装好像是”本身就有一种快感。而这个快乐很容易得到，很便宜，例如现在人工钻石只有自然钻石价格的五分之一，甚至更便宜，因此大家都可以钻石闪闪。赝品满足了现代人的两个很基本的需求：一个就是平等，所谓现代社会，人们非常想要平等，想和贵族一样生活；另外一个就是方便或者说是便宜，总之是容易得到，不需要花费时间和精力。在这种气氛下，就产生了我们通常所谓的商业文化、消费文化等，其本质就是赝品社会。这也是美国文化为什么会胜利、欧洲文化为什么会衰落的原因。欧洲追求精品，精品就要把大多数人拒绝在外，或者其他人只能享有一点点，不能在生活上得到全面的包装。而人人想要平等，还想便宜获得，所以美国式的垃圾文化、垃圾产品、垃圾食品，包装得很漂亮的垃圾就获得成功，于是劣品淘汰精品，低下淘汰高尚。卷入这种低劣淘汰高贵的文化运动之后，是不是就会出现你刚才说的那种反弹，人们突然又要追求高级的东西了？这可真是没有把握，人有可能就永远这么烂下去。人最喜欢便宜，便宜导致一切价值的贬值，最后就没有什么值得崇敬的价值了。

董俊：刚才您提到现代是一个赝品的时代，那您认为我们会不会发展到一个精品的时代？

赵：可能性总是存在的，但不一定。历史不是必然的，没有固定的模式，走到哪里就变到哪里。有没有可能回归讲究品质的精品时代，很难说。

韩：我们所追求的平等，在某种意义上，其实是一种平衡。这包括物质上、地位上、心理感受上的。比如赝品文化，就是说我戴不上真正的金戒指，但我做的那个假的跟真的一样，别人看不出来，这实际上获得一种精神平衡。平衡是不是也能带来一种快乐？

赵：当然。赝品非常容易让人快乐。赝品之所以能够成为赝品，就是因为它很像，它就是一个替代品。它获得了一个替代真品的理由，就是因为它像。但这种快乐恐怕也是一种赝品快乐，因为自己知道那毕竟不是真的，这样就有了隐秘的深刻伤痛。也许，如果丝毫没有反思，就会有真正的快乐也未可知。

韩:这样的话,就涉及到您说的另一个问题。他有一个赝品戴在身上,他就感到快乐。快乐好像跟幸福有关系,普通大众就把这种文化当作了一种目的。如果当成一种目的的话,那么您经常讲的目标和目的之间的关系到底是怎么样的?

赵:是这样的。这种快乐是消费性的,这种东西很容易被消费掉。"赝品"应该被理解为一个非常广义的隐喻(metaphor)概念,它不仅仅是物质产品,事实上现在大多数的"快乐"其实就是幸福的赝品。真正的幸福是很少见的,就像真理和美一样不可多得。人们没有幸福的时候,就只好拿快乐来糊弄自己。所以,快乐只是暂时的目标,幸福才是生活永恒的目的。

韩:快乐是不是幸福的一个必要条件?

赵:它们应该是分别的两样东西,对人而言,快乐不能缺,幸福也不能缺,关键是它们不能互相替换。这两个东西在本质上不同,而并不是说一个在程度上低一点,另外一个则高一些。这是两种质上不同的东西。正因为它们质上不同,所以有时才能用快乐来假装代替幸福,假装自己有了幸福的感觉。这跟吸毒是一样的,快乐很快就过去了。并且快乐是记不住的。感官快乐的事情是记不住的,你回忆不起来那感觉是什么样的,很抽象,过去就没有了,丢掉了快乐就很失败,仅仅追求快乐就必定很失败。堕落是快乐的,但为什么不能令人满意?就在于堕落没有幸福,所以生活终究是失败的。

韩:快乐需要不断重复。

赵:对,不断重复。只要你拿快乐去糊弄自己,就不断地需要拿快乐去糊弄自己,否则就更失败。

韩:而幸福没有重复性。

赵:幸福使人进入完全不同的世界。

宋:但有很多人就把快乐当成一种幸福,这种现象在社会现实中很普遍。

赵:当然,不过我不相信有人不明白什么是幸福。人都是明白的。当得不到幸福的时候,他没办法,只好用快乐去替代。“赝品文化”的精义,其实就在这,它有一种毒品式的替代性。毒品能够让人 high 到假装自己很伟大、很痛苦、很深刻、很特别、很有个性,如此这般,可惜都不是真的。

韩:这其实就是您说的目标和目的的区别。问题是,我们关注的是大众。可当大众里面大多数的人把行为目标当成生活目的时,目标本身是否就意味着目的?或者说这种目标就会成为目的?

赵:我不相信人会不需要幸福,人人都知道,因为那是生命冲动。追求幸福是不需要教育的,生来就有的。追求不到的时候,只有快乐是在手边的,他会拿快乐去糊弄自己,但并不意味着他不需要幸福。所以快乐和幸福不是量上的区别,它是两种东西。当然,人类有可能集体堕落,那是一个很值得研究的问题。在哲学上,这个问题称作“众心一致”论证,例如,当所有人都认为“什么什么”,那么,这个“什么什么”尽管有可能是完全荒谬的,但既然没有人发现它是荒谬的,就似乎只好说它是“对”的。这样很可怕。

韩:您谈后现代我觉得很有特点。您认为后现代没有自身的制度,是现代性的派生物。它依赖于现代化,但它又是对现代化的一种抱怨和讥讽。不过后现代有一个问题,它似乎是要回到前现代。而前现代是有制度的。那么,后现代本身,如果真要成为大众话语的时候，有没有可能在制度方面出现一种反弹？

赵：我觉得应该分成两个问题。这个社会有没有可能向前现代风格反弹，是有可能的，但完全没有把握，这样说当然是废话，但也只能这么说。如果有一天人们终于过腻了现代生活，或者说当现代生活的危害大到了人们不得不拼命反对的时候，比如说极度污染，生态完全破坏，人们精神彻底崩溃，人们之间的关系坏到了不能忍受的地步，或许会出现根本性的变化，但是它不一定是后现代的反弹。它有可能是很正面很严肃的思考，不一定是玩世不恭的。后现代那种玩世不恭的态度在艺术和文学上或许有趣，但解决不了严重的社会问题。说到底，后现代大概只能是关于社会的一种表述方式，而不大可能是改造世界的方式。改造世界需要认真的思想。

韩：是认真的。

赵：对，认真的。后现代基本上是玩世不恭的。后现代有一个典型的手法，叫做随意引用或挪用。随便挪用各种东西来制造有趣的效果，它肆无忌惮地挪用所有可以挪用的资源。它可以挪用现代的东西，也可以挪用前现代的。它的特点是任何东西都可以变成它的讥讽性资源。为什么会观察到它使用前现代的典故比较多？是因为前现代非常不同于现代，用起来效果比较突出。

韩：还因为曾经构成过权威。

赵：对。

韩：因为它的经典性、权威性和曾经发生过。

赵：所有成为经典的东西，后现代都愿意用一种歪曲的形式表达出来。不仅是古代经典，现代的经典一样都是他们歪曲的对象。

比如说一个后现代艺术家叫安迪沃霍，他把梦露的一个典型的头像，不断复制，几十张一模一样。这种复制本身完全没有创造性，但这种重新使用经典的做法却制造了非常好笑的效果。复制就变成了后现代的经典笑话，而复制又正是现代社会和现代生活的一个非常荒谬的本质。人们没有力量抵抗荒谬，但是可以把荒谬的东西变得更加荒谬。

宋：有一种讽喻性质在里头。

赵：是。

韩：这样就有一个问题，目前中国这个时段，是朝着现代化进行强行军的阶段，正在批判前现代的东西。前面说，后现代与前现代有许多相似的地方。西方已经完成现代化了，它的后现代话语传到中国来，对中国现代化的影响到底应该怎样看待？我们现在是应该有意识地抑制这种东西的泛滥和蔓延，然后等完成了现代化过程后，像韩国学者黄秉泰所说的那样，再小心翼翼地把潘多拉盒子打开呢，还是采取另外一种做法？

赵：我觉得没必要去压制它。中国是一个巨大的时空。它和一般的小国家不一样。这个巨大时空具有多样性，各个时段的东西都在中国同时表现出来。就中国目前的现状，几乎从原始社会到封建社会，到现代、后现代，都有，都同时存在。后现代显然不是中国的主流，但确实是中国生活的一部分。存在就必有其功能。当然情况是复杂的，上海很现代化，但它很不后现代。北京则是一个很后现代的地方。中国社会恐怕是世界上花样最多的、最复杂的一个社会。中国不用担心后现代，它基本上无足轻重，至多是个有趣的文化现象而已。中国严重的问题太多了，值得拼命认真思考的问题太多了。关于后现代，我也只是略有思考而已，大多数时候想不起来，因为需要思考的宏大问题太多了。

2004 年 8 月 17 日·长春

后　记

这本小书所收录的几篇文章，是近年来我对中国传统思想及其相关问题的粗浅思索。可以预测，这种思索对于传统的高头讲章和新潮的后现代论来说，可能会有些离经叛道和难为所容。而且我还清楚地知道，书中的个别表述大概一定要获罪于某些学界大老和新派领军。

然而，我最终还是决定写出了它们。这种不得不然的学术行为之所以会发生，是因为有一股不容许自己作更多利害性考虑的特别力量在驱动着手中的笔。它缘于"一衣带水"，却鲜明两分的地域反差，也促发于笔者同这种反差的反复"遭遇"——算这次来日本，我已经是第三次长时间负笈列岛了。

福泽谕吉的"脱亚论"，表现出福泽本人和那一代日本人的短视。然而，近代以来中国学者对自身思想的内省，却适足令人反思。坦率地讲，直到今天，这一文化调整任务并没有真正完成。它使中国传统中足以与西方近代化理论相媲美和相融通的发展论原理，没有获得应有的重视和更生，自然也无法使曾经并将继续涣散国民意志的假设命题受到知性的审理。所以，正如各位同人所看到的，小书中的问题，便主要以此为轴大略条分为二：一部分是对本国传统思想的内省式观察，我名之为"内视篇"；另一部分是以中日思想比较为核心内容的"自—他"关系审视，我称之为"比较篇"。

在这种安排下，笔者从不讳言东西方近代化价值给中国思想界所带来的影响，因为它反映了无法回避的历史事实；但同时更着力于对人类共通的“发展论”原理进行融会式抽取，并为凝练百余年来形成于中国的非中非西，却亦中亦西的“第三种传统”，提出建设性构想。在问题分析上，除了异文化间的比较研究外，有关中国思想的认识，我更愿意参考大陆学者的见解。他们的问题意识和观点直接产生于中国的土地，而且他们也没有把思想史当成想象史。

感谢李泽厚教授、成中英教授和黑住真教授的关怀和鼓励，感谢商务印书馆在出版上所给予的支持。我还要捧泪叩谢先大夫韩凤林（1939—2005）。父亲辞世时我未能赶上，所以直到老人家忌日一周年的今天，我仍然无法接受他已故去的现实，并痛苦地抗拒着与之有关的所有讯息。

作　者

2006年8月10日·东京大学